编 委 会

编 写 组

2016年
中国大众创业万众创新
发展报告

国家发展和改革委员会

人民出版社

代　　序

李克强

当今华夏大地，大众创业、万众创新方兴未艾，正加快从城市向农村、从东部向中西部、从精英向“草根”蔓延，其范围和领域之广、参与主体之多、发展速度之快，大大超出人们的预期，正在转化为一场影响深远的变革。创新正在成为引领发展的第一动力，“双创”使新发展理念和创新驱动发展战略化作大众之举，成为富民之道、公平之计、强国之策。

“双创”充分发挥亿万群众创造力，是促进人的全面发展的崭新平台。事实上，“众”与“创”正是人类文明进步的两大要素，蕴含着“财自民出，财由民享”的历史智慧。人民的创造力，既推动了技术与产业革命，实现了财富积累和民生改善，创造了物质文明；也促进了文化繁荣和社会进步，创造了精神财富。一部人类文明发展史，不正是亿万人民披荆斩棘、不断开拓的创造史吗？

“双创”有力推动了观念更新和制度创新，是一场深刻的改革。新生事物的出现和壮大，往往会引发思想观念的碰撞，推动体制机制变革。“双创”与互联网等新技术结合，产生了大量前所未见的新生事物。对这些新生事物，最初各方面的看法未必一致，但经过实践检验，人们正在经历一场认识上的洗礼，推动了全社会思想观念更新。“双创”触及到一些传统的体制机制和管理方式，需要用敢为天下先的精神去冲破各种束缚。这也倒逼政府深化简政放权、放管结合、优化服务改革，把该放的权放到位，把该制定的规则制定好，把该营造的环境营造好，有力促进了政府现代化治理水平提升。

“双创”极大促进了新动能成长，是经济增长和结构转型升级的新引擎。“双创”核心在“众”，关键在“创”，通过把创业创新与大众万众结合起来，极大地激发市场活力和社会创造力。新产业、新业态、新模式大量涌现，是中国经济稳中向好、蓬勃向上的生动写照。“双创”给经济结构转型升级带来了正能量。它不是小微企业的专利，也是大企业的优势。如今许多大企业，通过“双创”让“小 CEO”活力迸发，助力员工实现“创业梦”，打破旧有层次，让创客成为企业合伙人等，带动了模式创新、组织优化、机制转变，使许多传统产业浴火重生、华丽转身。同样，“双创”不但在商业流通领域如火如荼，而且正在向生产制造领域有力拓展，不仅在大中小城市十分活跃，而且正在迅速走向广大农村，这推动了一二三产业和大中小企业融通发展，催生了新的经济增长点。“双创”与“中国制造 2025”的有机结合，推进了制造业信息化、绿色化和智能化改造，会有力提升中国制造的综合竞争力。

“双创”创造了大量新岗位，是开辟就业空间的重要渠道。近几年，在经济增速放缓的情况下，我国就业不降反增，每年城镇新增就业 1300 多万人，这个数字甚至超出很多国家的总人口，正是“双创”发挥了关键支撑作用。“双创”催生了数量众多的市场新生力量，平均每天新登记市场主体超过 4 万户，新动能对新增就业的贡献率达到 70%左右。据国家统计局测算，新登记企业一年吸纳的就业超过

1000万人，如果加上新登记的个体工商户，吸纳的就业人数会更多。特别是广大青年创业创新意识的增强，更为经济发展增添了持续动力。

“双创”让每个人都有改变命运的机会，是推动了机会公平、社会公正的有力举措。现实中，就有一批打工仔、打工妹从“草根”脱颖而出。“双创”是以人为本的重要推动力量，创业创新通过分享、协作方式开展，信息更广、门槛更低、成本更小、速度更快，使人民群众创业创新空间更广阔、过程更便利。“双创”改善了“一次分配”，加快了社会纵向流动，促进了公平正义，符合中国特色社会主义的题中应有之义，有利于通往共同富裕之路。

“双创”立足于开放式创新，是中外合作共赢的事业。全球化时代，不可能关起门来搞创业创新，“双创”要向全世界开放。中国的创新发展理念，“双创”的鲜活实践，在国际经济治理大平台上，提供了中国主张。我们热情欢迎各国企业和创业者在华投资兴业，切实保障其合法权益，提供更好的公共服务，打造国际一流的创业创新环境。中国“双创”与经济全球化历史性相遇，不仅造福中国，还将惠及世界。

大众创业、万众创新不是一个活动，而是一项事业，是大众参与、共同奋斗的事业。而对创业创新的呵护与扶助，是最现实、最长远的发展之道和惠民之举。我们要继续深化“放管服”和商事制度等改革，为“双创”破坎铺路。希望全社会一起努力，积极营造良好的政策条件、制度环境和社会氛围，激励和带动更多的人投身到“双创”中来，用创业创新之火促进经济发展和社会进步，照亮人类光明的未来。

（此文节选自李克强总理在中外创客领袖座谈会上的讲话）

目　录

代　序 ………………………………………………… 李克强 1

总　论　创新创业浪潮向纵深发展 ………………………… 1

第一章　创业环境 ………………………………………… 10

第一节　体制机制改革 ………………………………… 10

一、推动"放管服"改革 ………………………………… 10

二、开展全面创新改革试验 …………………………… 12

三、深化科技、人才体制改革 ………………………… 12

四、促进普惠式降本增效改革 ………………………… 13

五、深化知识产权领域改革 …………………………… 14

第二节　完善扶持政策 ………………………………… 15

一、加大财税支持 ……………………………………… 15

二、完善人才政策 ……………………………………… 16

三、强化金融创新和服务政策 ………………………… 17

四、落实用地支持政策 ………………………………… 20

第三节　优化创业服务 ………………………………… 20

一、支持创业孵化 ……………………………………… 21

二、建设一批双创示范基地 …………………………… 21

三、加强创业教育和培训 …… 22
第四节 拓展创业机会 …… 23
一、推进“互联网+” …… 23
二、发展新经济培育新动能 …… 24
第五节 营造创业文化 …… 25
一、举办“双创活动周” …… 26
二、开展创新创业大赛 …… 27
三、加强国际合作,助力双创发展 …… 28
第二章 创业服务 …… 30
第一节 众创空间 …… 30
一、众创空间总体加速发展 …… 30
二、众创空间不断深化发展 …… 33
第二节 科技企业孵化器 …… 36
一、孵化功能实现全要素供给、全方位服务 …… 37
二、政策支持力度不断加大 …… 39
三、技术创新成果大量涌现 …… 40
四、领跑高新技术发展 …… 40
五、策动地方产业转型升级 …… 41
六、科技创业孵化链条健康发展 …… 42
第三节 大企业双创平台 …… 43
一、大企业双创平台爆发式增长 …… 44
二、各类型大企业双创平台建设成效显著 …… 45
第四节 创业辅导和培训 …… 47
一、创业导师服务范围不断扩大 …… 47
二、创业服务人员能力不断提高 …… 48

三、创业教育与培训深入开展 …………………………………… 49

第三章　创业融资 ……………………………………………… 51
第一节　政府引导基金和融资担保基金 ………………………… 51
一、政府引导基金持续升温,市场化运作不断完善 ………… 51
二、完善政府性融资担保体系,扩大创业融资新渠道 ……… 54
第二节　早期投资 ……………………………………………… 55
一、早期投资募集呈现机构化趋势 …………………………… 55
二、投资领域多元化趋势增强 ………………………………… 55
三、投资区域逐渐向京沪深浙以外扩展 ……………………… 58
第三节　创业投资 ……………………………………………… 60
一、机构数量和管理资本量大幅增加 ………………………… 60
二、募资规模再创新高 ………………………………………… 60
三、投资活动更趋理性 ………………………………………… 61
四、投资阶段以早期项目为主 ………………………………… 63
五、投资区域集中于京沪深浙四地 …………………………… 64
第四节　资本市场 ……………………………………………… 66
一、多层次资本市场体系不断完善 …………………………… 66
二、企业 IPO 和新三板成为主要退出渠道 …………………… 67
三、并购市场活跃成为机构退出重要方式 …………………… 67
第五节　非股权融资 …………………………………………… 69
一、稳步推进投贷联动试点 …………………………………… 69
二、开发性和政策性银行支持双创发展 ……………………… 70
三、银行业金融机构利用金融创新服务双创 ………………… 70
四、推动创业投资和战略性新兴产业企业发债融资 ………… 71
五、信托机构支持战略性新兴产业发展 ……………………… 72

第四章　创业主体 …… 73
第一节　创业企业 …… 73
一、创业企业数量增长较快 …… 73
二、创业企业产业结构不断优化 …… 74
三、创业企业质量不断提升 …… 75
四、创业企业的区域结构差异明显 …… 77
第二节　个体工商户和农民专业合作社 …… 80
一、个体工商户数量保持稳定增长 …… 80
二、个体工商户集中在第三产业 …… 80
三、个体工商户区域分布不平衡 …… 82
四、个体工商户从业人员保持快速增长 …… 84
五、农民专业合作社稳步发展 …… 85

第五章　创业成效 …… 87
第一节　信息技术助力创新创业亮点纷呈 …… 87
一、互联网成为创新创业的有效支撑 …… 87
二、平台创业掀起新浪潮 …… 88
三、内容创业开辟新空间 …… 89
四、技术创业开启新征程 …… 90
第二节　战略性新兴产业加快发展 …… 91
一、保证经济企稳的重要力量 …… 91
二、可持续增长能力不断提高 …… 92
三、国际化发展突破不断 …… 93
第三节　创业带动就业成效显著 …… 94
一、共享经济等新兴产业领域发展催生大量就业岗位 …… 94
二、大学生创业人数稳步增长 …… 96

三、留学人员回国创业持续发展 …………………………… 99
四、农民工等人员返乡创业发展成效显著 ………………… 101

第六章　双创示范基地 ……………………………………… 104

第一节　区域双创示范基地 ………………………………… 104
北京市海淀区：
坚持创新、引领、示范，高标准建设一流双创示范基地 ……… 104
天津滨海新区中心商务区：
发挥“双自”优势，建设协同创新创业示范区 ……………… 110
沈阳市浑南区：
完善政策、公共服务、科技金融三大双创体系，打造浑南
创客品牌 …………………………………………………… 113
上海杨浦区：
探索“123”双创发展模式，建设万众创新示范区 ………… 118
常州武进区：
打造创新创业的新苏南模式 ……………………………… 123
杭州未来科技城：
承接阿里巴巴财智溢出效应，打造世界级互联网创业高地 …… 128
合肥高新区：
助推政产学研深度合作，打造源头创新“策源地” ………… 132
福州新区：
构建两岸创新创业圈，打造“共建、共投、共享、共担、共
荣”的双创港城 …………………………………………… 137
郑州航空港实验区：
三级孵化模式培育双创主体，打造中部双创示范中心 ……… 143
武汉东湖高新区：
构建“双创先行区”，打造“政策试验田” …………………… 148
湘江新区：
建设中部创新创业领航区 ………………………………… 150

广州高新区科学城：
突破瓶颈、探索经验，全面推进示范区建设 …………………… 156
深圳市南山区：
着力构建双创生态体系，探索形成国际协同创新发展模式 … 160
重庆两江新区：
推进全方位开放式创新，打造西部创新中心的“窗口” ……… 167
成都郫都区：
强化科教融合、军民融合、产城融合、区域融合、工研融合，打造校地企双创合作基地 ………………………………… 174
贵安新区：
围绕“大数据+大创意+大学生”，打造全国大数据创新创业首选地……………………………………………………… 181
陕西西咸新区：
增强双创主体能力，打造“一带一路”创新创业新高地 ……… 185
第二节　高校和科研院所双创示范基地 ……………………… 194
清华大学：
构建以“国际化”和“引领性”为特色的创新创业体系 ……… 194
上海交通大学：
推动高校成为双创最活跃的细胞 …………………………… 199
南京大学：
四大平台支撑双创示范基地建设 …………………………… 212
四川大学：
多举措全覆盖高水平建设双创示范基地，支撑“一带一路”等国家重大战略实施 …………………………………… 221
第三节　企业双创示范基地 ………………………………… 227
中国电信集团公司：
双创助推，加快建设综合智能信息服务运营商 ……………… 227

中国航天科工集团公司：
技术创新、商业模式创新、管理创新并重，培育共享协同开放共赢新生态 …………………………………………… 234
招商局集团有限公司：
打造特色化双创生态体系，构建双创发展新格局 ………… 241
海尔集团公司：
推动员工创客化、企业平台化，打造全球领先的“互联互通新生态，共创共赢新平台” …………………………… 248
中信重工：
以“四群共舞”创客体系、“三线共建”众创平台，打造产学研用供协同创新合作共赢新机制 …………………… 253
共享装备股份有限公司：
共享铸造资源，打造开放、高效的双创支撑平台 ………… 260
阿里巴巴集团：
科技与商业双生态驱动打造多模式协同共生的创新创业大平台 …………………………………………………… 264

第七章　发展展望 ………………………………………………… 270

后　记 ……………………………………………………………… 276

总　论　创新创业浪潮向纵深发展

2016年，我国大众创业、万众创新向更大范围、更高层次、更深程度发展，我国也成为首个跻身全球创新25强的中高收入经济体。新登记企业数量继续保持快速增长，科技含量明显提升，独角兽和高速成长企业大量涌现。创业热情进一步迸发，创业群体更加多元，“城归”创业、内容创业、微创业等新的创业模式蓬勃兴起。创业投资在经历近年来爆发式增长后向理性回归，总体规模稳中有升，科技创新和技术创业成为投资热点。“放管服”改革深入推进，科技成果转化与金融服务体系建设取得重要进展，一批创新创业高地初步形成。创新创业引领作用进一步增强，为培育新动能、改造提升传统动能、推动经济转型升级和增加就业发挥了重要作用，呈现全面拓展、升级发展的态势。2017年，联合国大会通过决议，呼吁各国支持“大众创业、万众创新”，双创理念正式写入联合国决议，为国际社会实现经济增长和创造就业贡献了中国智慧。

一、新登记企业数量继续快速增长，科技型和高成长性企业大量涌现

在新一轮科技革命和产业变革快速孕育兴起、商事制度等改革深入推进的背景下，市场主体延续近年来高速增长态势，企业活跃程度明显提升，结构发生积极变化。

市场主体持续保持快速增长势头。2016年全国新登记市场主

体 1651.3 万户,同比增长 11.6%,平均每天新登记 4.51 万户。其中,新登记企业 552.8 万户,比 2015 年增长 24.5%,平均每天新登记企业 1.51 万户,比 2015 年高出 0.31 万户,注册资本(金)总额 41.9 万亿元,增长 44.6%。截至 2016 年底,我国实有企业数量达 2596.1 万户,同比增长 18.8%,企业数量连续 4 年实现两位数增长。

创业质量明显提高。新创办企业活跃度不断提升,工商总局抽样调查显示,新设立的小微企业周年开业率达 70.8%,近八成企业实现营业收入。互联网创业继续向更广领域拓展,共享单车、自媒体、微创业等蓬勃兴起。新创企业科技含量不断提升,虚拟现实、增强现实、大数据、人工智能、机器人、生物医药等领域创业企业大量涌现,技术驱动型新创企业逐步增多。以中关村为例,据统计,2016 年中关村示范区新创办科技型企业 24607 家,同比增长 1.5%。

高成长性企业快速涌现。全国有 71 家互联网公司估值超过 10 亿美元,进入"2016 年独角兽俱乐部"。一批企业跻身全球性高成长高估值企业榜单行列。据统计,入选《麻省理工科技评论》"2016 全球 50 家最具创新力科技公司"的中国初创企业数量已达到 5 家;根据 2016 年 CB Insights 公布的"全球独角兽企业",中国新上榜企业数量与美国旗鼓相当;毕马威与 H2 Ventures 联合发布的"2016 全球金融科技 100"中 8 家中国企业入选。

二、创业热情进一步迸发,创业群体更加多元

在政府的大力推动下,越来越多的人加入创新创业大军,从草根到精英,从城市到乡村,从内容创业到自媒体,创新创业正在全社会成为一种价值导向、生活方式和时代气息。

更多大学生主动投身创业。在国家创新创业政策的引导下,随着社会各界对大学生创业实践支持力度的不断加大,在校大学生的创业意愿日趋增强,创业能力不断提高,自觉、自愿、自发参与创新创

业的氛围正在形成。据有关机构调查,全国近九成的在校大学生具有创业意向,其中:近两成拥有强烈的创业意向,七成以上在校大学生的创业动机是自我价值实现。相关研究报告显示,青年创业已占到创业者总体比例的 41.7%,机会型创业已经占到 64.3%,比 2005 年高出 11.1 个百分点,比 2010 年高出 6.8 个百分点。

"海归"创业热潮持续高涨。各级政府高度重视人才在创新创业发展中的核心作用,制定了一系列高端留学人才吸引计划,越来越多的"海归"怀揣实现自我价值的梦想,主动回国创业,在虚拟现实、生物医药、人工智能、机器人、节能环保等领域创办了一大批企业,成为引领创新创业最为活跃的群体。截至 2015 年底,我国留学回国人员总数达到 221.86 万人,其中 2015 年回国 40.91 万人,比上年增长 12.1%。全国建成各级各类留学人员创业园 321 个,入园企业总数 2.4 万家,6.7 万名留学人才在园创业。

返乡下乡创业呈现星火燎原之势。在政府的引导、鼓励和扶持下,一大批有经验、有技术、有资金的外出务工人员纷纷回到家乡创业,也有越来越多的中高等院校毕业生、白领、退休人员、退役士兵、科技人员和企业家返乡下乡创业,做起了"新农人",从事农村电商、农业观光旅游、绿色农产品生产和加工等行业,正成为美丽乡村的建设者、现代农业的推动者、农产品产销对接的链接者,为农村、农业发展和农民增收注入新动力。据对部分地区调查显示,这两年返乡创业的新增比例超过外出务工人数新增比例,回乡创业正成为新热潮。

大企业成为创新创业的重要生力军。一批以中央企业为代表的大企业,积极探索实施技术入股、收益提成、内部技术转移、创业人员管理等激励机制,搭建各类创新创业平台,加强与中小企业、科研院所、高校和社会创新创业群体协同,推动创新创业。初步统计显示,中央企业已建成各类互联网双创平台 110 个,平台用户注册数近

204 万，其中企业用户 60 万，社会创客数量 144 万；中央企业内部子企业和创客数量达 51 万，带动社会企业和创客数量达 153 万。

三、创业投资稳中有升，技术创业成为投资热点

各级政府对创新创业高度重视，政府引导基金继续大幅增长，创业投资募资规模稳中有升，投资行为日趋理性成熟，资金更加青睐技术型创业，并购方式退出快速增长，推动创新创业进入健康发展轨道。

政府引导基金规模大幅增长。2016 年，全国新设 324 支政府引导基金（股权投资类），目标规模达 1.8 万亿元，到位资金规模 4222 亿元，分别是 2015 年的 1.73 倍、1.99 倍和 1.17 倍，继续保持快速增长的态势。截至 2016 年底，全国共设立 901 支政府引导基金，已披露的总目标规模达 3.2 万亿元，已到位资金规模为 1.1 万亿元。

早期投资、创业投资规模稳中有升。在经过 2015 年的爆发式增长后，2016 年早期投资继续保持快速增长势头。据专业机构统计，全国共发生 2051 起早期投资案例，所披露的总投资金额为 122.4 亿元，同比增长 20%。创业投资募资规模达 3582 亿元，是 2015 年的 1.79 倍，再创新高；投资案例 3683 起，投资规模 1313 亿元，分别比 2015 年增长 6.9%和 1.55%。

创业投资更加青睐技术型创业。信息技术、生物技术/医疗健康行业发生的投资案例数和投资金额快速提升，超越电信及增值业务，位居第二、第三位，成为创业的“新风口”。2016 年，互联网领域获得早期投资的案例数同比下降 47%，资金规模下降 31%，电信及增值业务所获投资案例数下降 40%。信息技术领域早期投资案例数、金额数分别比上年增长 83%和 86%，发生的创业投资案例数和投资金额所占比重分别较上年同期上升 2.5 个和 5.4 个百分点。生物技术/医疗健康行业早期投资案例数、金额同比分别增长 120%和

51%，发生的创业投资案例数和投资金额所占比重分别较上年同期上升 2.9 个和 2.8 个百分点。

并购逐渐成为退出的重要渠道。2016 年，我国共发生与私募股权相关的并购交易 1808 起，同比增长 41.58%；在已披露金额的 1387 起并购交易中，共涉及资金 12270.76 亿元，占并购交易总金额的 66.5%，同比大涨 108.21%；平均并购金额为 8.85 亿元，比 2015 年增长 70%。2016 年，全国共有 291 家中国企业在境内外市场实现 IPO 上市，总融资金额达到 3125.01 亿元，同比分别下降 28.1%、17.5%。新三板市场新增挂牌企业数量 5034 家，总市值增加近 1.5 万亿元。

四、体制机制改革深入推进，创新创业生态日趋完善

商事制度、科技成果转化与金融服务体系建设等重点领域改革取得突破性进展，政策扶持力度不断加大，信用体系建设与知识产权保护不断推进，创新创业生态进一步优化。

“放管服”改革继续走向深入。全面实施“五证合一、一照一码”登记制度改革、个体工商户营业执照和税务登记证“两证整合”，进一步取消职业资格许可。推进企业登记全程电子化、电子营业执照试点工作、放宽市场主体住所（经营场所）登记条件、企业与个体工商户简易注销试点、商标注册和质押融资便利化、广告行业相关行政审批事项改革。在天津、上海、福建、广东四个省、直辖市试行市场准入负面清单。截至 2016 年底，国务院已分七批累计取消 433 项职业资格，已取消国务院各部门原有设置职业资格的 70%以上。

科技成果转化等改革取得重大突破。印发《实施〈中华人民共和国促进科技成果转化法〉若干规定》，科技成果使用权、处置权和收益权改革全面深化，有力推动了科技成果转化和技术创业。2016 年，全国技术合同成交额达 11407 亿元，首次突破一万亿元大关。进一步完善中央财政科研项目资金管理等政策，简化预算编制、提高人

员费比例、下放部分经费管理权。发布《关于实行以增加知识价值为导向分配政策的若干意见》，构建体现智力劳动价值的薪酬体系和收入增长机制，激发科研人员的积极性、主动性与创造性。

财税支持力度进一步加大。全面推开营改增试点，将建筑业、房地产业、金融业和生活服务业纳入试点范围，进一步完善增值税抵扣链条。对符合条件的非上市公司股票期权、股权期权、限制性股票和股权奖励实行递延纳税政策，对上市公司股票期权、限制性股票和股权奖励适当延长纳税期限，对技术成果投资入股、科技企业孵化器等实施选择性税收优惠政策。据测算，全年共减免企业税收负担 5000 亿元。

金融对创新创业支持程度大幅提升。银行业稳步推进投贷联动试点，十家试点银行积极行动，努力为创新创业企业提供资金支持。金融机构不断加大对小微企业的信贷支持，2016 年实现小微企业贷款增长“三个不低于”目标。完善创业担保贷款政策，促进重点群体创业就业，截至 2016 年底，创业担保贷款余额 964 亿元，全年累计发放 719 亿元。推动创业投资企业在银行间债券市场以公募方式发债融资，将募集资金用途扩大至补充创投基金资本金和股权投资。保险业针对特定产业链的中小微企业和个体工商户的融资需求，开展信用保证保险等业务。2016 年保险业为 16.39 万家小微企业提供 7141.11 亿元的风险保障。

创新创业市场环境不断完善。开展互联网金融风险专项整治，引导互联网金融规范发展。发布信用联合奖惩规范性文件，加强信用体系建设。加大知识产权侵权行为惩治力度，提高知识产权侵权法定赔偿上限，探索建立对知识产权侵权的惩罚性赔偿制度。据统计，2016 年专利行政执法办案总量突破 4 万件，达到 48916 件，同比增长 36.5%。其中，专利纠纷案件首次突破 2 万件，达到 20859 件，同比增长 42.8%。

示范基地建设快速推进。国务院办公厅颁布《关于建设大众创业万众创新示范基地的实施意见》,大力推进区域、高校与企业三类示范基地建设,一批创新创业高地初步形成,在体制机制改革先行先试、人才集聚、新兴产业发展等方面取得良好效果。如部分示范基地的境外投资审批已由过去的3个月压缩到一周内,营商环境进一步改善。北京市海淀区2016年信息服务业、科技服务业、金融业对经济增长的贡献率达73%,为中关村加速形成高精尖的经济结构奠定坚实基础。合肥高新区2016年以来新认定国家级高新技术企业160家,基本建成智能语音、集成电路、生物医药产业集聚发展基地,成为长三角战略性新兴产业网络的重要节点。成都郫都区利用产业化项目留下的空置楼宇,引进新型孵化器38家和两院院士等高层次人才24名,聚集创客12000余人。杭州未来科技城建设梦想小镇,累计落户创业项目810余个、创业人才近7800名,集聚金融机构510家、管理资本1200亿元,形成"阿里系、浙大系、海归系、浙商系"的创业群落。根据2017年国际知名创业调查公司Startup Genome发布的全球创业生态报告,在来自28个国家55个创业生态系统中,中国的北京和上海第一次参评即名列第四和第八。在韩国著名孵化器SparkLabs发布的2016年榜单中,凭借独角兽企业数量和成功退出案例的增加、不断优化的政策支持环境和对人工智能领域的大量投资等因素,北京超过了韩国首尔和美国波士顿。

创新创业文化氛围更加浓厚。通过举办全国"双创周"、"创客中国"创新创业大赛、"创响中国"巡回接力、国际创客交流周、国际创新创业博览会等一系列创新创业活动,积极汇聚全球创新创业资源,加速国内创新创业文化氛围的形成。据统计,参与2016年全国"双创周"的创新企业超过200家,各类科技成果展品超过400项,涉及全国26个省、市、地区,意向交易额超过100亿元,累计参观总人数超过2000万。推动创新创业人才与市场需求紧密结合,引导大学生转变就业择业观念，支持在校大学生开展创新性实验、创业训练和创业实践项目。

五、创新创业引领作用不断增强，新动能快速成长壮大

在创新创业浪潮深入发展的推动下，共享经济、绿色经济、创意经济等新业态、新模式蓬勃发展，新兴产业快速发展壮大，传统产业加速转型升级，创新创业成为引领经济社会发展的重要力量。

创新创业的引擎作用更加突出。以移动互联网、云计算、物联网、大数据为代表的新一代信息技术产业加速成长，人工智能、虚拟现实、基因工程药物等新技术产业化加快，共享经济等新模式快速发展，跨境电商、移动医疗等新业态蓬勃兴起，战略性新兴产业不断发展壮大，成为促进经济平稳增长、转型升级的重要力量。2016 年我国共受理发明专利 133.9 万件，同比增长 21.5%，继续呈现高速增长态势。云计算市场规模接近 500 亿元，增速超过 30%；大数据核心产业的市场规模达到 168 亿元，增速达 45%。2016 年分享经济快速向知识、技能共享等新领域拓展，共享单车则成为创新创业的热点和亮点，自媒体推动网络直播成为超级互联网入口，吸引了近千家初创企业进入。2016 年，战略性新兴产业 26 个主要行业主营业务收入超过 16 万亿元，同比增长 9.1%。工业机器人、新能源汽车、集成电路、光纤等重点产品产量同比分别增长 30.4%、40%、21.2%、20.7%。制造业与互联网深度融合，智能化生产、网络化协同、个性化定制、服务化制造等新模式向更多领域加速渗透。以工业机器人为例，我国已连续三年成为全球第一大工业机器人消费市场，其中搬运机器人、焊接机器人分别占总销量的 44%、30%，汽车、铸造、电脑通信消费性电子等行业工业机器人消费量快速上升。

创新创业对增加就业发挥重要作用。大量新登记市场主体的诞生和快速发展，不仅促进了经济增长，而且创造了大量就业岗位。据

有关机构统计,2016 年专车共享、教育、娱乐、医疗保健等领域用工需求同比均保持两位数增长。全年互联网分享经济市场规模已突破 2 万亿元,参与提供服务者超过 5000 万人,约占劳动人口总数的 5.5%。另据有关机构对全国 248 个城市初创企业的招聘需求信息统计,近年来我国初创企业用人需求快速上升,网上招聘人数由 2015 年 5 月的 1.24 万人迅猛上升到 12 月的 22.19 万人,2016 年继续保持高位,全年累计提供招聘岗位需求超过 240 万人。

第一章　创业环境

2016年是“十三五”的开局之年。党中央、国务院深入推进供给侧结构性改革，通过一系列扶持政策，不断营造有利于实施创新驱动发展战略，推动大众创业、万众创新的生态环境，进一步激发了市场主体活力，培育了经济发展新动能。

第一节　体制机制改革

2016年，我国不断推动“放管服”改革，推进全面创新改革试验，深化科技、人才体制改革，促进普惠式降本增效，为创新创业提供良好的环境。

一、推动“放管服”改革

国务院印发《2016年推进简政放权放管结合优化服务改革工作要点的通知》，对简政放权、放管结合、优化服务作出了全局性部署，从继续深化行政审批和投资改革、扩大高校和科研院所自主权、推进综合监管、提高公共服务供给效率等方面着手，提出15项具体工作要点，着力降低制度性交易成本，优化营商环境，激发市场活力和社会创造力。

推动商事制度改革。国务院办公厅印发《关于加快推进“五证合一、一照一码”登记制度改革的通知》，要求2016年10月1日开始全面实施“五证合一、一照一码”登记制度改革。国家工商行政管理总局、国家税务总局、国家发展和改革委员会、国务院法制办公室四部门发布《关于实施个体工商户营业执照和税务登记证“两证整合”的意见》，要求从12月1日起，个体工商户登记只需填写“一张表”，向“一个窗口”提交“一套材料”即可办理个体工商户工商及税务登记，由工商行政管理部门核发加载法人和其他组织统一社会信用代码的营业执照。

取消职业资格许可。进一步减少对职业资格的许可和认定，发挥市场作用开展专业技能评价，使职业资格不再成为制约就业创业的门槛。截至2016年底，国务院分七批累计取消433项职业资格，国务院部门设置的70%以上职业资格已取消。

进一步推动审批权下放。国务院印发《关于第二批取消152项中央指定地方实施行政审批事项的决定》，决定再取消一批中央指定地方实施行政审批事项，两批合计214项。截至2016年底，国务院三次精简政府核准的投资项目。全面清理与现行法律法规不一致的、不利于改革发展的、设立审批事项已取消或下放的政策文件，截至2016年6月，共宣布失效并停止执行995件国务院文件。

构建良好的市场环境。国务院出台有关文件，加强信用体系建设，完善负面清单制度。国家发展改革委和商务部印发了《市场准入负面清单草案（试点版）》，初步列明了在中华人民共和国境内禁止和限制投资经营的行业、领域、业务等。

优化服务能力。国务院办公厅转发国家发展改革委、财政部、教育部、公安部、民政部、人力资源社会保障部、住房城乡建设部、国家卫生计生委、国务院法制办、国家标准委10部门《推进“互联网+政务服务”开展信息惠民试点实施方案》，加快推进“互联网+政务服务”，2017年初步实现各试点城市间政务服务跨区域、跨层级、跨部门协同，基本公共服务事项80%以上可在网上办理，给群众办事创业带来极大便利。

二、开展全面创新改革试验

中共中央办公厅、国务院办公厅印发《关于在部分区域系统推进全面创新改革试验的总体方案》，要求选择一些区域，开展系统性、整体性、协同性改革的先行先试，统筹推进经济社会和科技领域改革。1个跨省级行政区域（京、津、冀）、4个省级行政区域（上海、广东、安徽、四川）和3个省级行政区域的核心区（武汉、西安、沈阳）等8个省、区、市的全面创新改革试验相继获批，为我国探索发挥市场和政府作用的有效机制、探索促进科技与经济深度融合的有效途径、探索激发创新者动力和活力的有效举措、探索深化开放创新的有效模式提供了有力抓手。

三、深化科技、人才体制改革

制定科技体制改革的“十三五”规划。国务院印发《“十三五”国家科技创新规划》，对“十三五”时期科技创新的总体思路、发展目标、主要任务进行了全面规划，提出从深入推进科技管理体制改革、强化企业创新主体地位和主导作用、建立高效研发组织体系、完善科技成果转移转化机制四个方面着手，制定健全科技创新治理机制、进一步完善科研项目和资金管理、深化产学研协同创新机制、全面提升高等学校创新能力、建立健全技术转移组织体系、深化科技成果权益管理改革等18项重点任务。

加快推进科技成果转化。国务院印发《实施〈中华人民共和国促进科技成果转化法〉若干规定》，推动科技成果转化机制改革，为促进研究开发机构和高等院校技术转移、激励科技人员创新创业、营造科技成果转移转化良好环境提供动力。国务院办公厅印发《促进科技成果转移转化行动方案》,提出在科技成果信息汇交与发布、产学研协同开展科技成果转移转化、建设科技成果中试与产业化载体、大力推动科技型创新创业、建设科技成果转移转化人才队伍、大力推动地方科技成果转移转化、强化科技成果转移转化的多元化资金投入等方面共26个重点领域发力,系统化推进科技成果转化。国资委印发《国有科技型企业股权和分红激励暂行办法》,建立国有科技型企业自主创新和科技成果转化的激励分配机制,调动技术和管理人员的积极性和创造性,推动高新技术产业化和科技成果转化。

完善中央财政科研项目资金管理等政策。进一步简政放权,扩大高校、科研院所科研项目资金、差旅会议、基本建设、科研仪器设备采购等方面的管理权限,同时推动放管结合、优化服务,为科研人员潜心研究营造良好环境。

深化人才发展体制机制改革。党中央印发《关于深化人才发展体制机制改革的意见》,提出人才管理体制改革、人才培养支持机制、创新人才评价机制、人才顺畅流动机制、人才创新创业激励机制、构建具有国际竞争力的引才用才机制、人才优先发展保障机制等7个方面改革和24条具体任务。

四、促进普惠式降本增效改革

国务院进一步推出政策“组合拳”,降低企业成本,提升经济效率,使大众创业、万众创新更好服务实体经济。国务院出台《降低实体经济企业成本工作方案》,通过10个方面共制定了42条具体举措,引导各类资源回归实体经济,促进税费负担合理降低、融资成本有效降低、制度性交易成本明显降低、人工成本上涨得到合理控制、能源成本进一步降低、物流成本较大幅度降低。

全面推开“营改增”试点。经国务院批准,财政部、国家税务总局印发《关于全面推开营业税改征增值税试点的通知》明确,自2016

年 5 月 1 日起，全面推开营改增试点，将建筑业、房地产业、金融业和生活服务业纳入试点范围，至此，所有营业税纳税人改为缴纳增值税。

降低企业杠杆率。国务院印发了《关于积极稳妥降低企业杠杆率的意见》，通过建立和完善现代企业制度，增强经济中长期发展韧性，从明确适用企业和债权范围、实施机构开展市场化债转股、自主协商确定市场化债转股价格和条件、市场化筹集债转股资金、规范履行股权变更等相关程序、依法依规落实和保护股东权利、采取多种市场化方式实现股权退出等 7 个方面提出了具体实施方式，积极稳妥地降低企业杠杆率。

五、深化知识产权领域改革

深入实施知识产权战略。提高知识产权的创造、运用、保护和管理能力；引导支持市场主体创造和运用知识产权，以知识产权利益分享机制为纽带，促进创新成果知识产权化；充分发挥知识产权司法保护的主导作用，增强全民知识产权保护意识，强化知识产权制度对创新的基本保障作用。健全防止滥用知识产权的反垄断审查制度，加强反垄断执法，防止滥用知识产权排除限制竞争。

营造激励创新的发展环境。完善知识产权法律法规，加强知识产权保护，加大对知识产权侵权行为的惩处力度，提高侵权损害赔偿标准，探索实施惩罚性赔偿制度，降低维权成本。研究商业模式等新形态创新成果的知识产权保护办法。健全知识产权侵权查处机制，强化行政执法与司法保护衔接，加强知识产权综合行政执法，将侵权行为信息纳入社会信用记录。建立知识产权海外维权援助机制。建立专利审批绿色通道。引导支持市场主体创造和运用知识产权，以知识产权利益分享机制为纽带，促进创新成果的知识产权化。实施中央财政科技计划（专项、基金等）的全流程知识产权管理，建立知识产权目标评估制度。构建服务主体多元化的知识产权服务体系，培育一批知识产权服务品牌机构。提高中小企业知识产权创造、运用、保护和管理能力，全面组织实施中小企业知识产权战略推进工程。

继续推进知识产权信用体系建设。完善知识产权保护相关法律法规和制度规定，加强对创新创业早期知识产权保护，在市场竞争中培育更多自主品牌，健全知识产权侵权查处机制，依法惩治侵犯知识产权的违法犯罪行为，将企业行政处罚、黑名单等信息纳入全国信用信息共享平台，对严重侵犯知识产权的责任主体实施联合惩戒，并通过“信用中国”网站、企业信用信息公示系统等进行公示，创造鼓励创新创业的良好知识产权保护环境。国务院办公厅印发《2016 年全国打击侵犯知识产权和制售假冒伪劣商品工作要点》，在加强互联网领域侵权假冒治理、深入推进软件正版化工作、查处侵犯知识产权行为、推进行政执法与刑事司法衔接等 29 个重点领域提出整治目标。

第二节　完善扶持政策

我国政府进一步在财税、人才和金融等方面出台系列政策，为实施创新驱动发展战略、推动大众创业、万众创新提供更有力的资金要素支持。

一、加大财税支持

完善税收优惠政策。财政部、科技部、国资委联合印发了《国有科技型企业股权和分红激励暂行办法》，对相关企业进行股权和分红激励时所涉及的财税办法进行了详细的规定，形成了可供全国相关国有科技型企业适用的激励办法。财政部和国家税务总局联合发布《关于完善股权激励和技术入股有关所得税政策的通知》，规定对符合条件的非上市公司股票期权、股权期权、限制性股票和股权奖励实行递延纳税政策，对上市公司股票期权、限制性股票和股权奖励适当延长纳税期限，对技术成果投资入股、科技企业孵化器实施选择性税收优惠政策。财政部、国家税务总局、发展改革委、工业和信息化部联合印发了《关于软件和集成电路产业企业所得税优惠政策有关问题的通知》，对相关行业的税收优惠政策进行了进一步规范。

继续加大投入支持创业创新城市示范。财政部会同相关部门继续开展“小微企业创业创新基地城市示范”，在首批 15 个示范城市的基础上，2016 年财政部会同工信部、科技部、商务部、工商总局通过公开竞争选拔，新增 15 个示范城市，安排资金 64.65 亿元，支持两批 30 个示范城市开展创新创业活动，基本实现了全国各省份全覆盖。

规范资金使用制度。财政部、科技部联合发布《中央引导地方科技发展专项资金管理办法》，从支持范围与方式、分配方法、下达与备案、监督与绩效等方面进行了详细说明，进一步规范中央引导地方科技发展专项资金管理，提高专项资金使用效益。

二、完善人才政策

加快培育集聚创新型人才队伍。中共中央办公厅、国务院办公厅印发《“十三五”国家科技创新规划》，从创新型科技人才结构战略性调整、培养和引进创新型科技人才、健全科技人才分类评价激励机制、完善人才流动和服务保障机制四个方面入手，对人才体系建设中的各个环节进行了部署，提出打造一支具有国际竞争力，与世界科技强国建设目标相匹配的人才队伍。

激发重点群体创新创业活力。国务院印发《关于激发重点群体活力带动城乡居民增收的实施意见》，提出要瞄准技能人才、新型职业农民、科技人员等增收潜力大、带动能力强的七大群体，实行收入分配激励政策，通过技能人才激励计划、新型职业农民激励计划、科研人员激励计划、小微创业者激励计划、企业经营管理人员激励计划、基层干部队伍激励计划、有劳动能力的困难群体激励计划，推动重点群体积极参与创新创业，在参与创新创业中增收致富，形成以增收为导向的人才培养和激励机制。

构建以增加知识价值为导向的分配政策。中共中央办公厅、国务院办公厅印发《关于实行以增加知识价值为导向分配政策的若干意见》，重点围绕科研人员群体定向激励制定一系列扶持举措，从提高收入、优化资金项目引导机制、提高科研自主权、提升内部激励、畅通晋升空间等方面入手，全面激发科研人员群体的创新创业活力，鼓励多出成果、快出成果、出好成果，推动科技成果加快向现实生产力转化。

推动外籍人才来华创新创业便利化。为方便外籍高层次人才、外国留学生以及来华创业团队外籍成员创新创业，2016 年公安部相继推出了支持北京创新发展 20 项出入境政策措施、支持福建自贸区建设 10 项出入境政策措施、支持广东自贸区建设及创新驱动发展 16 项出入境政策措施、进一步支持上海科创中心建设出入境政策措施。

三、强化金融创新和服务政策

完善创业投资体系。明确促进创业投资发展的政策措施，支持行业骨干企业、创业孵化器、产业（技术）创新中心、保险公司等机构投资者参与创业投资，培育合格个人投资者，壮大面向种子期、初创期中小企业的天使投资。按照内外资一视同仁原则，放宽准入、简化管理，鼓励外资扩大创投规模。从 2016 年 10 月 1 日起，不在国家规定实施准入特别管理措施范围内的外商投资企业的设立及变更，由审批改为备案管理。目前，95%以上的外商投资企业通过备案方式设立或变更，办理时限由20多个工作日缩减到3个工作日以内。外商投资的便利化、规范化水平显著提升，有效激发了外商投资企业创业投资的积极性。有序发展投贷联动、投保联动、投债联动等新产品。鼓励有条件的地方设立创投引导基金。发挥主板、创业板和地方性股权交易场所功能，完善全国中小企业股份转让系统交易机制，推动中国青年创新创业金融综合服务平台建设，规范发展专业化并购基金，支持证券公司柜台市场等开展直接融资业务，畅通创投的上市、股权转让、并购重组等退出渠道。支持有需求、有条件的国有企业依法依规、按照市场化方式设立或参股创投企业和母基金，支持具备条件的国有创投企业开展混合所有制改革试点。加大政策扶持，对专注长期投资的创投企业在税收优惠、债券发行、政府项目对接等方面加大支持力度。

引导金融服务实体经济。引导金融机构加大对高新技术企业、重大技术装备、工业强基工程等的信贷支持，促进培育发展新动能。制定金融支持制造强国建设指导意见，支持制造业自主创新、提升基础、智能升级和绿色发展。鼓励通过并购贷款、发行优先股和可转换债券等筹集资金开展兼并重组，推动改造传统动能。支持大企业设立创投基金，支持地方开展小微企业融资担保代偿补偿等业务。积极推动相互保险组织开展针对小微企业的信用保证保险业务，降低小微企业融资门槛及成本。对长期亏损、失去清偿能力或环保、安全生产不达标且整改无望的企业及落后产能，坚决压缩退出相关贷款，支持化解过剩产能。拓宽融资渠道，鼓励扩大股权、债券等直接融资，大力发展应收账款融资。支持运作规范、偿债有保障的企业发行公司信用债调整债务结构。继续规范金融服务收费，严肃查处违规收费行为。支持银行加快不良贷款处置，惩戒恶意逃废债务行为，防范和化解金融风险。

加快推进普惠金融发展。国务院印发《推进普惠金融发展规划（2016—2020年）》（国发〔2015〕74号）。作为我国首个发展普惠金融的国家级战略规划，确立了推进普惠金融发展的指导思想、基本原则和发展目标，从普惠金融服务机构、产品、基础设施建设、法律法规和教育宣传等方面提出了系列政策措施和保障手段，亦对推进普惠金融实施、加强领导协调、试点示范工程等方面做出了相关安排。

构建良好的互联网金融发展环境。国务院办公厅印发《互联网金融风险专项整治工作实施方案》，鼓励和保护真正有价值的互联网金融创新，整治违法违规行为，建立监管长效机制，促进互联网金融规范有序发展。对P2P网络借贷和股权众筹业务、通过互联网进行资产管理及跨界从事金融业务、第三方支付业务、互联网金融领域广告等四个方面12项重点领域开展整治，为市场营造公平环境。

破解小微企业发展难题。努力实现小微企业贷款增速不低于各项贷款平均增速、贷款户数不低于上年同期户数、申贷获得率不低于上年同期水平。合理设定小微企业流动资金贷款期限，不得随意抽贷、压贷、断贷。推广无还本续贷。采取循环贷款、分期偿还本金等方式减轻企业负担。支持商业银行扩大应收账款质押融资规模，探索其他动产质押融资试点。坚决清理整顿融资过程中的各种违规收费，支持金融、融资担保机构优化绩效考评指标，为小微企业和"三农"减费让利。鼓励金融机构创新大额存单、可转换票据、集合债券等产品，引导更多社会资金投向小微企业，拓宽直接融资渠道。鼓励金融租赁公司发挥融资与融物相结合的特色功能，助力小微企业拓宽融资渠道。支持各地建立应急转贷、风险补偿等机制，更好发挥融资担保和保险的增信分险作用。鼓励主要服务小微企业的相互保险组织利用大数据、区块链等新技术，汇集具有同质风险的中小微企业，为特定产业链的中小微企业提供创新的风险评估、信用保证等全生命周期的风险管理服务，推动建立与完善中小微企业征信机制。

四、落实用地支持政策

召开会议提出要求。2016 年 5 月，国土资源部组织召开了全国产业用地政策推进落实工作会。会议要求各地深入贯彻党中央、国务院经济工作部署，牢固树立创新、协调、绿色、开放、共享新发展理念，抓好大众创业、万众创新发展方面涉及用地政策的推广落实，充分发挥产业用地政策助推促改革、稳增长、调结构的动力作用，简化审批程序，着力提高服务水平。

发文指导地方工作。为进一步加大对包括大众创业、万众创新发展用地措施在内的产业用地政策落实力度，国土资源部经整理汇总，于 2016 年 10 月印发了《产业用地政策实施工作指引》(国土资厅发〔2016〕38 号)，具体解释了各种涉地政策工具及其法律依据、概念内涵、适用情形、注意事项等，使《产业用地政策实施工作指引》发挥现有政策目录、政策工具包和各项政策工具使用说明书的作用，直接指导基层工作、提升政策实施效率，打通政策落实的“最后一公里”。

开设专栏扩大影响。在认真研究梳理已有政策的基础上，国土资源部在门户网站首页开设了“产业用地政策实施”专栏，内设“编者按”、“国务院文件”、“部门文件与解读”、“各方观点”、“典型案例”等栏目，将大众创业、万众创新发展等产业用地政策及各地工作中的有益经验精选收录，并建立了内容定期更新的长效机制，各方反响良好。

第三节　优化创业服务

自 2016 年以来，各级政府积极优化创业服务，在创业的各阶段、各环节优化创业服务政策，为各类人群创业提供便利和服务。

一、支持创业孵化

加快创业孵化机构建设。国务院办公厅印发《关于加快众创空间发展服务实体经济转型升级的指导意见》，对研究完善科技企业孵化器税收政策、鼓励龙头骨干企业、高校、科研院所与国外先进创业孵化机构开展对接合作提出服务要求。国务院办公厅印发《关于建设大众创业万众创新示范基地的实施意见》，提出了对促进各类孵化器等创业培育孵化机构转型升级、引导和推动创业投资、创业孵化与高校、科研院所等技术成果转移相结合等举措。人力资源社会保障部确定了第三批34家全国创业孵化基地（总数达到71家），通过区域合作、交流展示等形式，推广分享经验做法，对提升地区乃至全国创业孵化基地整体水平发挥积极作用。

推动创业孵化体系建设。《"十三五"国家科技创新规划》提出要围绕实体经济转型升级，加强专业化高水平的创新创业综合载体建设，完善创业服务功能，形成高效便捷的创业孵化体系。建设各具特色的众创空间，推进青年创业园区和青创社区建设，发展面向农村创业的"星创天地"，完善创业孵化服务链条。

吸引小微企业参与平台建设。国家工商总局印发《关于发挥职能作用进一步做好高校毕业生就业创业工作的通知》，提出要结合小微企业创新创业基地城市示范工作等，吸引小微企业积极参与、推进大学生创业孵化基地、大学生创业孵化园、众创空间等建设。

二、建设一批双创示范基地

国务院办公厅印发《关于建设大众创业万众创新示范基地的实施意见》，确立了首批28个双创示范基地，包括以北京市海淀区、天津市滨海新区中心商务区、辽宁省沈阳市浑南区、上海市杨浦区、江苏省常州市武进区等为代表的 17 个区域示范基地；以清华大学、上海交通大学、南京大学、四川大学为代表的 4 个高校和科研院所示范基地；以中国电信集团公司、中国航天科工集团公司、招商局集团有限公司、海尔集团公司、中信重工机械股份有限公司、共享装备股份有限公司、阿里巴巴集团为代表的 7 个企业示范基地。

三、加强创业教育和培训

加强高等院校创业教育。国务院办公厅印发《全民科学素质行动计划纲要实施方案（2016—2020 年）》，提出要深化高校创新创业教育改革，引导大学生转变就业择业观念，支持在校大学生开展创新性实验、创业训练和创业实践项目。推动建立大学生创新创业联盟和创业就业基地，大力开展全国青少年科技创新大赛、“挑战杯”全国大学生课外学术科技作品竞赛、“创青春”全国大学生创业大赛、“中国大学生服务外包创新创业大赛”等活动，为青年提供将科技创意转化为实际成果的渠道、平台。

为返乡创业人员提供创业教育培训服务。国务院办公厅印发《关于支持返乡下乡人员创业创新促进农村一二三产业融合发展的意见》，提出开展创业培训等举措，包括实施农民工等人员返乡创业培训五年行动计划和新型职业农民培育工程、农村青年创业致富“领头雁”计划、贫困村创业致富带头人培训工程，开展农村妇女创新创业培训等。国务院印发的《关于激发重点群体活力带动城乡居民增收的实施意见》中提出的“技能人才激励计划”和“新型职业农民激励计划”从职业培训的层面对创业教育提出了任务要求。人力资源社会保障部会同农业部、国务院扶贫办、共青团中央、全国妇联等部门印发《关于实施农民工等人员返乡创业培训五年行动计划（2016—2020 年）》，提出做好培训对象信息统计分析、开展有针对性的创业培训、积极开展互联网创业培训、依托优质资源开展创业培训、加强创业培训基础能力建设、建立创业培训与创业孵化对接机制、做好创业培训对象后续跟踪扶持等。

第四节 拓展创业机会

在互联网技术加速渗透制造、医疗、能源、金融、物流、交通、教育等领域的背景下，中国政府进一步强调发挥“互联网+”的作用和功能，着力推动互联网服务民生和服务经济发展，加快发展新技术新模式，培育经济发展新动能。

一、推进“互联网+”

加快推进“互联网+政务服务”。国务院办公厅转发国家发展改革委、财政部、教育部等10部门的《推进“互联网+政务服务”开展信息惠民试点实施方案》，提出要加快推进“互联网+政务服务”，深入实施信息惠民工程，构建方便快捷、公平普惠、优质高效的政务服务体系。从简化优化群众办事流程、改革创新政务服务模式、畅通政务服务方式渠道三个方面部署了重点任务，并提出在2016年，要在80个试点城市内基本实现政务服务事项的“一号申请、一窗受理、一网通办”；在2017年，初步实现各试点城市间政务服务跨区域、跨层级、跨部门协同，基本公共服务事项80%以上可在网上办理，最终形成可复制经验向全国推广。

“互联网+”推动流通体系转型升级。国务院办公厅印发《关于深入实施“互联网+流通”行动计划的意见》，提出加快推动流通转型升级、积极推进流通创新发展、加强智慧流通基础设施建设、鼓励拓展智能消费新领域、大力发展绿色流通和消费、深入推进农村电子商务、积极促进电子商务进社区、加快完善流通保障制度、发挥财政资金引导带动作用、增强流通领域公共服务支撑能力、健全流通法规标准体系、营造诚信经营公平竞争环境12项重点任务，并确定了各项任务的负责部门，推动线上线下融合发展。

开展跨境电商试点。国务院印发《关于同意在天津等12个城市设立跨境电子商务综合试验区的批复》，在天津市、辽宁省、上海市、江苏省、浙江省、安徽省、山东省、河南省、广东省、重庆市、四川省设立试验区。要求各试验区因地制宜，突出本地特色和优势，着力在跨境电子商务企业对企业(B2B)方式相关环节的技术标准、业务流程、监管模式和信息化建设等方面先行先试，为推动全国跨境电子商务健康发展创造更多可复制推广的经验，以更加便捷高效的新模式释放市场活力，吸引大中小企业集聚，促进新业态成长，实施创新驱动发展战略，推动大众创业、万众创新，增加就业，支撑外贸优进优出、升级发展。

二、发展新经济培育新动能

“十三五”规划引领新支柱产业发展。《中华人民共和国国民经济和社会发展第十三个五年规划纲要》(简称“十三五”规划)发布，从实施制造强国战略、支持战略性新兴产业发展、加快推动服务业优质高效发展三个方面提出优化现代产业体系的总体规划。国务院印发《“十三五”国家战略性新兴产业发展规划》，提出形成新一代信息技术、高端制造、生物、绿色低碳、数字创意等5个产值规模10万亿元级的新支柱，并在更广领域形成大批跨界融合的新增长点。

加快培育发展一批新增长点。国务院办公厅印发《关于加快发展健身休闲产业的指导意见》，对发展健身休闲产业，推动体育产业向纵深发展进行部署。国务院印发《关于加快发展康复辅助器具产业的若干意见》，对发展康复辅助器具产业进行部署。国务院办公厅印发《关于促进通用航空业发展的指导意见》，提出到2020年，建成500个以上通用机场，通用航空器达到5000架以上，培育一批具有市场竞争力的通用航空企业，通用航空业经济规模超过1万亿元。工业和信息化部、发展改革委、财政部印发《机器人产业发展规划（2016—2020年）》，提出到2020年，自主品牌工业机器人年产量达到10万台，六轴及以上工业机器人年产量达到5万台以上，服务机器人年销售收入超过300亿元，在助老助残、医疗康复等领域实现小批量生产及应用。

促进行业跨界融合发展。国务院印发《关于深化制造业与互联网融合发展的指导意见》，提出到2018年底，制造业重点行业骨干企业互联网双创平台普及率达到80%，相比2015年，工业云企业用户翻一番，新产品研发周期缩短12%，库存周转率提高25%，能源利用率提高5%等目标，并围绕发展目标，在打造制造企业互联网双创平台、推动互联网企业构建制造业双创服务体系、支持制造企业与互联网企业跨界融合、培育制造业与互联网融合新模式、强化融合发展基础支撑、提升融合发展系统解决方案能力、提高工业信息系统安全水平等7个方面进行了任务部署。工信部印发《信息化和工业化融合发展规划（2016—2020）》，对推进信息化和工业化深度融合，加快新旧发展动能和生产体系转换，提高供给体系的质量效率层次进行了部署。

第五节　营造创业文化

中国政府高度重视弘扬创新和企业家精神，积极开展以“双创活动周”为代表的创新创业文化宣传，举办各类创新创业大赛，使创新创业理念更加深入人心。

一、举办“双创活动周”

国家发展改革委牵头举办第二届“双创活动周”。活动周设立了深圳主会场和北京会场，在全国各地设分会场，实现了南北呼应、全国联动的局面。活动周期间全国各地上百个城市举办数千项成果展示、会议论坛、文化传播、项目路演、群众竞赛、专业服务等活动。深圳主会场在 2016 年 10 月 15 日、16 日两日接待观众均超过 10 万人。据统计，参与此次“双创周”的创新企业超过 200 家，各类科技成果展品超过 400 项，涉及全国 26 个省（区、市），意向交易额超过 100 亿元。在活动周举办的 7 天内，累计参观总人数超过 50 万。

活动周正式举办的前期，全国就已经通过多种方式进行了充分预热，营造了创新创业氛围，丰富了创新创业文化，取得了良好社会效果。一是通过举办“创响中国”巡回接力。2016 年 5 月到 10 月，国家发展改革委会同中国科协在全国 17 个区域性双创示范基地举办“创响中国”系列活动。举办地高度重视，省市政府主要负责同志亲自参加，共开展了 400 多场活动，有 700 多家企业、近 100 万人次参与，在全国各地掀起了“创响中国”的热潮。活动周期间，“创响中国”举办地也同步举办了各类活动，创新创业热情持续涌动、高涨。二是采用众创众包的方式征集活动周吉祥物、双创主题歌等宣传品。向全社会公开征集各类作品 750 件，其中主题歌 311 件，吉祥物 102 件，微视频 121 件，公益广告 216 件，经评审确定活动周吉祥物为“创特”和“芽芽”，在活动周期间已经成为双创代言和网络新宠；活动周主题歌《创响中国》在启动仪式上一经唱响，已经传遍全国。活动周宣传品由组委会统一建议，各地有针对性制定各具特色和区域特点的方案。北京、深圳等城市在户外广告、地铁公交站台等开展了充分宣传，形成了创新创业者节日的浓厚氛围。

二、开展创新创业大赛

全国各地掀起创新创业大赛的浪潮，各有关省（区、市）组织开展了形式多样、内容丰富的创新创业比赛，进一步在全社会范围内掀起创新创业的热潮。工业和信息化部举办了 2016 年度“创客中国”创新创业大赛，搭建“创客中国”国家创新创业公共服务平台，激发“草根”创新创业潜力。教育部举办了第二届中国“互联网+”大学生创新创业大赛，有 2110 所高校的 11.88 万个项目、近 55 万名大学生参赛。共青团中央联合中央网信办等 7 部委举办了第三届“创青春”中国青年创新创业大赛，全国 31 个省（区、市）、200 多个地级市开展了地区赛事，8 万余个项目、30 万余名青年报名参加，发现、培育一批走在前列的青年创新创业人才。人力资源社会保障部举办了第二届“中国创翼”青年创业创新大赛，分设新能源及环保产业类、高端装备制造业类、生活性服务业类、综合类四个行业赛以及农民工创业创新大赛专项赛，为创业项目与创业政策、导师、投资搭建了平台，全国共有近 13000 个项目报名参赛，进一步营造了鼓励青年创新创业的浓厚氛围。北京举办了文化创意创新创业大赛，历时 3 个月，共征集到 500 余个文化创意创新创业项目，25 个众创空间承办分赛场，50 家投资机构全程跟踪。广东省交通运输厅、中国交通报社、番禺区政府联合主办“互联网+交通运输”创新创业大赛，吸引了 25 个省（区、市）及新加坡地区的 1026 个项目报名参赛，引起良好反响；重庆市江津区举办双创大赛，历经 3 个月，吸引了众多返乡创业者的参与，包含 50%的生态观光农业项目，30%的科技创新与“互联网+”项目，20%的加工、服务类项目，入围决赛的各项目皆可申请创业种子投资基金。

中国创新创业大赛已经连续成功举办五届，形成了国内规格最高、规模最大、影响最广的创新创业大赛品牌。大赛赛区目前已覆盖除西藏外的全国所有省份，大赛报名参赛选手包括了全国所有地区和海外选手，五届大赛共吸引超过 9.3 万家创新创业企业和团队参赛，其中企业约 6.3 万家，团队约 3 万个。中央财政设立专门资金支持大赛的优秀企业，目前支持金额超过 1.2 亿元，支持企业 389 家。多个地方赛区将中小企业创新基金与大赛紧密对接，对大赛获奖项目进行直接支持，改变了传统科技计划项目专家评审的方式，科技创业项目实现了赛马场上选骏马、各界力量众扶持的良好局面。促成创业投资超过 100 亿元。促成了银行贷款授信超过 200 亿元。许多主流媒体和网络新媒体对大赛及大赛中涌现出来的创新创业企业和人物的广泛宣传，在全社会大力弘扬了创新创业文化，营造了良好的创新创业氛围。

三、加强国际合作，助力双创发展

人力资源社会保障部与清华大学合作成立了二十国集团创业研究中心，搭建创新创业领域经验交流和信息共享的平台，对二十国集团成员国和其他国家的创业问题开展分析和比较研究，为推进实施二十国集团创业行动计划提供支持。

随着我国正在加速融入全球创新创业网络，孵化器“走出去”步伐也在加快，清控科创、瀚海集团、太库科技、武汉东湖等多家民营机构目前共在美国、韩国、俄罗斯、日本、加拿大、德国、比利时、芬兰、澳大利亚、以色列等国布局了几十家海外孵化器，成为海内外优质项目对接的重要桥梁。Plug&Play Tech Center、Y Combinator、500 startups 等硅谷著名孵化器，及欧洲、以色列、韩国等国家和地区的知名孵化机构来华独资或与国内主体合作创办孵化器，带来国外孵化器发展新理念、新模式，为双边孵化、项目合作、技术转移、人才交流等方面提供有力支撑。

随着我国国际地位的不断提升，越来越多的孵化器参与到国际孵化器组织的工作当中。十几年来，北京、上海、西安、广州、武汉等地的5家国际企业孵化器（IBI）连续承担了联合国、APEC等国际机构组织的培训班，对七十余个国家超过1000名孵化器管理人员进行了培训，其中包括：印度、罗马尼亚、中东、非洲等国家和地区孵化机构负责人。上海市创业中心发起成立亚洲孵化器协会，并成为常设常务秘书处单位，中国人两次担任亚洲孵化器协会主席。

第二章　创业服务

2016年，适应创新创业形势发展的需要，众创空间、科技企业孵化器等各类创新创业服务载体建设逐步由数量扩张向数量与质量双提升方向转变，呈现出专业化、网络化、国际化的发展趋势，为创新创业发展提供了更全面、更多样化的服务。

第一节　众创空间

众创空间不断加速发展，呈现出专业化、网络化和国际化发展趋势，对降低创新创业门槛、促进投资孵化结合、拓展创业空间、营造创新创业氛围、引领创业文化等方面作用明显，有力促进了区域创业资源的集聚和创新创业生态的营造。

一、众创空间总体加速发展

在国家和地方一系列政策措施的激励下，众创空间继续加速发展并呈现如下态势：

1. 众创空间解决了创业早期孵化难题，形成了从创意到产业的创新创业服务生态

众创空间进一步向前延伸创新创业的服务触角，增强和完善了科技创业孵化链条的前端环节，进一步降低了创业的成本和门槛，提

供了更专业、更便捷、更系统的“早期孵化”服务，形成了从“众创空间—科技企业孵化器—企业加速器—高新技术产业园区”的完整创业孵化服务链条。当前全国4298家的众创空间，与3255家的科技企业孵化器和400余家的企业加速器共同形成接替有序的创新创业孵化链条，2016年服务的创业团队和初创企业近40万家，带动就业超过200万人，实现了创新、创业、就业的有机结合与良性循环。

2. 众创空间打开了投资与孵化相结合的大门，引导民间资本参与创新创业

“投资+孵化”已成为众创空间发展的重要模式。近400家众创空间是由投资机构直接建立。2881家众创空间帮助1.5万个服务的团队和企业获得投资，投资总额约539.6亿元，其中民间社会资本投资444.6亿元，众创空间自身投资创业企业约78.8亿元。另外，众创空间还帮助2.2万家在孵企业获得27亿元的政府资助。

在帮助企业获得投融资的同时，优秀众创空间也受到资本的青睐。截至2016年底，共有808家众创空间获得社会资本投资，上海众创空间“苏河汇”2015年11月登录新三板，成为国内首家登录新三板的众创空间；氪空间、创新工场、纳什空间、因果树、优客工场等众创空间累计获得投资已达55亿元；“黑马会”以创业培训和投资为主要业务，年利润过亿元。另外，北京“创新工场”、“宏福孵化器”、“公司宝”、“科技寺”、“赢家伟业”、广东“新基地”等众创空间陆续在新三板成功挂牌。据统计，全国众创空间有53%获得财政补贴，补贴额22.8亿元。

3. 众创空间促进了创业与创新的有机结合，推动实体经济转型升级

2016年2月，国务院办公厅发布《关于加快众创空间发展服务实体经济转型升级的指导意见》(国办发〔2016〕7号)，推动创新创业工作与产业转型升级有效结合，优化提升创新创业资源配置效率，

释放高层次人才创新创业活力，推动大企业和高校院所改革创新。目前，国有企业和高校科研院所成立的众创空间共 1142 家，占众创空间总数的 26.6%。中国电子、普天集团、大唐电信等多家央企积极参与创新创业，在全国建立了多家孵化器和众创空间。众创空间为 4.9 万家常驻的企业和团队提供了技术支持服务。常驻的团队和企业拥有有效知识产权达 7.9 万项，其中发明专利约 1.8 万项。

4. 市场化运行的众创空间有效降低了创业门槛，吸引各类社会机构参与创新创业

在经济转型发展的压力下，多地以建设众创空间等创业孵化载体为突破口，以孵化服务促创新创业，以创新创业促产业转型并带动就业。当前，众创空间已实现全国所有省份的全覆盖，绝大部分地区充分利用现有场地建设众创空间，提供低成本、便利化、开放式的创业服务，并在长三角（18.0%）、京津冀（13.2%）、珠三角（11.8%）和成渝地区（8.4%）形成众创空间集聚发展。

截至 2016 年底，全国纳入火炬统计的 4298 家众创空间提供创业工位 77.7 万个，当年服务的创业团队和创业企业 27.4 万个、吸纳就业 99.4 万人，其中应届大学生 30.4 万人。全国的众创空间中，民营企业建立的众创空间 2829 家，占到总数的 65.8%，国有企业建立的众创空间 578 家，占 13.5%，事业性质的占 11.5%，其他为社团、民办非企业、外资及合资等性质，市场力量已成为创业服务的主力军。另外，由科技企业孵化器衍生成立的众创空间 1407 家，占到总数的 32.7%；高新区内建立众创空间 1182 家，占到总数的 27.5%；由高校科研院所成立的众创空间 564 家，占到总数的 13.1%。

5. 众创空间带动创新创业氛围形成，成为引领我国创业文化发展的主阵地

众创空间内有 8.3 万专职、兼职创业导师服务创业者，2016 年举办创新创业活动累计达到 10.9 万次，开展创业教育培训 7.8 万

场，开展的国际交流活动 5721 余场，频繁的创业活动营造了浓厚的创新创业氛围。全国的众创空间吸引 6.3 万余名大学生、5426 名留学生、2.8 万名科研人员、10159 名原大企业高管和 20520 名连续创业者在其中创新创业。

通过政府引导、市场推动，以中关村创业大街为代表的众创空间集聚区已成为全国创业者创新创业的高地；深圳湾创业广场、杭州梦想小镇、苏州金鸡湖创业长廊及部分高新区内的众创空间形成集聚，实现创新创业资源的高度聚合，形成区域创业文化高地和创业地标。

6. 众创空间顺应科技革命时代浪潮，形成企业级服务新业态

众创空间通过市场化机制、专业化服务和资本化途径构建了低成本、便利化、全要素、开放式的新型创业服务平台，为创业者提供低成本的工作空间、网络空间、社交空间和资源共享空间。众创空间的服务催生了大量以互联网技术集成应用、人工智能、生物医药技术和商业模式创新等为主要内容的创新创业企业。截至 2016 年底，众创空间内的创新创业服务人员达到 12.9 万人，累计服务企业和团队近 50 万个，服务收入和投资收入达 39.4 亿元。2016 年，众创空间内注册成立为企业的创业团队达到 7.2 万家。

二、众创空间不断深化发展

适应创新创业发展的需要，众创空间不断向专业化、网络化和国际化等方向发展。

一是专业化导向更为突出。随着科技创业发展的深化，众创空间从以往的仅仅提供场地、人事、行政等基础服务，向着提供细分领域技术和产业服务的专业化方向发展。根据《专业化众创空间建设工作指引》，专业化众创空间应聚焦细分产业领域，以推动科技型创新创业、服务实体经济为宗旨。2016 年，有关部门在智能制造、轨道

交通、生物医药、移动互联网、虚拟现实等领域认定了龙头骨干企业或者高校科研院所主导的 17 家专业化众创空间,初步实现服务对象、孵化条件和服务内容的专业化,为龙头骨干企业、中小微企业、高校院所与创客多方协同创新提供了重要载体。

专栏 2-1　典型专业化众创空间

智慧家庭国家专业化众创空间。包括海立方线上平台、创客学院、创客工场等 5 个平台,成立了 183 个小微生态圈,诞生了 470 个创业项目,聚集了 30 多亿的创投基金、1330 家风险投资机构,推动了海尔集团由白色家电领域向智慧家庭领域转型。众创空间内 24 个小微企业成功引入风投,12 个小微企业估值过亿元。

诊断试剂国家专业化众创空间。包括诊断试剂领域专业技术平台、医疗器械和耗材采购平台、医院消费平台、健康服务平台等专业化资源共享平台,带动 100 余个创业团队和项目,推动地区诊断试剂行业壮大成长。

虚拟现实与智能硬件国家专业化众创空间。配备 3D 打印机、激光切割机、精密车床、数控钻铣床等专业加工设备,聚集了包括北航大学生、科技人员及其他外部创业团队等创客在内的 200 余家创业企业和团队,有效促进北京航空航天大学的科技成果转化。

表 **2-1**　首批国家专业化众创空间示范名单

序号	专业化众创空间	依托主体
1	智慧家庭国家专业化众创空间	海尔集团公司
2	卡车动力总成国家专业化众创空间	潍柴控股集团有限公司
3	移动互联网国家专业化众创空间	大唐电信科技产业集团
4	先进矿山装备国家专业化众创空间	中信重工机械股份有限公司
5	智能硬件国家专业化众创空间	TCL 集团股份有限公司
6	轨道交通国家专业化众创空间	中车株洲电力机车研究所有限公司
7	智能制造国家专业化众创空间	大连机床集团(东莞)智能技术研发中心有限公司
8	光通信国家专业化众创空间	武汉烽火科技集团有限公司
9	传感器国家专业化众创空间	河南汉威电子股份有限公司
10	诊断试剂国家专业化众创空间	中山大学达安基因股份有限公司
11	化工橡胶国家专业化众创空间	软控股份有限公司、橡胶谷集团有限公司
12	光电子国家专业化众创空间	中国科学院西安光学精密机械研究所
13	自动化仪表国家专业化众创空间	上海工业自动化仪表研究院

续表

序号	专业化众创空间	依托主体
14	分子医学国家专业化众创空间	天津国际生物医药联合研究院
15	光电显示国家专业化众创空间	武汉光电工业技术研究院有限公司
16	虚拟现实与智能硬件国家专业化众创空间	北京航空航天大学
17	无线通信国家专业化众创空间	电子科技大学

专栏 2-2　国家小型微型企业创业创新示范基地

为推动大众创业、万众创新，加快小型微型企业创业创新基地发展步伐，优化小型微型企业创新创业环境，支持中小企业健康发展，2016 年，工信部公告了第二批 99 家国家小型微型企业创业创新示范基地。目前，全国共培育和支持基地 4000 余个，认定省级示范基地 2200 余个，基地入驻企业超过 19 万个，提供就业岗位超过 500 万个。2016 年，中央政府部门先后印发了《国家小型微型企业创业创新示范基地建设管理办法》（简称《管理办法》）、《关于推动小型微型企业创业创新基地发展的指导意见》（简称《指导意见》），计划到"十三五"末，公告 300 个国家小型微型企业创业创新示范基地，推动地方培育和建设 3000 个省级小型微型企业创业创新基地。根据《管理办法》和《指导意见》，我国将推动小型微型企业创业创新示范基地入驻企业与行业龙头企业合作对接，加强专业化协作和配套，推动入驻企业专精特新发展。

二是网络化趋势十分明显。当前，互联网整合了信息、用户、技术、管理等创业要素，以动态、便捷的方式向创业者提供服务，极大地节约了创业成本。在此背景下，众创空间也加快利用互联网技术，整合并优化线上和线下服务，加快网络化发展步伐。一方面，互联网企业依托自身在用户资源和内容资源等方面的优势挖掘商业机会，为创业者提供软件端口、数据资源等各类服务。另一方面，众创空间运营主体也通过与互联网企业合作、聘请第三方技术咨询公司或组建网络化运营团队等方式，加速线上线下融合。

专栏 2-3　典型网络化众创空间

36 氪创业服务。36 氪与众创空间合作，向众创空间内外创业者提供服务。36 氪依托科技博客等内容资源，向创业者提供分析评论、行业动态、数据报告等创业信息服务；创业者大会、主题沙龙、创业路演等创业宣传服务，为投资者提供创投项目资源服务。

续表

腾讯众创空间。腾讯在北京、天津和深圳等地与地方政府联合创设了众创空间。依托其互联网开放平台资源,腾讯吸收大量创业服务商进入,并通过筛选和评估服务商提高创业服务质量。目前,腾讯众创空间能够提供基于工商、法律、财税、人力、研发、营销、行政等领域在内的 11 大类 1200 多项服务,服务范围覆盖创业者从创意到项目成熟各个不同创业阶段。 **阿里巴巴创业服务**。阿里巴巴依托自身电商平台用户资源,向电商创业者提供电子商务培训、合作交流、跨境贸易等线上线下相互结合的服务。如阿里巴巴已经在农村电商领域为 300 余个县(市、区)的返乡创业人员提供电子商务创业服务。

三是国际化水平大幅提高。通过"引进来"和"走出去"相结合,我国众创空间国际化水平大幅提升。部分众创空间集合优质服务资源向国内外创业者提供创业服务,吸引一大批海外创客来华创业。例如,我国一些边境地区的众创空间开始聚集国内技术服务、市场开拓服务等资源,依托与周边国家和地区资源要素禀赋相近的优势,吸引国内创业者和周边国家创业者入驻并提供服务。部分众创空间还与海外的众创空间、高校院所、创业导师、投资机构积极合作,在整合利用全球创新创业资源方面取得积极成效。例如,我国东部发达地区的众创空间联合发达国家创业服务机构,设立中外企业创业中心,为创业者提供国际化的创业辅导、创业培训、技术对接、项目加速和项目落地等创业服务。

第二节　科技企业孵化器

2016 年,随着双创工作进入加速期,深耕科技创业服务 30 年的科技企业孵化器(以下简称孵化器)以其完备的孵化服务体系和棋布全国省市县区的庞大规模,配合双创大潮形成了相辅相成、相得益彰的良好发展格局,成为我国发展新经济、培育新动能的重要载体和抓手。当前,我国孵化器数量已位居世界第一,在服务上形成对科技创业企业需求全要素、全生命周期的覆盖，在发展上得到社会的关注和各级政府的政策支持。

截至2016年底，全国孵化器总数已达3255家，累计孵化科技型中小企业22.3万家，当年解决就业212.3万人，其中应届毕业大学生21.1万人。13.3万家正在孵化的科技型中小企业拥有有效知识产权22.3万项，拥有有效发明专利5.2万项，占全国有效发明专利的5%。累计帮助3.3万家孵化企业获得1480.3亿元的风险投资。累计培育毕业企业8.9万家，毕业后上市和挂牌企业达到1871家，占创业板上市企业的1/6，占新三板挂牌企业的1/10，这些上市和挂牌企业的总市值达到2.7万亿元。30年蓄势勃发，中国孵化器已得到各界的广泛认知和创业者的普遍认可，其在我国实施创新驱动发展战略过程中的地位和作用日益凸显。

图2-1　2000—2016年我国科技企业孵化器数量和场地面积

一、孵化功能实现全要素供给、全方位服务

当前我国孵化器在资金、技术、人才、场地等创新创业要素资源供给上相对充足。2016年，全国孵化器自身拥有孵化资金已达688亿元，当年得到各级各部门科技计划经费支持61亿元，各类技术平台投入70亿元，聚集大专以上科技人员超过163万人，创业服务人

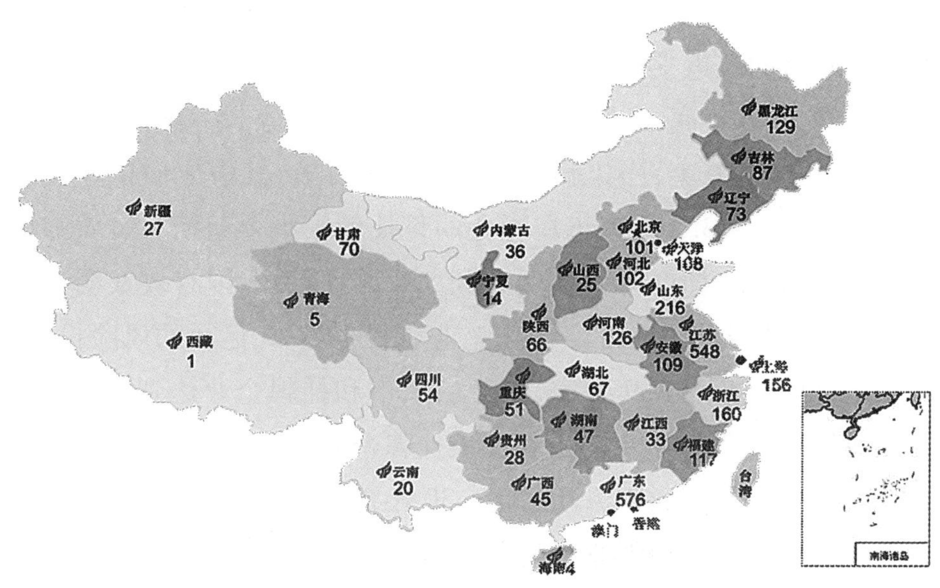

图 2-2 截至 2016 年我国科技企业孵化器分布情况

员 5 万人，孵化场地超过 1 亿平方米。

提供的创新创业服务更加优质全面。2016 年，孵化器服务收入达 116.8 亿元，占到总收入比重达到 37.9%，首次超过房租物业收入（31.6%），投资收入比重也达到 9.3%。2016 年，全国孵化器共聘请创业导师 3.2 万人，对接和服务在孵企业 8.1 万家，占到在孵企业总数的 61%。全年开展了 38 期孵化器从业人员初中高级培训，参训人数达到 4743 人，累计参训人数已占到孵化器从业人员总数的 28%。孵化器与 2.3 万家各类中介服务机构签约共同服务创业者，当年对在孵企业开展创业教育活动 6.7 万场。创业教育活动规模达 232.5 万人次。

优秀孵化器的卓著业绩得到国内外的普遍认可。西安高新区创业园发展中心、上海浦东软件园孵化器获得亚洲企业孵化器协会“最佳孵化器奖”。上海杨浦创业中心获得上海质量金奖和中国质量奖，其负责人获得国家五一劳动奖章，这是中国孵化器行业首次获得行业质量金奖。广东国际企业孵化器还获得广东省科技进步一等奖。

二、政策支持力度不断加大

继《中华人民共和国促进科技成果转化法(2015 年修订)》第三十二条明确“国家支持科技企业孵化器、大学科技园等科技企业孵化机构发展”后,2016 年 2 月,国务院办公厅印发《关于加快众创空间发展服务实体经济转型升级的指导意见》,对研究完善科技企业孵化器税收政策、鼓励龙头骨干企业、高校、科研院所与国外先进创业孵化机构开展对接合作提出服务要求。5 月,国务院办公厅印发《关于建设大众创业万众创新示范基地的实施意见》,提出了促进各类孵化器等创业培育孵化机构转型升级,创业孵化与高校、科研院所等技术成果转移相结合等举措。7 月,《“十三五”国家科技创新规划》提出要围绕实体经济转型升级,形成高效便捷的创业孵化体系,完善创业孵化服务链条。8 月,财政部、国家税务总局发布《关于科技企业孵化器税收优惠政策的通知》(财税〔2016〕89 号),延续了 2007 年以来国家对孵化器的税收优惠政策。2016 年全国孵化器共实现四税减免 2.3 亿元。

在国家政策的带动下,各地纷纷制定专项政策促进孵化器发展。如广东省将孵化器建设作为省委省政府的一把手工程,“广东科技创新政策 12 条”在孵化器建设用地政策、财政资金补助制度、风险补偿制度等方面进行大胆尝试,带动广东省实现孵化器数量倍增(2016 年达到 576 家,跃居全国第一)和全省全覆盖。广州市在国有孵化器风险投资政策上进行突破,允许国有企业员工持股孵化或跟进投资。江苏省批准实施《南京市紫金科技人才创业特别社区条例》,在全国率先将孵化器建设运行经验上升为地方性法规,同时还颁布实施了国内首个孵化器地方服务标准。另外,孵化器建设还成为国家高新区、国家经开区、创新型产业集群和创业创新示范城市的核心考核指标。

三、技术创新成果大量涌现

2016年,孵化器在孵企业共申请专利13.9万项,累计拥有有效知识产权22.3万项。当年在孵企业承担国家科技计划项目10321项,获得省级以上奖励22.7万项,9032家在孵企业获得国家高新技术企业资格。2016年,孵化器在孵企业研发支出414.8亿元,总收入4782.4亿元,企业研发经费投入强度超过8.7%,远超2.07%的我国研发经费投入强度(R&D/GDP)、0.9%的我国规模以上工业企业研发投入强度(企业研发经费与主营业务收入之比)和5%的高新技术企业研发投入强度要求。近年来,孵化器在孵企业研发出世界上第一个U盘(朗科科技)、世界最大拼接显示屏(威创视讯)、最先进的人工智能中文语音输入系统(科大讯飞)、世界领先无人船技术(云舟智能无人船)等一系列高端创新成果。孵化器已成为我国创新与创业结合的摇篮、科技工作与经济工作结合的沃土。

孵化器依靠其优质的孵化服务成为高端人才汇集之地和海外学子报国归宿之所。2016年,全国孵化器吸引5864名高校科研院所人员、1.4万名大企业离职员工、3.7万名连续创业者在其中创新创业,共服务近1万家留学人员企业和2.3万家大学生企业,吸纳163万名科技人员、2.1万名留学归国人员和3.7万名博士在其中就业。培育和引入1790名各级“千人计划”人才。

四、领跑高新技术发展

2016年,孵化器在孵的科技型中小企业达到13.3万家,覆盖了电子信息、先进制造、生物医药与医疗器械、新材料、新能源与节能、文化创意、现代农业、环境保护、现代交通、航空航天、地球、空间与海洋、核应用技术等高新技术领域。当年新增在孵企业4.8万家,在孵企业获得财政资助186.4亿元，获得风险投资385.8亿元，在孵企业实现总收入4782.4亿元，营业收入超过5000万企业达2183家。专业技术孵化器达到1019家，已占孵化器总数的31.3%。

截至2016年底，从孵化器毕业的科技企业已达到8.9万家，毕业后上市和挂牌企业达到1871家，涌现出了软通动力、启明星辰、科大讯飞、分众传媒、美图秀秀、迅雷网络、贝达药业、天合光能、途牛旅游网、以岭药业等知名科技上市企业，其中：创业板100家，占创业板上市企业的1/6；新三板1117家，占新三板挂牌企业的1/10。全国孵化器以1400亿元的投入产生出2.7万亿元的市值（仅统计毕业后上市企业价值）以及难以估量的其他8.7万家毕业企业的经济价值。多家在互联网、人工智能、生物医药、光伏、小核酸、石墨烯、光电、物联网、纳米等新兴产业的代表性企业都诞生于我国孵化器之中。

五、策动地方产业转型升级

多地将孵化器建设作为地方经济发展转型升级的重要抓手。江苏省将孵化器建设作为“创新驱动、内生发展、招才引智、培育产业”工作手段，以孵化器覆盖式布局全省带动区域平衡发展，以集群化发展促进创新要素充分集聚，带动江苏走上了创新发展的新路子。广东省将孵化器建设作为实施创新驱动发展战略的重要抓手，开放土地政策、所有权政策和风险投资政策鼓励孵化器发展，促进本身产业转型升级及三旧改造。吉林省辽源市抓住浙江诸暨关停袜业企业的机遇，利用孵化器推动实现资源型城市产业转型升级，采取“先予后取、先赔后赚”的发展理念，先后带动全国36所高校2000余名大学生在园区创业就业，安置就业人员2.3万人，贡献了辽源市1/4的财政收入，成功帮助辽源实现产业转型。

孵化器以创业带动就业作用明显。2016年，全国孵化器共解决就业212.3万人，其中大专以上学历163.8万人，占到就业总人数的77%，解决应届大学毕业生就业21.1万人，留学生2.1万人，孵化器自身解决就业也达5.4万人，平均一家在孵企业可以带动15人就业，平均一家毕业企业可以带动43人就业。

六、科技创业孵化链条健康发展

科技创业孵化链条从注重科技创业孵化向注重科技创业孵化全链条转变，把孵化服务向前后两端延展，满足不同领域、不同业态、不同发展阶段企业的服务差异化需求以及孵化器自身发展的需要，帮助创业企业快速健康成长。目前已经有41家国家级科技创业孵化链条建设示范单位。各示范单位在载体空间建设、企业孵化培育、服务体系完善等方面都取得了良好的成效，成为全面推进创新创业的典范。

1.载体空间建设形成规模

科技创业孵化链条空间上以科技企业孵化器为基础和核心，整合场地资源，向前后两端延伸，建设创业苗圃和加速器，完成不同发展阶段企业在物理空间上的集聚，形成链条空间两端延展的无缝对接。截至2015年，科技创业孵化链条载体物理空间面积合计1230万平方米，占孵化场地总面积的14%，其中：创业苗圃场地面积合计42万平方米，孵化器场地面积合计395万平方米，加速器场地面积合计793万平方米。

2.企业孵化培育不断完善升级

科技创业孵化链条具有良好的创新创业氛围、完整的创业生态网络和完善的全链条服务体系，吸引了大批创业人才、团队和企业的集聚。目前链条内入驻的团队及企业数量达16380家，占全国在孵企业总数的16%，其中创业苗圃内创业团队3882家，孵化器在孵企业8923家，加速器内高成长性企业3575家。

科技创业孵化链条实现了企业孵化培育在“苗圃—孵化器—加速器”三部分之间的有效衔接。成功转化为孵化器在孵企业的创业团队达到2436家,转化率为62.75%。进入加速器的孵化器毕业企业达到1148家。

科技创业孵化链条还注重推动高成长性企业进入资本市场以加快产业转型升级。通过一系列常态化培育辅导和“一对一”的跟踪服务,链条内287家高成长性企业分别在主板、中小板、创业板、新三板、产权交易市场、股权交易市场等挂牌、上市。

3. 平台服务价值大幅提升

孵化链条在不断完善和提升自身服务体系的同时聚集了政、产、学、研、金、介、贸等优势资源以及1361家各类服务机构,为创业团队和科技型中小企业提供全方位、多层次和多元化的一站式服务。孵化服务趋向生态化、专业化,服务价值得到有效提升,2016年,孵化链条孵化器服务收入占总收入比重达到37%,较上年提高了6个百分点。

4. 梯度投融资服务体系逐渐形成

针对科技型中小企业的特点及其在不同发展阶段的融资需求,孵化链条不断完善梯度投资服务体系,逐步打造金融产品链,使得链条各个环节创业团队和企业都有机会获得资金支持。截至2015年底,链条内创业团队和企业获得投融资金额达118亿元,其中:创业苗圃、孵化器、加速器获得投融资金额分别为4亿元、47亿元、67亿元。

第三节　大企业双创平台

2016年,大企业双创平台实现爆发式增长,各类大企业双创平台建设成效显著，在激发企业员工活力、发挥大企业引领作用和带动全社会创新创业方面显示出较强的促进作用。

一、大企业双创平台爆发式增长

大企业双创平台一般是行业领军企业依托自身创新能力、创业氛围、资源整合能力，所创设的创新创业服务平台。大企业双创平台按照市场机制为创业者提供技术、装备、资本、市场等创新资源，有助于促进其他创业主体协同积聚。目前，大企业双创平台主要包括央企双创平台、国家级企业双创示范基地、国家专业化众创空间等。

以央企双创平台为代表的大企业创新平台在激发企业员工活力、发挥大企业引领作用和带动全社会创新创业方面具有较强的促进作用。在激发企业员工活力方面，大企业双创平台不断完善企业内部创新组织体系和运行机制，积极探索技术入股、收益提成、内部技术转移、创业人员管理等激励机制，调动广大企业员工和科研人员创新积极性，推动高新技术产业化和科技成果转化。在发挥大企业引领作用方面，大企业双创平台通过聚合大量科技设施、人才、技术、数据信息、金融资本、市场资源，为各类创新主体提供专业化线上和线下服务，实现了企业需求和社会海量创新资源的精准对接，有力推动企业创新效率持续提升和创新成果加速增长，充分发挥大企业的市场引导和创新引领作用。在带动全社会创新创业方面，大企业双创平台通过推行企业平台化、员工创客化、用户个性化，进一步拓宽企业边界，优化管理层级，形成企业内外部信息互通、资源互换、共同成长的集聚效应，有效带动全社会各类创新主体共同参与创新创业。

目前，中央企业已搭建各类双创平台 409 个，同比增加 162 个，增长 66%。其中，互联网平台 110 个，同比增加 63 个，增长 134%；双创孵化器和科技产业园区201个,同比增加73个,增长57%,充分发挥了中央企业在创新创业中的主力军、领头羊作用。

二、各类型大企业双创平台建设成效显著

互联网平台、专业孵化器、科技产业园区等大企业双创平台在集聚创新力量、促进科技成果转化、带动中小企业发展和新兴产业培育等方面发挥了较强的示范带动作用。

1. 高水平互联网双创平台有效集聚企业和社会创新力量

中央企业依托互联网、云计算、大数据等手段,打造开放协同的"互联网+"创新创业平台,积极拓展新业务,有力推动了中央企业转型升级和提质增效。目前,中央企业已建成各类互联网双创平台110个,平台用户注册数近204万,其中企业用户60万,社会创客数量144万;中央企业内部子企业和创客达51万,带动社会企业和创客数量达153万。签订合同数达452万个,签订合同额超1万亿元,其中,中央企业内部合同8.3万个,合同额300亿元;中央企业与社会间合同394万个,合同额9000亿元;社会间合同近49万个,合同额875亿元。汇聚科技服务机构数超过1200个,实现线上化的仪器设备、技术成果等创新资源超过17万个,互联网平台集众智众创的效果不断显现。

专栏2-4　典型大企业互联网双创平台
"航天云网"。航天科工打造了基于"互联网+智能制造"的"航天云网"。平台注册企业已达25万户、承担社会创新创业项目1052个。平台还实现了1.3万台(套)设备仪器、数万项专利和专家资源线上化。 **"中航爱创客"**。中航工业打造的工业互联网创新平台,注册用户超30万、汇聚创业资源1.1万项、拥有进入孵化阶段项目近100个。 **"云链金融"**。中国中车构建的互联网创新平台,上线一年来,已注册企业用户超过4000家,其中中小企业占80%以上,平台交易额突破150亿元,促进了中小企业快速融资。

2. 专业孵化器加快促进科技成果转化

中央企业利用自身科研、技术、产业等资源，打造一批创客工作室、众创空间、企业孵化器等专业孵化平台，并为入驻企业和创业团队提供专业化服务，实现“创意→技术”、“技术→产品”、“产品→产业”的多级孵化，有效促进创新创业联动，加快科技成果向现实生产力转化。目前，中央企业已经建成实体孵化器128家，总运营面积超过250万平方米。入驻企业和团队近7000个，创客数量超过3万人，其中，外部企业和外部创客占到3/4以上。新三板挂牌企业超过40家，累计融资额超过100亿元。

专栏2-5　典型大企业专业孵化器
天翼创投孵化平台。中国电信在上海建立天翼创投孵化平台，共征集1897个内部创新项目。平台内近200个项目成功入孵，5家公司获得A轮融资。 **“蛇口网谷”等专业孵化器**。招商局集团与地方政府、知名孵化机构共同投资运营“蛇口网谷”等专业孵化器16家，入驻创业团队762个，其中新三板挂牌企业5家。

3. 科技产业园区带动中小企业发展和新兴产业培育

中央企业将双创与本企业及行业发展需要相结合，建立各类科技产业公司、产业化基地等，通过细分园区高新技术初创企业，为其提供创意孵化、创业辅导、产业培育、管理服务等全生命周期综合服务，满足各类创客团体创业需求，实现企业快速发展。目前，中央企业已建成各类科技产业园区73个，园区面积达1.98亿平方米，已进驻企业6800个，其中上市公司123个，2016年实现新增就业超过5万人。

专栏2-6　典型大企业科技产业园区
中国电子的科技产业园区。中国电子在全国建有23个产业园，面积超过3000万平方米，进驻创业企业超过1400个，孵化上市企业35家，其中创业板3家，三板上市32家。 **中国普天的科技产业园区**。中国普天在全国建设9个创新创业基地和产业园区，建成3个国家级科技企业孵化器，建筑面积54万平方米。2015年入园企业618家，实现营业收入236.5亿元，纳税总额21.4亿元。

第四节 创业辅导和培训

一、创业导师服务范围不断扩大

为进一步提升科技企业孵化器的服务能力，科技部深入实施“中国火炬创业导师行动”，设立中国火炬创业导师，对科技型中小企业、创业者提供持续性、导向性、专业性、实践性的辅导服务。中国火炬创业导师主要从全国成功的创业企业家，投资、金融专家，管理咨询专家，大学、科研院所具有丰富经验的实践工作者和研究者中选拔。目前全国孵化器内形成了 3 万人的创业导师队伍（其中科技部备案火炬创业导师共 1300 余名），对接辅导创业企业 8.1 万余家。

2016 年，“中国火炬创业导师行动”活动覆盖范围进一步扩大，有力促进经验交流总结、资源对接共享以及创业导师间的互动。开展“创业导师大连行”、“创业导师河南行”等活动，组织了近 30 名创业导师赴大连、洛阳与创业者进行圆桌讨论，分享创业经验，通过项目路演等方式指导创业企业。各类孵化器积极聘请天使投资人、企业家、成功创业者、技术专家、行业专家等担任创业导师，形成专业化导师队伍，为创业者提供专业性、实践性辅导服务。

教育部组建了由各行各业优秀创新创业人才、具有较高理论水平和实践经验的高校教师构成的“全国万名优秀创新创业导师人才库”，有效集聚了大量优质创新创业导师资源，发挥导师的教育引导和指导帮扶作用。各高校重视提高教师创新创业教育意识和能力，不断扩大创新创业教育专兼职教师队伍，注重聘请各行业优秀人才，担任专业课、创新创业课授课或指导教师，一大批有创新创业实践经验的优秀人才进入校园、走上讲台。

二、创业服务人员能力不断提高

通过健全培训体系、加大培训力度、丰富培训内容，创业服务人员能力不断提高，为提升创新创业质量提供重要服务支撑。

健全培训体系。全面开展了科技企业孵化器从业人员培训工作，形成了“主任培训”、“中高级管理人员培训”、“从业人员初级培训”和“创业者教育”四级金字塔式体系，初步构建了创业孵化服务人才的职业化培养体系，进一步提升了我国科技企业孵化器的孵化服务能力，助推科技企业快速发展。截至 2016 年底，累计培训 132 期，覆盖了所有省、自治区、直辖市及计划单列市，参训学员累计 13925 人，参训孵化机构及相关单位超过 4000 家。2016 年，学员受训规模再创新高，全年开展了 32 期培训班，参加培训的人数达到 4293 人，比 2015 年增长 32%。2016 年，科技企业孵化器从业人员呈现以下几个显著特点：培训参训学员数量增长迅猛；区域的学员培训规模与创新创业活跃程度相一致；培训组织工作日趋完善；众创空间成为培训课程的重要组成部分。参训学员等级结构出现新变化：能够提供物业、咨询、培训、中介等通用服务的综合孵化器参训学员仍占多数，民营孵化器的参训人数增长显著；参训学员以中基层为主，高层管理人员稳步增长；参训学员年龄趋于年轻化。

加大培训力度。针对孵化器高级管理人员开展科技企业孵化器主任培训班。采取讲座与研讨、案例教学与经验分享以及实地考察的互动学习方式，邀请行业资深专家学者、众创空间创始人、天使投资人、创业导师和创业者现场授课，使全国各省（区、市）的 200 多位孵化器相关负责人受益，有力提升了我国科技企业孵化器高级管理人员的能力和水平，促进了学员间的交流与合作，为推动创新创业的蓬勃发展发挥了积极作用。

丰富培训内容。天津孵化器协会设置适合京津冀地区创业孵化课程模块,共同探索创业孵化机构模式创新和服务创新。甘肃孵化器协会培训课程结合甘肃省科技企业孵化器和众创空间的发展现状与需求,围绕新时期孵化器技术创新与知识产权经济、孵化器及众创空间案例分析等主题,安排具有针对性的学习内容。湖南孵化器协会结合湖南省"长株潭自主创新示范区"建设,开展专业化培训。

三、创业教育与培训深入开展

国家高度重视创业教育和培训的开展。通过采取各项措施加强创业教育和培训,提高创业者素质和能力,提升大众创新创业水平。

在创业教育方面,一是要求各地各高校制订以深化创新创业教育改革为重要内容的综合改革方案。目前已有31个省(区、市)、72所部属高校向教育部报备了实施方案并向社会公布。二是推动高校开设一批面向全体学生、纳入学分管理的创新创业教育必修课和选修课。三是在主要课程平台新上线36门创新创业教育在线课程,供全国大学生自主选用。

创业培训方面,一是对创业培训教材进行了修订和开发。二是加强创业培训师资队伍建设,选拔了一批国家级创业培训讲师;在新疆、西藏、四川藏区组织开展创业师资培训,有效提升了西部地区创业师资水平。三是2016年10月实施了《高校毕业生就业创业促进计划(人社部发〔2016〕100号)》,要求各地优先安排优质培训资源,开发合适的创业培训课程,使每一个有创业意愿和培训需求的毕业生都有机会获得创业培训。四是2016年6月印发了《农民工等人员返乡创业培训五年行动计划(2016—2020年)(人社厅发〔2016〕90号)》,对农民工等人员返乡创业培训工作作出了专门部署安排。2016年共培训返乡创业人员79万人次,培育新型职业农民100万人。

此外,中国创新创业大赛、留学人员创新创业大赛等各类创业大赛的举办,聚集了全国科技、金融和媒体在内的各种社会资源,吸引了创投机构、银行、培训机构、知识产权机构等众多组织聚集到大赛平台,针对参赛企业和团队的需求,开展了上百场论坛、沙龙和专题培训活动,培训上万名创业者,为提高创新创业者的素质和能力发挥了积极作用。

第三章　创业融资

2016年,政府引导基金、早期投资、创业投资、多层次资本市场、非股权融资等多种融资途径在创业融资方面不断取得新进展、新成效,积极主动地配置社会资本来支持双创的发展。其中,政府引导基金、早期投资、创业投资的投资规模持续快速增长;多层次资本市场为创业企业融资和投资机构退出提供了更加多元化的渠道,中国也成为全球第二大股权投资市场;非股权融资以投贷联动、开发性和政策性贷款、融资担保贷款、债券发行等多种融资方式支持创新创业活动。

第一节　政府引导基金和融资担保基金

2016年政府引导基金延续2015年的增长态势,总体规模快速增长,市场化运作不断完善,而政府性融资担保基金也为创新创业活动开辟了新的融资渠道。

一、政府引导基金持续升温,市场化运作不断完善

2016年9月20日,国务院出台《关于促进创业投资持续健康发展的若干意见》,强调在引导方式上,从运用财政补贴、税收优惠等直接扶持方式转向政府设立创业投资引导基金的运作模式;在引导

作用上，积极发挥财政资金的引导和聚集放大作用，引导民间投资等社会资本投入；在引导效果上，进一步提高创业投资引导基金市场化运作效率，建立并完善创业投资引导基金中政府出资的绩效评价制度。

政府引导基金[①]**的总体规模继续快速增长**。2016 年政府引导基金延续 2015 年快速增长的态势。截至 2016 年年末，全国共设立 901 支政府引导基金，已披露的总目标规模达 32227.13 亿元，已到位资金规模为 11336.47 亿元。其中，2016 年新设 324 支政府引导基金，新增总目标规模达 17697.75 亿元，已到位资金规模为 4222.08 亿元，分别是 2015 年的 1.73 倍、1.99 倍和 1.17 倍（见图 3-1）。在各项政策的支持下，政府引导基金带动社会资本进入创投领域的作用日益凸显。对比相关地区数据，设立政府引导基金的城市在创投募资规模、新设立的创投机构数量、首次进入创投市场投资的有限合伙人数量三个维度上均显著地高于没有设立政府引导基金的城市。

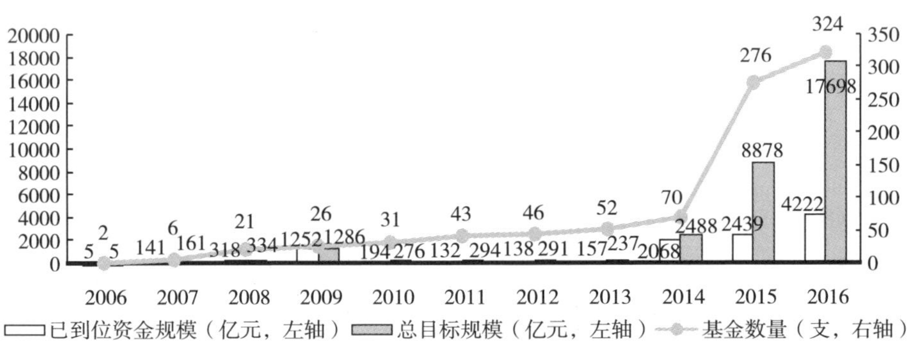

图 3-1　2006—2016 年我国政府引导基金设立和募资情况

① 政府引导基金主要包括股权投资、基础设施投资等类型，其中，直接与双创相关的是股权投资类政府引导基金。为此，下文所出现的政府引导基金便是指这一范畴。

政府引导基金的市场化运作不断完善。随着各级政府不断加强对引导基金投后管理和绩效考核机制的关注，政府引导基金在募投管退方面的市场化运作成为大势所趋。一些地方政府引导基金根据地方实际情况建立起绩效评价体系，并不断完善绩效考核评价机制（见专栏 3-2）；为提升引导基金的带动作用，对投资地域、行业等方面的限制渐趋模糊，多地政府互相合作，形成合力，多个区域协同发展的合作模式层出不穷（见专栏 3-3）。

专栏 3-1　国家级政府引导基金加快设立运行

推动国家新兴产业创业投资引导基金设立运行。根据《国务院关于国家新兴产业创业投资引导基金设立方案的批复》（国函〔2015〕131 号），国家发展改革委、财政部于 2015 年底成立了国家新兴产业创业投资引导基金理事会，并启动了政府采购程序。2016 年，通过公开招标、单一来源采购等方式确定了中金启元国家新兴产业创业投资引导基金管理有限公司、国投创合（北京）基金管理有限公司、盈富泰克（深圳）新兴产业投资基金管理有限公司等三家机构为引导基金管理机构，并成立了中金启元、国投创合、盈富泰克三支基金实体，总规模 643 亿元，其中，中央财政新出资 135 亿元，原有新兴产业创投计划中央财政出资转入 95 亿元，社会出资 413 亿元。目前，引导基金已正式开展投资，通过参股创投基金等方式，重点支持新兴产业领域最具创新活力的早中期、初创期创新型企业发展壮大。

加快国家中小企业发展基金设立运行。2015 年，报经国务院同意，中央财政出资 150 亿元，吸引社会资本形成总规模 600 亿元的国家中小企业发展基金。基金主要投向种子期、初创期成长型中小企业，扩大对中小企业股权投资资本量，促进解决中小企业特别是小微企业融资难、融资贵的问题。2016 年国家中小发展基金完成 3 支子基金的设立工作，共有 4 支子基金已开展投资运行，总规模 195 亿元。

专栏 3-2　多地政府引导基金完善绩效考核评价机制

山东省省级引导基金不仅建立了一套绩效评价体系，而且还在 2016 年 7 月进一步完善了绩效考核结果的激励机制。其中，该激励机制主要包括：一是将项目增值收益的 20%让渡给自 2016 年 7 月 1 日起至 2017 年 12 月 31 日，以股权投资方式（含债转股）投资于挂牌企业的子基金；二是子基金年度投资进度超过 60%的，将给予基金管理机构 20 万元的一次性奖励；投资进度超过 80%的，给予 50 万元的一次性奖励。

浙江省转型升级产业基金对参股子基金建立起一套考核评价制度，并委托第三方中介机构进行考评，根据考评情况，对参股子基金进行奖惩。

专栏 3-3　中关村协同创新投资基金

中关村协同创新投资基金是国内首支以京津冀为重点、合作区域最多的协同创新投资基金。其中,由中关村发展集团作为主发起人,联合河北省的保定市、张家口市、承德市、邢台市、邯郸市,天津市的宝坻区、静海县,辽宁省的葫芦岛市,河南省的南阳市、林州市,浙江省的衢州市,江苏省的徐州市泉山区、溧阳市和金坛市等 14 家地方政府和金融机构共同发起设立,基金总规模 100 亿元。

中关村协同创新投资基金采取母子基金双层架构的“1+1+N”模式,即“1”支母基金,下设“1”支协同创新子基金,重点投向科技金融、新三板等项目;“N”支面向各合作区域的“协同发展子基金”,重点投向创客空间和当地优质产业项目。

二、完善政府性融资担保体系,扩大创业融资新渠道

2016 年,全面贯彻落实《国务院关于促进融资担保行业加快发展的意见》(国发〔2015〕43 号)的精神和要求,加快发展主要为小微企业和“三农”服务的新型融资担保行业,完善政府性融资担保体系,扩大创业融资新渠道。为此,在中央和地方政府的大力支持下,2016 年的融资担保行业出现新亮点。一是政府性融资担保机构的数量和规模不断增长,据初步统计,截至 2016 年年末,政府性融资担保机构的数量占比已接近 40%、资本规模占比已超过 50%、担保业务规模占比超过 70%;二是各地省级再担保机构已基本建立,安徽、重庆等省(区、市)已初步建立起统一、规范的政府性融资担保机构服务体系;三是北京、上海等地通过大力发展政策性科技融资担保机构、设立中小微企业政策性融资担保基金等为科技型中小微企业提供融资担保服务,积极支持当地“高、精、尖”产业发展和国家自主创新示范区建设(见专栏 3-4)。

专栏 3-4　上海市中小微企业政策性融资担保基金

2016 年 6 月 2 日,上海市成立了中小微企业政策性融资担保基金,在成立当天与 6 家商业银行、4 家同业担保机构签订了战略合作协议,并与 3 家企业签订了贷款担保意向协议。该基金资金来源于上海市区两级财政和部分商业银行,首期筹集资金 50 亿元,主要为处于成长期的科技型、创新型、创业型、吸纳就业型、节能环保型与战略性新兴产业、现代服务业、“四新”和“三农”等领域的中小微企业提供融资性担保、再担保等金融服务。

第二节　早期投资

在 2016 年低利率、资产荒的大环境以及国家政策的有序引导下，早期投资①依然活跃，资金募集呈机构化趋势，投资规模继续增长。

一、早期投资募集呈现机构化趋势

2016 年低利率、资产荒的背景，不仅强化了社会资本的聚合能力，而且也为早期投资机构提供了一个较好的募资环境。当年全国早期投资机构新设立 127 支基金，总募资金额 169.62 亿元，比 2015 年下降 16.7%（见图 3-2）；同期，全国共发生 2051 起早期投资案例，所披露的总投资金额为 122.4 亿元，超过 2015 年的总投资水平（见图 3-3）。这主要得益于早期投资对优质有限合伙人选择区间范围的进一步拓宽。按照依法合规、风险可控、商业可持续的原则，国家支持建立早期投资机构与各类金融机构长期性、市场化合作机制，进一步降低商业保险资金进入创业投资领域的门槛，推动社会资金进入早期投资领域。

二、投资领域多元化趋势增强

早期投资集中于互联网和电信及增值业务的程度有所降低。统计数据显示（见表 3-1），2016 年互联网虽然继续稳居早期投资行业分布的首位，但所获投资案例数仅为 545 起、金额数仅为 35.34 亿元，分别比上年下降 47%、31%。而电信及增值业务所获投资案例数

① 国务院印发的《关于促进创业投资持续健康发展的若干意见》规定，天使投资是指除被投资企业职员及其家庭成员和直系亲属以外的个人以其自有资金直接开展的创业投资活动，因此，我们将投资机构或天使投资个人专注于种子期或天使轮企业的股权投资称为早期投资。

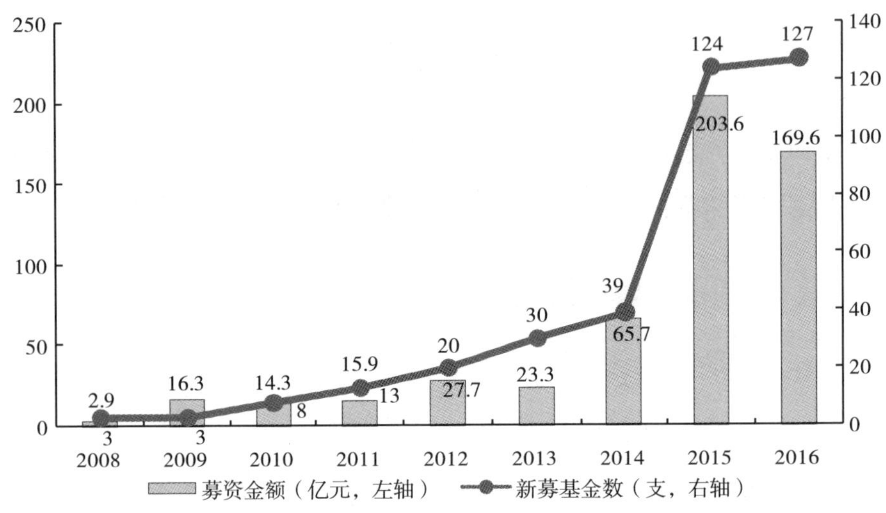

图 3-2　2008—2016 年我国早期投资机构募集情况

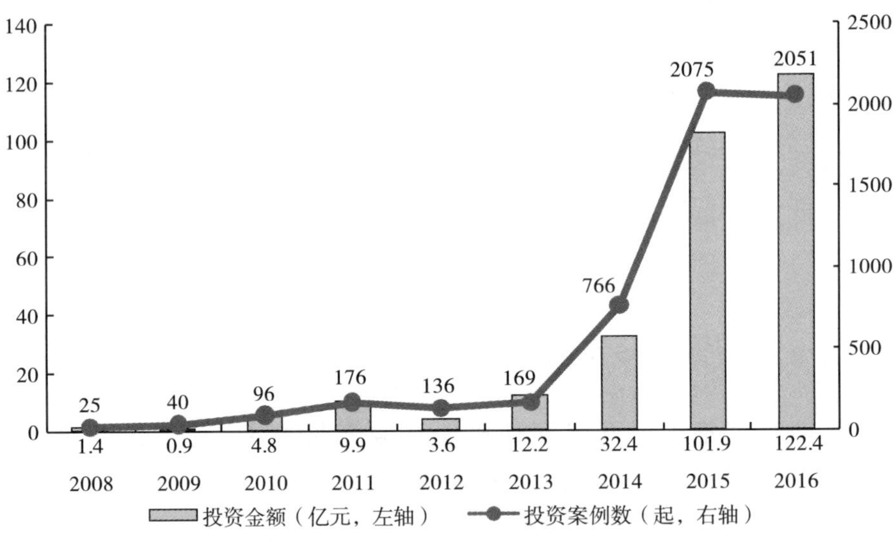

图 3-3　2008—2016 年我国早期投资机构投资情况

仅为 196 起，较上年下降 40%，在行业分布中排名从上年的第二位下滑到第四位。

信息技术、娱乐传媒和金融等新业态成为早期投资的“新风口”。一方面，以网络直播为代表的娱乐传媒行业迅速走红，2016 年被誉为“中国网络直播元年”。另一方面,伴随多项政策法规的密集出台①,国家从制度层面为科技金融行业的规范发展确立了准则,同时也为投资于科技金融实现有序发展提供可遵循的法律依据。因此,娱乐传媒和金融行业受到早期投资者的青睐,全年两行业获投案例数分别为227起和177起,投资金额分别达到9.51亿元、14.39亿元,比2015年大幅增长(见表3-1)。此外,随着技术创业的兴起,信息、生物技术所获早期投资大幅增长。2016年信息技术所获投资案例数、金额数分别比上年增长83%和86%;生物技术/医疗健康行业所获投资案例数、金额数分别比上年增长120%、51%。

表3-1　2016年我国早期投资行业分布情况

行业(一级)	案例数	比例	案例数(披露金额)	投资金额(亿元)	比例
互联网	545	26.57%	522	35.34	28.87%
信息技术	332	16.19%	318	17.15	14.01%
娱乐传媒	227	11.07%	220	9.51	7.77%
电信及增值业务	196	9.56%	187	12.93	10.56%
金融	177	8.63%	170	14.39	11.76%
生物技术/医疗健康	104	5.07%	98	5.50	4.50%
教育与培训	68	3.32%	63	2.67	2.18%
电子及光电设备	56	2.73%	54	2.32	1.90%
连锁及零售	36	1.76%	35	3.03	2.47%
物流	29	1.41%	28	2.21	1.81%
汽车	25	1.22%	25	2.18	1.78%
机械制造	21	1.02%	21	0.93	0.76%
清洁技术	20	0.98%	19	0.49	0.40%
房地产	15	0.73%	15	0.96	0.79%

① 像2016年8月24日,作为科技金融行业“宪法”的《网络借贷信息中介机构业务活动管理暂行办法》出台;同年10月,国务院办公厅发布《互联网金融风险专项整治工作实施方案》等。

续表

行业(一级)	案例数	比例	案例数（披露金额）	投资金额（亿元）	比例
建筑/工程	11	0.54%	11	0.93	0.76%
化工原料及加工	6	0.29%	6	0.46	0.37%
纺织及服装	6	0.29%	6	0.21	0.17%
食品/饮料	5	0.24%	5	0.42	0.34%
农/林/牧/渔	5	0.24%	5	0.32	0.26%
广播电视及数字电视	2	0.10%	2	0.34	0.28%
能源及矿产	2	0.10%	2	0.02	0.02%
半导体	1	0.05%	1	0.03	0.02%
其他	106	5.17%	101	6.38	5.21%
未披露	56	2.73%	56	3.71	3.03%
合计	2051	100%	1970	122.40	100%

三、投资区域逐渐向京沪深浙以外扩展

北京领跑早期投资，第二梯队的上海、深圳、浙江紧随其后。2016年北京地区共发生819起投资案例，占到全国总投资案例数的39.93%，所披露的投资金额为45.59亿元，占到全国已披露投资总额的37.25%，明显高于其他地区（见表3-2）。上海、深圳、浙江则作为第二梯队紧随北京之后，分别发生339起、189起和145起投资案例，所披露的投资金额依次为25.47亿元、9.44亿元和11亿元（见表3-2）。归纳来看，京沪深浙四地拥有全国最好的创新创业发展环境，一是人力资本与研发机构高度集聚，便于创新投入和知识创造；二是民营企业和民间资本活跃，有利于为大众创新创业提供资金支持；三是四地政府灵活运用财税、金融等政策性手段，为早期投资注入发展新动能。

部分中西部地区的早期投资增长迅速，其中最具代表性的便是湖北省。在2016年，湖北省已超越许多东部发达省份位居早期投资

最活跃地区的第五位，共发生 116 起投资案例，所披露的投资金额为 3.08 亿元，而在 2015 年该两项指标只有区区 16 起投资案例和 1.61 亿元投资金额。

表 3-2　2016 年我国早期投资地域分布情况

地　域	案例数	比例	案例数（披露金额）	投资金额（亿元）	比例
北京	819	39.93%	772	45.59	37.25%
上海	339	16.53%	329	25.47	20.81%
深圳	189	9.22%	186	9.44	7.71%
浙江	145	7.07%	142	11.00	8.99%
湖北	116	5.66%	115	3.08	2.52%
广东（除深圳）	79	3.85%	76	4.75	3.88%
江苏	78	3.80%	73	4.38	3.58%
四川	50	2.44%	46	2.22	1.82%
福建	48	2.34%	47	3.41	2.79%
陕西	38	1.85%	37	1.29	1.05%
天津	16	0.78%	16	2.40	1.96%
山东	14	0.68%	14	1.88	1.53%
河南	11	0.54%	10	0.94	0.77%
安徽	7	0.34%	7	0.36	0.30%
重庆	5	0.24%	5	0.24	0.19%
湖南	4	0.20%	4	0.18	0.14%
辽宁	4	0.20%	4	0.13	0.11%
河北	4	0.20%	4	0.12	0.10%
贵州	3	0.15%	3	0.29	0.24%
广西	3	0.15%	2	0.10	0.08%
黑龙江	3	0.15%	2	0.07	0.06%
吉林	2	0.10%	2	0.05	0.04%
江西	2	0.10%	2	0.04	0.03%
海南	1	0.05%	1	0.10	0.08%
宁夏	1	0.05%	1	0.02	0.02%
内蒙古	1	0.05%	1	0.02	0.02%

续表

地　域	案例数	比例	案例数（披露金额）	投资金额（亿元）	比例
云南	1	0.05%	1	0.01	0.01%
其他	7	0.34%	7	2.81	2.30%
未披露	61	2.97%	61	2.00	1.64%
合计	2051	100%	1970	122.40	100%

第三节　创业投资

2016年以来，政府陆续出台相关扶持政策，引导资金进入创业投资领域，国内创业投资机构发展迅速，助力创业投资实现大发展，尤其是国内创业投资市场的募资得到爆发式增长，为创业企业的股权融资奠定了充足的资金基础。

一、机构数量和管理资本量大幅增加

2016年以来，国内创业投资市场发展十分迅速，机构数量也大幅增加。截至2016年底，我国私募股权投资市场中活跃的投资机构达1万家，管理资本量超过7万亿元，按此规模计算，中国已经成为全球第二大股权投资市场。其中，创业投资机构数量近3500家，管理资本量接近2万亿元。反观2015年，创业投资机构数量只有2500多家，管理资本量1万亿元。

二、募资规模再创新高

2016年国内创业投资机构继续发展壮大，新募资规模再创历史新高。2016年创业投资机构新募集636支投资于中国大陆的基金，超过2015年新募基金数，其中，已披露金额的新募资基金约3582亿元，是2015年新募集基金金额的1.79倍（见图3-4）。

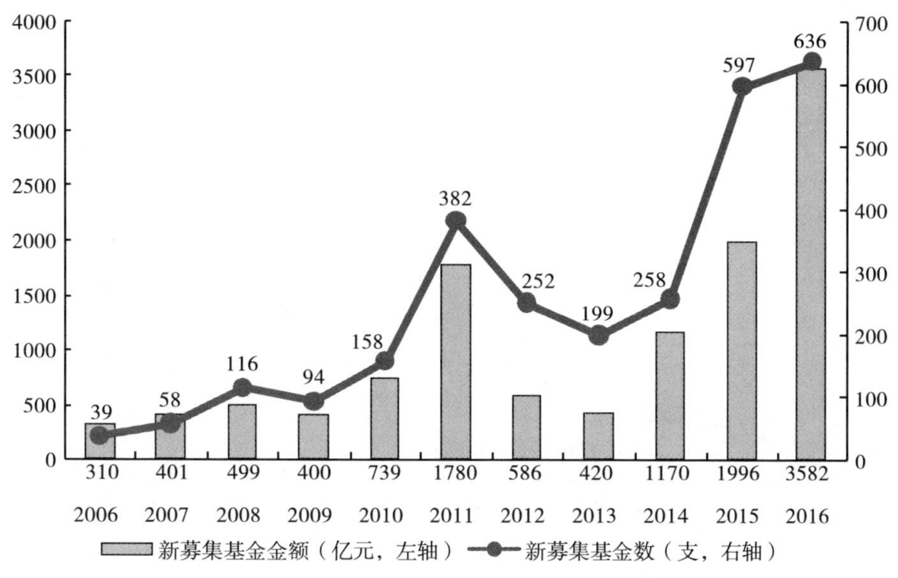

图 3-4　2006—2016 年我国创业投资机构募集情况

三、投资活动更趋理性

投资项目估值趋于理性。2016 年我国创业投资机构共发生 3683 起投资案例，所披露的投资金额约为 1313 亿元，投资案例数与投资金额均略微超过 2015 年的水平，而单项投资规模有所下降，平均投资金额为 3839.04 万元，项目估值趋于理性（见图 3-5）。

创业投资从流量式电商创业向技术型创业转变。根据对我国创业投资机构的投资行业分布情况分析（见表 3-3），2016 年我国创业投资主要分布于 23 个一级行业，其中，互联网行业在投资案例数、投资金额上虽然位居首位，但所占比例较上年明显下降，分别降低 7.6 和 6.2 个百分点。而信息技术、生物技术/医疗健康行业发生的投资案例数和投资金额快速上升，已经超越电信及增值业务，位居第二、第三位。其中：信息技术行业发生的投资案例数和投资金额所占比重分别较上年同期上升 2.5 和 5.4 个百分点，生物技术/医疗健康领域

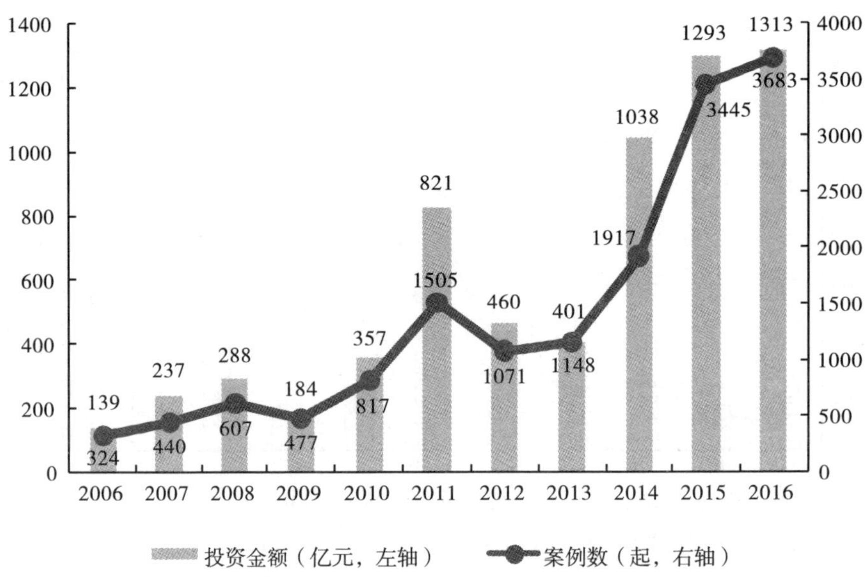

图 3-5 2006—2016 年我国创业投资机构投资情况

发生的投资案例数和投资金额所占比重分别较上年同期上升 2.9 和 2.8 个百分点。

表 3-3 2016 年我国创业投资行业分布情况

行业(一级)	案例数	比例	案例数（披露金额）	投资金额（亿元）	比例	平均投资额（亿元）
互联网	843	22.9%	773	321.37	24.5%	0.42
信息技术	564	15.3%	525	169.44	12.9%	0.32
生物技术/医疗健康	440	11.9%	407	182.56	13.9%	0.45
电信及增值业务	293	8.0%	274	97.19	7.4%	0.35
娱乐传媒	274	7.4%	254	77.49	5.9%	0.31
金融	227	6.2%	198	96.49	7.4%	0.49
电子及光电设备	143	3.9%	138	56.07	4.3%	0.41
机械制造	143	3.9%	141	31.36	2.4%	0.22
清洁技术	135	3.7%	131	44.15	3.4%	0.34
汽车	64	1.7%	58	28.04	2.1%	0.48

续表

行业(一级)	案例数	比例	案例数(披露金额)	投资金额(亿元)	比例	平均投资额(亿元)
教育与培训	62	1.7%	53	19.07	1.5%	0.36
化工原料及加工	57	1.5%	56	16.05	1.2%	0.29
连锁及零售	51	1.4%	51	7.33	0.6%	0.14
物流	40	1.1%	37	24.57	1.9%	0.66
房地产	32	0.9%	32	36.66	2.8%	1.15
农/林/牧/渔	29	0.8%	29	11.03	0.8%	0.38
食品/饮料	24	0.7%	23	4.44	0.3%	0.19
建筑/工程	20	0.5%	19	15.31	1.2%	0.81
能源及矿产	19	0.5%	19	7.54	0.6%	0.40
半导体	18	0.5%	15	5.38	0.4%	0.36
纺织及服装	8	0.2%	8	4.85	0.4%	0.61
广播电视及数字电视	2	0.1%	2	0.18	0.0%	0.09
其他	72	2.0%	68	32.54	2.5%	0.48
未披露	123	3.3%	108	23.45	1.8%	0.22
合计	3683	100%	3419	1312.57	100%	0.38

四、投资阶段以早期项目为主

统计数据显示,2016年我国创业投资机构投资于种子期的案例数占15.2%,投资于初创期的案例数占38.6%,二者合计达53.8%(见表3-4)。可见,国内创业投资的投资阶段以早期为主,为创业企业提供了大量起步资本。从投资金额分析,种子期和初创期的平均投资额分别是0.17亿元和0.3亿元,明显少于扩张期和成熟期的项目。由于种子期和初创期单个项目平均投资金额小,因此,早期投资阶段的投资总规模不大,早期项目合计获得投资为482.78亿元,只占到创业投资机构投资总额的36.8%,与上年基本持平。

表 3-4　2016 年我国创业投资阶段分布情况

投资阶段	案例数	比　例	案例数（披露金额）	投资金额（亿元）	比　例	平均投资额（亿元）
种子期	560	15.2%	523	89.91	6.9%	0.17
初创期	1421	38.6%	1305	392.87	29.9%	0.30
扩张期	1001	27.2%	930	444.23	33.8%	0.48
成熟期	442	12.0%	430	320.92	24.4%	0.75
未披露	259	7.0%	231	64.64	4.9%	0.28
合计	3683	100%	3419	1312.57	100%	0.38

五、投资区域集中于京沪深浙四地

我国创业投资机构主要投资地域集中分布在北京、上海、深圳、浙江等东部发达地区。凭借着人才、资金和政策等优势，北京市稳居国内创业投资市场第一的位置。2016 年北京市共发生 1106 起投资案例，占全国案例总数的 30%，获得投资金额 458.78 亿元，占全国创投机构已披露投资总额的 35%。紧随北京之后的是上海，同期共发生 620 起投资案例，获得 227.15 亿元的创投资金。接着是深圳市和浙江省，分别发生 376 起和 324 起投资案例，各获得 100 多亿元的创投资金（见表 3-5）。由此可见，京沪深浙四地的投资案例合计占全国创业投资案例的 65.8%，投资金额也占到全国总投资金额的 69.5%，远超全国其他地区。

表 3-5　2016 年我国创业投资地域分布情况

地　域	案例数	比　例	案例数（披露金额）	投资金额（亿元）	比　例	平均投资额（亿元）
北京	1106	30.0%	996	458.78	35.0%	0.46
上海	620	16.8%	574	227.15	17.3%	0.40
深圳	376	10.2%	359	113.69	8.7%	0.32

续表

地　域	案例数	比　例	案例数（披露金额）	投资金额（亿元）	比　例	平均投资额（亿元）
浙江	324	8.8%	314	111.67	8.5%	0.36
江苏	249	6.8%	235	78.44	6.0%	0.33
广东(除深圳)	199	5.4%	193	57.85	4.4%	0.30
山东	80	2.2%	75	26.48	2.0%	0.35
四川	78	2.1%	71	13.59	1.0%	0.19
湖北	77	2.1%	73	24.55	1.9%	0.34
福建	65	1.8%	58	15.96	1.2%	0.28
湖南	52	1.4%	50	22.82	1.7%	0.46
陕西	38	1.0%	37	7.07	0.5%	0.19
天津	33	0.9%	33	9.26	0.7%	0.28
安徽	33	0.9%	30	17.81	1.4%	0.59
辽宁	22	0.6%	15	9.30	0.7%	0.62
河南	21	0.6%	21	7.89	0.6%	0.38
重庆	18	0.5%	16	4.14	0.3%	0.26
黑龙江	17	0.5%	16	2.26	0.2%	0.14
河北	14	0.4%	14	10.58	0.8%	0.76
云南	10	0.3%	9	2.57	0.2%	0.29
江西	9	0.2%	9	3.58	0.3%	0.40
广西	7	0.2%	7	12.10	0.9%	1.73
吉林	7	0.2%	7	2.89	0.2%	0.41
贵州	6	0.2%	6	2.70	0.2%	0.45
新疆	4	0.1%	4	2.02	0.2%	0.50
宁夏	4	0.1%	4	12.30	0.9%	3.08
海南	4	0.1%	4	5.17	0.4%	1.29
甘肃	3	0.1%	3	1.58	0.1%	0.53
青海	3	0.1%	3	0.76	0.1%	0.25
内蒙古	2	0.1%	1	0.03	0.0%	0.03
西藏	1	0.0%	1	0.15	0.0%	0.15

续表

地　域	案例数	比　例	案例数（披露金额）	投资金额（亿元）	比　例	平均投资额（亿元）
山西	1	0.0%	1	0.15	0.0%	0.15
其他	17	0.5%	15	14.48	1.1%	0.97
未披露	183	5.0%	165	32.77	2.5%	0.20
合计	3683	100%	3419	1312.57	100%	0.38

第四节　资本市场

多层次资本市场是指为满足不同质量、规模、风险程度企业的融资需求，设置不同的上市标准与监管要求而建立起来的分层次资本市场。随着实体经济和金融市场的发展，资本市场以其高效的资源配置功能，逐渐成为金融市场的核心，并对实体经济发挥着重要作用。一个多层次、内涵丰富、结构合理的资本市场将为我国企业的融资结构安排、国民经济的可持续发展提供资金支持。

一、多层次资本市场体系不断完善

我国大力推动多层次资本市场的建设，国内多层次市场体系不断完善，目前已初步形成由主板、中小板、创业板、新三板和区域性股权交易中心构成的多层次资本市场体系。上万家私募股权投资机构和越来越多的早期投资者，与多层次资本市场体系之间形成良性互动，使得投资退出渠道不断拓宽。2016 年国内企业在主板和创业板完成首发（IPO）227 家，融资金额达到 1496 亿元；截至 2016 年底，新三板累计挂牌企业数达到 10163 家，总市值为 40558.11 亿元；全国区域性股权交易中心 40 家，挂牌企业 1.6 万家，展示企业 5.6 万家。

二、企业 IPO 和新三板成为主要退出渠道

受国内外政策因素影响，企业 IPO 的表现逊于往年。2016 年共有 291 家中国企业在境内外市场实现 IPO 上市，总融资金额达到 3125.01 亿元，该两项指标较 2015 年均有不同程度下降，分别下降 28.1%、17.5%。不过，由私募股权所支持的中国企业在境内外市场实现 IPO 上市共计 174 家，上市数量同比上升 1.2%，融资金额为 2306.74 亿元，同比大幅上升 60.3%。

在新三板市场上，截至 2016 年底，累计挂牌企业突破 1 万家，达 10163 家，总市值已达 40558.11 亿元。2016 年新增挂牌企业数量 5034 家，总市值增加近 1.5 万亿元。其中，早期投资领域所发生的 221 起退出案例中，新三板退出 92 起。

三、并购市场活跃成为机构退出重要方式

私募股权相关的并购交易继续大幅增长。2016 年以来，我国大力推进供给侧结构性改革和国有企业改革，通过兼并重组促进僵尸企业和传统行业的资源整合，同时，持续开展的经济结构转型与产业升级也促使新兴产业的行业布局不断加快。2016 年我国共发生与私募股权相关的并购交易 1808 起，占并购交易总量的 58.2%，同比上涨 41.58%；在已披露金额的 1387 起并购交易中，共涉及资金 12270.76 亿元，占并购交易总金额的 66.5%，同比上涨 108.21%；平均并购金额为 8.85 亿元，明显高于 2015 年的 5.22 亿元（见图 3-6）。我国正步入兼并收购和产业整合的新阶段和黄金时期。

互联网和金融行业的并购交易最为活跃。在 2016 年我国私募股权相关并购行业分布中（见表 3-6），互联网行业以 320 起交易案例数稳居榜首，占交易总量的 17.7%，比 2015 年增加 97 起交易案例；金融行业的交易案例数也从 2015 年的 85 起增加至 2016 年的

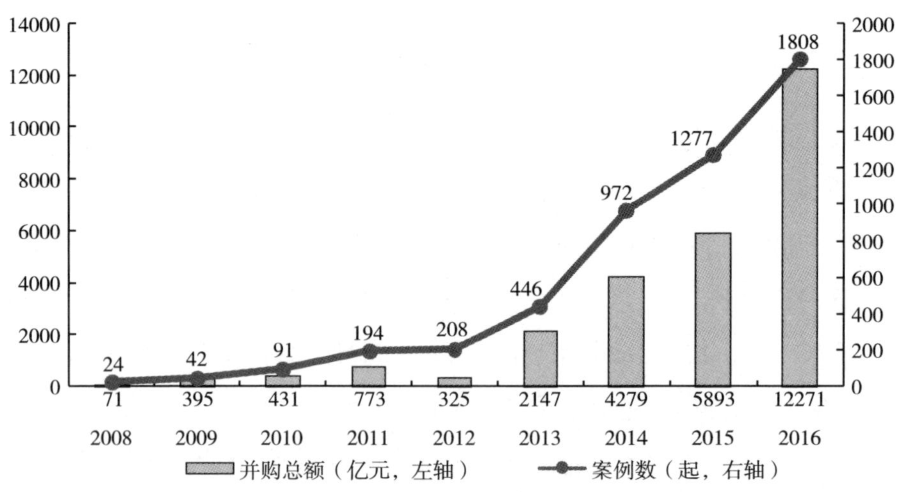

图 3-6　2008—2016 年我国私募股权相关并购交易情况

152 起。在并购金额上,互联网行业以 2625.27 亿元的并购金额排名第一,占总并购交易金额的 21.4%;排名第二位的是金融行业,涉及并购金额为 1752.11 亿元,占比 14.3%。

表 3-6　2016 年我国私募股权相关并购行业分布情况(按被并购方)

行业(一级)	案例数	比　例	案例数（披露金额）	并购金额（亿元）	比　例	平均并购额（亿元）
互联网	320	17.7%	176	2625.27	21.4%	8.20
信息技术	212	11.7%	163	762.18	6.2%	3.60
生物技术/医疗健康	165	9.1%	136	614.16	5.0%	3.72
金融	152	8.4%	109	1752.11	14.3%	11.53
机械制造	139	7.7%	133	429.05	3.5%	3.09
娱乐传媒	96	5.3%	71	386.45	3.1%	4.03
电子及光电设备	85	4.7%	75	284.76	2.3%	3.35
连锁及零售	67	3.7%	52	1066.33	8.7%	15.92
能源及矿产	67	3.7%	58	746.91	6.1%	11.15
电信及增值业务	64	3.5%	44	211.16	1.7%	3.30
清洁技术	59	3.3%	53	280.78	2.3%	4.76
化工原料及加工	58	3.2%	50	290.51	2.4%	5.01

续表

行业(一级)	案例数	比　例	案例数（披露金额）	并购金额（亿元）	比　例	平均并购额（亿元）
建筑/工程	52	2.9%	45	240.12	2.0%	4.62
汽车	48	2.7%	43	212.19	1.7%	4.42
房地产	35	1.9%	29	789.75	6.4%	22.56
物流	24	1.3%	15	759.79	6.2%	31.66
农/林/牧/渔	23	1.3%	17	25.82	0.2%	1.12
食品/饮料	21	1.2%	19	174.78	1.4%	8.32
教育与培训	19	1.1%	6	45.25	0.4%	2.38
纺织及服装	13	0.7%	12	114.24	0.9%	8.79
半导体	7	0.4%	7	20.74	0.2%	2.96
广播电视及数字电视	1	0.1%	1	1.57	0.0%	1.57
其他	81	4.5%	73	436.87	3.6%	5.39
合计	1808	100%	1387	12270.76	100%	8.85

第五节　非股权融资

作为股权融资的有效补充,非股权融资在2016年对创新创业活动起着十分积极的作用。其中,具体表现为投贷联动试点得以稳步推进,开发性和政策性银行积极支持双创重点领域发展,银行业金融机构利用金融创新提升双创金融服务质效,完善创业融资担保贷款,推动创业投资和战略性新兴产业企业发债融资。

一、稳步推进投贷联动试点

2016年4月20日,银监会和科技部、人民银行联合印发《关于支持银行业金融机构加大创新力度开展科创企业投贷联动试点的指导意见》,允许有条件的银行在依法合规、风险可控的前提下,对科技创新创业型小微企业试点探索投贷联动融资服务。[①] 目前，国家开发银行与中关村管委会、中关村科技担保公司合作，成功建立起“投、担、贷”联动合作模式，利用已有的投资平台，率先在北京中关村国家自主创新示范区开展全国首笔投贷联动业务。截至 2016 年底，该行已累计实现 5 个投贷联动项目落地，投资金额 4600 万元，实际发放贷款金额 1. 06 亿元。中国银行在本行投贷联动框架下的“我投我贷”模式贷款余额 3. 1 亿元，投资 3. 3 亿元；与外部投资机构合作的“他投我贷”模式贷款余额 6. 8 亿元。

二、开发性和政策性银行支持双创发展

开发性和政策性银行发挥自身优势，努力支持双创发展。一是国家开发银行发挥开发性金融优势支持科创企业发展，2016 年发放科技型企业贷款 262 亿元，相关贷款余额 724 亿元。二是进出口银行积极扶持初创期企业和创业型小微企业的发展，截至 2016 年 12 月末，该行小微企业贷款余额 2653 亿元，较年初增加 975 亿元；通过项目推荐机制，对 28 个科技部推荐的重点双创项目累计发放贷款 131. 5 亿元。三是农业发展银行重点支持农业科技成果推广应用（主要包括种业、农机、节水灌溉以及粮油生产实用技术四个领域），助推农业供给侧结构性改革，2016 年共投放农业科技贷款 52. 54 亿元，贷款余额为 62. 15 亿元；“双创三年行动计划及新型产业”类项目 114 个，贷款金额达 86. 8 亿元。

三、银行业金融机构利用金融创新服务双创

从整体来看，2016 年银行业金融机构实现了小微企业贷款增长

---

① 投贷联动试点选择十家银行（国家开发银行、中国银行、兴业银行、北京银行、天津银行、上海银行、汉口银行、西安银行、上海华瑞银行和浦发硅谷银行），以及北京中关村、武汉东湖、上海张江、天津滨海和西安五个国家自主创新示范区。

"三个不低于"目标。2016年末,全国银行业金融机构对小微企业贷款余额为20.8万亿元,较上年同期增长16%,高于各项贷款平均增速2.5个百分点;小微企业贷款余额户数为1361.1万户,较上年同期增加38.5万户;小微企业申贷获得率93.6%,较上年同期高出0.8个百分点。

为更好地满足双创企业的融资需求,人民银行推动金融机构依托人民银行征信中心应收账款融资服务平台开展中小企业应收账款融资,截至2016年底,平台已累计促成中小企业融资金额占平台累计促成全部融资金额的比重超过70%。此外,多家商业银行积极尝试金融创新,先后推出多款针对双创企业的专属信贷产品(见专栏3-5)。

人民银行会同财政部和人力资源社会保障部出台《关于实施创业担保贷款支持创业就业工作的通知》,扩大创业担保贷款支持对象,将最高贷款额度统一调整为10万元,延长贷款期限,人民银行各分支机构积极协调地方政府有关部门,结合辖区实际推动创业担保贷款政策落地实施。截至2016年底,创业担保贷款余额为964亿元,全年累计发放719亿元。

专栏3-5　针对双创企业的专属信贷产品

中国银行推出针对科技企业的专属融资模式——"中关村模式",从业务营销、授信审批、风险管理各个环节实现创新,目前已累计为2956户中小科技企业提供授信,发放贷款296亿元。

邮储银行依托财政风险补偿基金,截至2016年12月末,发放科技产业链贷款余额达30.05亿元,并在双创示范城市(包括财政部双创基地城市和中国科协创新驱动示范城市)发放小微企业创新创业贷款,贷款余额10亿元。

四、推动创业投资和战略性新兴产业企业发债融资

为满足创投企业多元化的融资需求,自2016年起,创业投资企业可在银行间债券市场以公募的方式发债融资,将募集资金用途扩大至补充创投基金的资本金和股权投资。同时,战略性新兴产业企

业在银行间债券市场融资规模不断扩大，截至 2016 年底，创投类企业累计发行债务融资工具 8 支共 35.4 亿元；共有 769 家战略性新兴产业企业在银行间债券市场累计募集资金 7.2 万亿元。

五、信托机构支持战略性新兴产业发展

信托机构积极贯彻落实国家宏观经济政策和产业政策，充分利用其业务经营综合性、灵活性、敏锐性的特点，以市场化方式聚集社会资金，引入创新创业领域，弥补了传统银行信贷的不足，支持战略性新兴产业发展和创业企业成长。如英大信托发挥信托优势和产业背景，合理引导资源配置，努力打造“清洁能源领域金融服务领航者”。截至 2016 年底，累计发行 30 余款“蓝天”系列产品，大力支持风电、水电、光伏发电等清洁能源产业发展，涉及金额超过 40 亿元，为能源发展方式转变作出了积极贡献。

第四章　创业主体

2016 年，随着商事制度改革红利的进一步释放，新增市场主体持续高速增长，新增市场主体结构继续优化。新登记企业行业分布更趋合理，创业企业质量不断提升，个体工商户和农民专业合作社户数保持稳定增长，创客群体层次得到进一步提高。

第一节　创业企业

积极落实企业“五证合一、一照一码”、个体工商户“两证整合”等商事制度改革各项任务措施，着力营造宽松便捷的准入环境，2016 年全国新登记市场主体 1651. 3 万户，同比增长 11. 6%，平均每天新登记 4. 51 万户。新登记企业 552. 8 万户，平均每天新登记企业 1. 51 万户，其中服务业新登记企业 446 万户，同比增长 24. 7%，占新登记企业总数的 80. 7%。

一、创业企业数量增长较快

随着商事制度改革红利释放，2016 年新设企业数量和注册资本分别为 552. 8 万户和 41. 9 万亿元，同比分别增长 24. 5%和 44. 6%。平均每天新登记企业数量为 1. 51 万户，继续保持较高增长。

实有企业数量持续提高。截至 2016 年底，我国实有企业数量为

2594.7万户，同比增长18.8%。连续4年实现两位数增长并快速提升，从一个侧面反映了创业企业强劲的发展势头。

开展企业个体工商户简易注销试点。截至目前，开展企业简易注销试点的省份已经达到19个，其中，天津、浙江等6个地区在全省（市）开展了试点，北京、广东等13个省（区、市）在部分地市开展了试点。2016年，全国注吊销企业138.6万户，同比增长70.2%。其中吊销41.1万户，是上年的15.8倍；注销97.5万户，同比增长23.6%。其中，钢铁、煤炭、水泥、电解铝、平板玻璃、船舶6个产能过剩行业，注销企业3063户，同比下降39.3%；吊销2375户，增长3.3倍。

二、创业企业产业结构不断优化

八成左右创业企业从事第三产业。2016年第三产业新设企业数量446万户，同比增长24.7%，在新设企业数量中占比达到80.7%，带动第三产业实有企业在全国实有企业中的比重由2015年底的74.83%提升到2016年底的76.00%。2016年第三产业增加值同比增长7.8%，占国内生产总值比重达到51.6%，比上年提高1.4个百分点。第三产业成为稳定经济增长的重要动能。

第一产业新设企业稳中有进。全年新设企业23.7万户，同比增长10.5%，第一产业现代化程度平稳提升。

制造业新设企业回暖发展。全年制造业新设企业数为44.6万户，同比增长16.9%，制造业发展进一步回暖。其中，前三季度高技术制造业新设企业数量同比增长17.2%，取得较快发展。

服务业新设企业现代化方向突出。全年新设服务业企业中，现代服务业快速发展，高于服务业平均增速。现代服务业中的教育、文化体育和娱乐业、科学研究和技术服务业、信息传输软件和信息技术服务业企业增长速度尤其突出，同比分别增长56.3%、41.7%、35.5%和34.9%。可见，教育、文化体育和娱乐业、科学研究和技术服务业、信息传输软件和信息技术服务业,仍是创业的热门行业,众创空间、孵化器等新兴服务业也呈现快速增长态势,同比分别增长47.3%、40.9%,为创新创业提供了良好的发展环境。

三、创业企业质量不断提升

私营企业指标逐年提升。2016年新登记私营企业为522.8万户,占新登记企业总数的94.6%。截至2016年底,实有私营企业户数达到2309.20万户,同比增长21.01%。从业人员达到17997.1万人,增长9.77%。

表4-1 截至2016年底实有企业类型结构情况

内 容	单 位	至2016年12月	
		数 量	同比增长
企业总数	户	25961141	18.8%
内资企业户数	户	25455990	19.08%
内资企业注册资本金	万元	20307593746.4	34.49%
其中:私营企业户数	户	23091963	21.01%
私营企业注册资本金	万元	13050294749.7	44.12%
外资企业户数	户	505151	4.98%
外资企业资本金	万美元	312433575.8	17.10%

独角兽企业、瞪羚企业大量涌现。截至2015年12月末,全国各地拥有独角兽企业总计70家,其中北京中关村40家,上海15家,杭州4家,深圳3家,广州、香港、重庆、厦门、南京、长沙、苏州、珠海等地各有1家。在国内经济增速持续放缓的背景下,国家高新区瞪羚企业发展势头十分强劲,成为经济发展的新亮点。瞪羚企业数量持续增加,目前共有2085家瞪羚企业。瞪羚企业发展质量优异,瞪羚群体营业收入近三年复合增长率为35.8%,2015年平均营业收入9.06亿元,平均净利润6683.7万元,平均员工数量527人,平均上缴

税额3946.6万元。高新区瞪羚企业业绩表现全面大幅高于高新区平均水平,八成以上瞪羚企业为国家高新技术企业,是国家高新区企业的优秀代表。瞪羚企业创新成效显著,2015年瞪羚企业内部研发支出投入强度为2.7%,新产品的产值占总产值的四成,高新技术产品收入占总营业收入的四成,高新技术产品及技术服务出口三年复合增长率分别为42.2%和48.4%;瞪羚企业申请专利、拥有注册商标总数三年复合增长率分别为25.7%与43.6%。

专栏4-1　中关村独角兽企业情况

独角兽企业是指估值超过10亿美元的移动互联网软件公司。自2013年11月"独角兽"概念被提出后,迅速在全球科技界和投资界得到认可,相继有多家国外研究机构及专业媒体发布了自己的榜单。

40家独角兽企业总估值1462.1亿美元,平均估值36.56亿美元。其中有3家独角兽企业估值超过100亿美元,分别是小米、美团点评、滴滴快的,这3家的估值总和占所有独角兽企业总和的一半多;有2家估值在50亿—99亿美元之间,分别是京东金融和乐视移动;有4家估值在30亿—49亿美元之间,分别是乐视体育、神州专车、搜狗、凡客;有3家估值在20亿—29亿美元之间,分别是爱奇艺、科信美德、惠民网;另外,易到用车、APUS group、金山云等13家估值介于10亿—19亿美元之间;车易拍、趣分期、一下科技等15家估值为10亿美元。

中关村独角兽榜单中企业共涉及15个行业领域,从估值上看,消费电子、电子商务、互联网金融和交通运输为估值前四领域。从企业分布的行业领域看,电子商务有14家,为最多,其次是互联网金融6家,软件技术4家,交通运输3家,消费电子和大健康领域各有2家,体育、大数据、云服务、移动竞技、旅游、物流、在线教育、传媒和服装各1家。

专栏4-2　高新区瞪羚企业情况

排　名	高新区	瞪羚数
1	中关村国家自主创新示范区	535
2	上海张江高新技术产业开发区	103
3	广州高新技术产业开发区	90
4	深圳高新技术产业开发区	78
5	杭州高新技术产业开发区	72
6	成都高新技术产业开发区	66

续表

排　名	高新区	瞪羚数
7	苏州工业园区	65
8	天津滨海高新技术产业开发区	62
9	武汉东湖新技术开发区	57
10	襄阳高新技术产业开发区	54
11	西安高新技术开发区	48
12	合肥高新技术开发区	36
13	长沙高新技术开发区	33
14	厦门高新技术开发区	32
15	苏州高新技术开发区	29
16	常州高新技术开发区	28
17	济南高新技术开发区	26
17	重庆高新技术开发区	26
19	临沂高新技术开发区	23
19	无锡高新技术开发区	23
2085 家瞪羚企业共分布于 127 个国家高新区。目前,国家高新区瞪羚企业区域分布相对集中:七成以上的瞪羚企业分布于 20 个高新区当中,其中瞪羚数量排名位于前十的高新区共拥有瞪羚企业 1182 家,占国家高新区瞪羚企业总数的 56.7%。北京中关村瞪羚培育工作成效十分突出,瞪羚企业数量达到 535 家,占国家高新区瞪羚企业总量的 25%。		

小微企业活跃度较高。全国以小微企业扶持政策落实、搭建服务平台、开展就业服务等方面为切入点,不断优化小微企业的服务机制,有力助推创新创业。2016 年,小微企业活跃度不断提升,带动就业作用愈加显著,初次创业小微企业占新设小微企业的 85.8%,新设小微企业周年开业率达 70.8%,近八成开业企业实现营业收入。

四、创业企业的区域结构差异明显

东部仍然是新登记企业、实有企业数量最多的地区。以四大区域划分,2016 年全国新登记企业在东部、中部、西部、东北地区分别为 322.4 万户、99.4 万户、103.4 万户、27.6 万户,占比分别为

58. 3%、18. 0%、18. 7%、5. 0%。东部地区的新登记企业占据半壁江山。2016 年底，东部、中部、西部、东北地区实有企业数量分别为 1515. 9 万户、442. 1 万户、499. 1 万户、139 万户，占比分别为 58. 39%、17. 03%、19. 23%、5. 35%，实有企业数分别比 2015 年底增长 20. 8%、17. 9%、15. 9%、10. 5%。

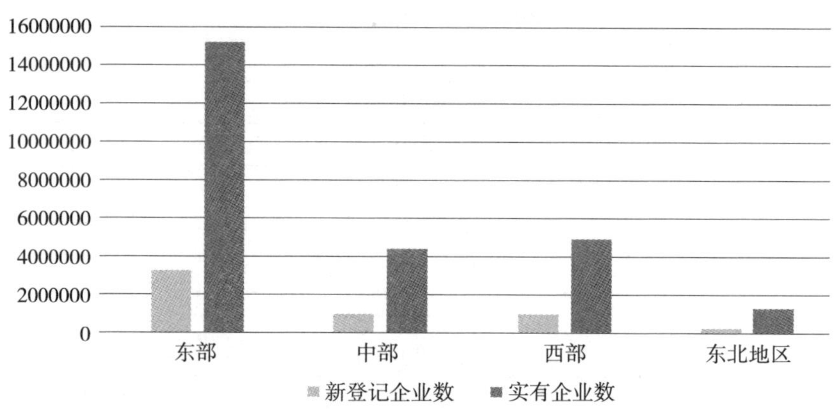

图 4-1　2016 年企业新登记户数区域分布(单位:户)

中部成为新登记企业增长最快的地区。东部、中部、西部、东北地区新登记企业同比增速为 25. 7%、27. 6%、17. 6%、27. 7%。中部成为新登记企业增长最快的地区。

广东、江苏、山东、上海、浙江等省份、直辖市企业发展迅猛。2016 年全国新设企业排在前五位的省(市)分别是：广东、江苏、山东、上海、浙江，新登记企业分别为 79. 05 万户、54. 86 万户、51. 29 万户、29. 47 万户、28. 86 万户。增速排在前五位的省(市)为西藏、吉林、安徽、河北、江苏，增速分别为 62. 9%、47. 2%、32. 3%、31. 4%、30. 4%。

表 4-2　各省实有、新登记企业情况

项　目	期末实有企业		新登记企业	
	2016 年底	2015 年底	2016 年	2015 年
合计	25961141	21858177	5527874	4439180
总局	60	108	1	3

续表

项　目	期末实有企业		新登记企业	
	2016 年底	2015 年底	2016 年	2015 年
北京	1377243	1196057	222027	203226
天津	418855	338617	92545	72404
河北	1022605	806090	250205	190369
山西	453600	391615	91056	70561
内蒙古	327278	288579	70663	60003
辽宁	704905	647007	124577	103944
吉林	323409	300484	81113	55099
黑龙江	361466	310459	70726	57446
上海	1655529	1494299	294666	253406
江苏	2497214	2048971	548595	420789
浙江	1673391	1444195	288603	227464
安徽	816898	648848	189925	143573
福建	901461	733103	190664	153866
江西	556481	485707	118451	93990
山东	1908405	1498312	512882	404573
河南	1056762	838523	245982	189504
湖北	944135	873331	212132	172754
湖南	593314	510442	136706	108738
广东	3513087	2792555	790515	611003
广西	584519	506130	104154	97180
海南	191246	194881	32923	27488
重庆	670482	586686	128121	114888
四川	1052812	915064	225204	177448
贵州	455860	385826	101281	80355
云南	546269	448783	119467	116846
西藏	42756	29294	14246	8746
陕西	563110	514489	107830	91966
甘肃	282939	242579	64756	52889
青海	74400	58811	17698	13625
宁夏	121782	102420	28000	24972
新疆	268868	225912	52160	40062

第二节　个体工商户和农民专业合作社

个体工商户和农民专业合作社是创业主体的重要组成部分。2016 年,个体工商户较 2015 年保持稳定增长,占新登记市场主体的 64.7%。新登记农民专业合作社 29.6 万户,较 2015 年增长 19.0%,占新登记市场主体的份额为 1.80%。

一、个体工商户数量保持稳定增长

新登记个体工商户和实有个体工商户稳定增长。2016 年,全国新登记个体工商户以年均 5.73%的速度增长,2016 年约有 1069 万户。截至 2016 年底,全国实有个体工商户近 5930 万户,同比增长 9.65%。其中,新登记个体工商户约占 1/5。从速度看,2016 年实有个体工商户的增速有所提高,较 2015 年提高了 1.15 个百分点。

二、个体工商户集中在第三产业

九成新登记个体工商户、实有个体工商户从事第三产业。2016 年,新登记个体工商户中,从事三次产业的分别为 39.8 万户、59.8 万户、96.9 万户,分别比 2015 年增长 12.8%、0.8%、5.8%,占比分别为 3.7%、5.6%、90.7%。与第一、第二产业相比,从事第三产业的新登记个体工商户数量、占比和增速均具有明显的优势。截至 2016 年底,第一、第二、第三产业中实有个体工商户数分别为 156.4 万户、403.3 万户、5370.3 万户,分别比 2015 年底增长 15.8%、8.3%、9.6%。三次产业实有个体工商户数的比重分别为 2.64%、6.80%、90.56%,其中:第一产业比重比 2015 年提高 0.14 个百分点,第二产业比重下降 0.1 个百分点,第三产业比重下降 0.04 个百分点。形成了绝大多数个体工商户从事第三产业的市场主体格局。

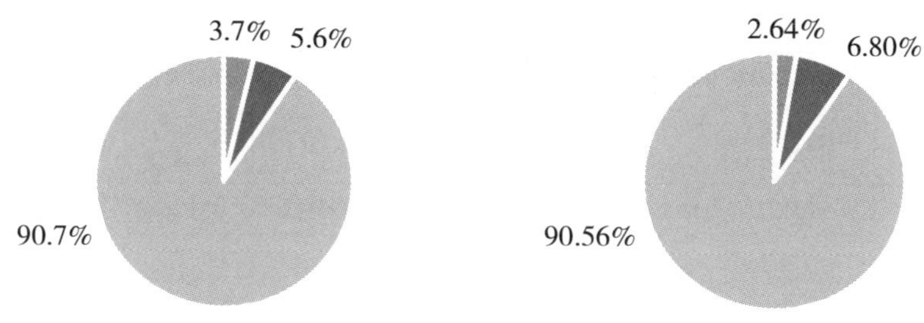

图 4-2 2016 年全国个体工商户新登记、实有户数产业结构

五成个体工商户从事批发和零售行业。从个体工商户行业分布来看,新登记个体工商户分布最多的 5 大行业为:批发和零售业,住宿和餐饮业,居民服务、修理和其他服务业,制造业,农、林、牧、渔业。其中,批发和零售业的户数占 54. 8%。分布较少的行业为教育,采矿业,电力、热力、燃气及水生产和供应业,水利、环境和公共设施管理业,金融业。实有个体工商户分布最多的 5 大行业为:批发和零售业,住宿和餐饮业,居民服务、修理和其他服务业,制造业,农、林、牧、渔业。其中,批发和零售业的户数占 63. 1%。

表 4-3 截至 2016 年底实有、新登记个体工商户行业分布情况

行业分类	2016 年实有个体工商户			2016 年新登记个体工商户		
	户数(户)	从业人员(人)	资金数额(万元)	户数(户)	从业人员(人)	资金数额(万元)
合计	59299500	128620111	444038093. 22	10689489	24248622	110527614. 63
农、林、牧、渔业	1675421	4864034	51156687. 69	415954	1083241	13830325. 53
采矿业	31960	167800	1516706. 38	2532	11100	181713. 21
制造业	3846552	13754147	40097926. 38	555538	1981698	7759937. 11
电力、热力、燃气及水生产和供应业	17529	52249	985635. 15	2504	5913	135543. 40
建筑业	177343	647458	2728458. 49	43349	155899	874993. 31
批发和零售业	37432279	69826136	219010041. 99	5854781	11684901	49074703. 08
交通运输、仓储和邮政业	1545683	2656133	15016752. 61	305126	493275	3796386. 27

续表

行业分类	2016 年实有个体工商户			2016 年新登记个体工商户		
	户数(户)	从业人员（人）	资金数额（万元）	户数(户)	从业人员（人）	资金数额（万元）
住宿和餐饮业	6540422	18336851	58342041.89	1930412	4902650	19786253.56
信息传输、软件和信息技术服务业	324062	605005	1718436.43	55110	109508	467724.84
金融业	4864	10605	44568.98	1422	3066	15298.90
房地产业	78449	183377	447813.96	18168	47520	140467.38
租赁和商务服务业	893403	1850926	8088921.37	216556	436350	2379304.58
科学研究和技术服务业	178302	366618	933790.13	18400	44332	183250.79
水利、环境和公共设施管理业	14759	74510	155966.09	1636	7000	40748.05
居民服务、修理和其他服务业	5903644	13372895	35419285.13	1148008	2918049	9714957.23
教育	41682	120256	459995.68	15342	45151	182617.13
卫生和社会工作	141547	397688	1446870.85	23124	68546	374821.19
文化、体育和娱乐业	306253	983020	5521325.74	66387	218200	1480228.00
其他	145346	350403	946868.28	15140	32223	108341.07

三、个体工商户区域分布不平衡

东部仍然是个体工商户最多的地区。从新登记个体工商户看，2016 年新增数量依次排序是东部、西部、中部、东北地区，分别为 444.5 万户、271.9 万户、262.3 万户、90.3 万户，占比分别为 41.58%、25.43%、24.54%、8.45%。从实体个体工商户看，截至 2016 年底，实有数量排序依然是东部、西部、中部、东北地区，分别为 2497.4 万户、1538.3 万户、1378.8 万户、515.5 万户，占比依次为 42.11%、25.94%、23.25%、8.70%。

东北地区成为个体工商户增长最快的地区。与 2015 年相比，2016 年东部、中部、西部、东北地区新登记个体工商户增速分别为

6.36%、5.62%、3.44%、10.14%。东北地区成为个体工商户增长最快的地区，另外，原有数量较多的东部增速也相对较高。

表 4-4　2016 年四大地区个体工商户情况

项目	实有个体工商户(户)			新登记个体工商户(户)		
	2016 年底	2015 年底	增速	2016 年	2015 年	增速
东部地区	24973632	22289016	12.04%	4444851	4178975	6.36%
中部地区	13787635	12797122	7.74%	2622795	2483256	5.62%
西部地区	15383438	14358619	7.14%	2718712	2628183	3.44%
东北地区	5154795	4634615	11.22%	903131	819970	10.14%

省(市)间个体工商户发展速度差异较大。从各省新登记个体工商户来看，2016 年新登记个体工商户同比增长率最高为 41.97%，最低为-46.37%。同比增长的有 24 个省，同比下降的有 7 个省。增速排在前五位的省份(直辖市)为河北、安徽、上海、江苏、湖南，增速分别为 41.97%、26.13%、22.00%、21.91%、19.21%。排在后五位的省份(自治区、直辖市)为内蒙古、西藏、山东、湖北、北京。

表 4-5　各省个体工商户实有、新登记情况

项目	个体工商户实有		个体工商户新登记	
	2016 年底	2015 年底	2016 年	2015 年
合计	59299500	54079372	10689489	10110384
北京	608142	659357	23907	44580
天津	401738	355223	72954	65904
河北	2926580	2368222	757253	533375
山西	1401927	1256535	227947	212388
内蒙古	1341589	1302295	288785	300875
辽宁	2207051	2006318	348559	317808
吉林	1471874	1366700	268979	228466
黑龙江	1475870	1261597	285593	273696
上海	426641	406078	50916	41734
江苏	4388339	3872210	775976	636529

续表

项目	个体工商户实有		个体工商户新登记	
	2016 年底	2015 年底	2016 年	2015 年
浙江	3526088	3177454	618193	551681
安徽	2356460	2046139	397853	315423
福建	1858167	1615599	357521	357791
江西	1655784	1659417	263821	240508
山东	5017586	4530415	896577	1112896
河南	3073731	2617156	721259	609218
湖北	3048517	3193700	599389	759656
湖南	2251216	2024175	412526	346063
广东	5411749	4929851	820417	771104
广西	1543576	1493192	301205	300468
海南	408602	374607	71137	63381
重庆	1444137	1324521	225003	210926
四川	3146669	3013967	498571	455430
贵州	1662081	1492083	255106	233768
云南	1991155	1850690	361102	355578
西藏	141529	120285	31568	33340
陕西	1496436	1402206	267358	259073
甘肃	1057940	978882	178244	170667
青海	243335	217565	50843	47364
宁夏	342500	309204	63702	66239
新疆	972491	853729	197225	194455

四、个体工商户从业人员保持快速增长

城镇个体工商户从业人员增速快于农村。截至 2016 年底，全国个体工商户从业人员 1. 29 亿人，同比增长 10. 10%。其中，城镇个体工商户从业人员 8626. 98 万人，同比增长 10. 60%，占个体工商户从业人员的 67. 1%；农村个体工商户从业人员 4235. 03 万人，同比增长 9. 08%，占个体工商户从业人员的 32. 9%。

批发和零售业，住宿和餐饮业，制造业，居民服务、修理和其他服

务业个体工商户从业人员最多。截至2016年底,从事批发和零售业的个体工商户从业人员为6982.6万人,占个体工商户从业人员总数的54.3%;从事住宿和餐饮业的个体工商户从业人员为1833.7万人,占个体工商户从业人员总数的14.3%;从事制造业的个体工商户从业人员为1375.4万人,占个体工商户从业人员总数的10.7%。从事居民服务、修理和其他服务业的个体工商户从业人员为1337.3万人,占个体工商户从业人员总数的10.4%。

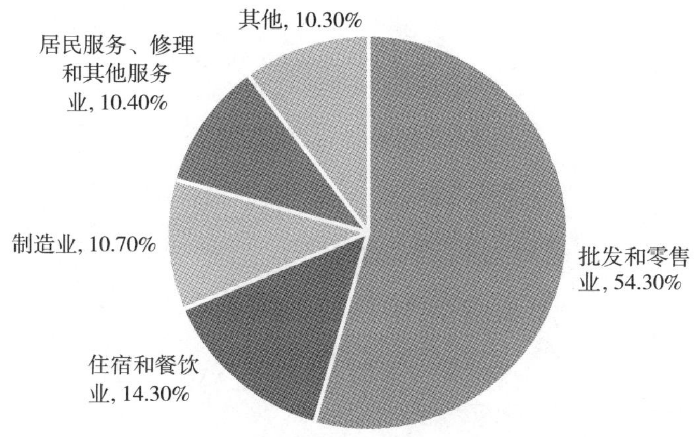

图4-3　2016年全国个体工商户吸纳就业结构图

教育、金融业、建筑、住宿和餐饮业个体工商户从业人员增长最快。截至2016年底,教育、金融业、建筑、住宿和餐饮业个体工商户从业人员同比增长分别为47.5%、35.3%、22.4%、21.2%。教育、金融业个体工商户从业人员快速增长。

五、农民专业合作社稳步发展

农民专业合作社数量持续增长。2016年,全年新登记农民专业合作社29.6万户,同比增长19.0%。截至2016年底,全国实有农民专业合作社179.4万户,同比增长17.6%。成员总数4485.9万个,同比增长7.8%。出资总额41013.1亿元,同比增长19.8%。

表4-6　截至2016年底实有农民专业合作社数量及增速

项　目	单　位	数　量	同比增长(%)
户数	户	1793793	17. 6
出资总额	万元	41013. 1	19. 8
成员总数	人	44859202	7. 8

第五章 创业成效

2016年,大众创业、万众创新浪潮持续向纵深推进,以新一代信息技术为代表的新技术加快融合应用,共享经济、绿色经济、创意经济等新业态、新模式蓬勃发展,助力创新创业亮点纷呈,新兴产业快速发展壮大,催生大量就业岗位,成为支撑经济社会转型提质增效的重要力量。

第一节 信息技术助力创新创业亮点纷呈

随着大众创业、万众创新的深入推进,新技术加快渗透应用,新业态持续涌现,新产业蓬勃发展,不断创造新供给,释放新需求,正在汇聚成为新的动力和能量,支撑经济社会可持续发展。

一、互联网成为创新创业的有效支撑

2016年,在宽带网络广泛普及、居民消费结构升级以及互联网融合发展的推动下,大众创业、万众创新呈现出一些新的特点。

互联网创业热点此消彼长。互联网创业投资渐趋理性,一度聚集了大量初创企业的O2O领域有所降温,大批初创企业退出,上门洗车、美甲、外卖等垂直领域均受到较大冲击,网约租车竞争格局已定,创业空间有限。与此同时,分享经济快速向知识、技能共享

等新领域拓展,共享单车则成为2016年创新创业的热点和亮点,自媒体推动网络直播成为超级互联网入口,吸引了近千家初创企业进入。

互联网创新创业跨入新阶段。我国网民数超过7亿,移动宽带用户数超过9亿,智能手机出货占比超过90%,微信活跃用户超过7亿,主要互联网应用快速迭代,用户趋于饱和,跟随发展、本土化创新的空间开始减小,移动互联网创业窗口正在收窄。2016年,基于人工智能的创新创业孕育兴起。我国企业已基本覆盖人工智能产业链各环节,巨头互联网企业大力布局人工智能,涌现出科大讯飞、旷视科技、地平线机器人等垂直领域的领军企业,一大批智能硬件创业企业兴起壮大。

“互联网+”助力传统产业转型升级。工业、农业、能源、金融等传统行业都实现了“触网”。制造业与互联网深度融合,智能化生产、网络化协同、个性化定制、服务化制造等新模式快速兴起,成为制造业转型升级的必由之路。“慕课”、翻转课堂等网络教学新模式,促进优质教育资源开放和社会教育方式变革,推动了优质教育资源的均等化分享。在线疾病咨询、远程会诊等新模式,有利于解决医疗资源不平衡和人们日益增加的健康医疗需求之间的矛盾。互联网的集聚优势、便捷优势、规模优势正在改变传统的创新方式、生产模式和组织形式,推动新旧动能转换和产业升级。

二、平台创业掀起新浪潮

随着新兴领域的快速发展,大而全的综合型平台已基本成熟,创业者开始向垂直型平台寻找新的突破口,分享经济模式在细分领域广泛应用,进一步拓展创新创业领域。

知识分享平台成为重要创业方向。知识分享打破机构、资质的限制,将知识转化为商品,大幅降低传递的边际成本,显著提升供给的总体规模,有效提高了知识的社会化效用。2016 年 6 月,“分答”完成 2500 万美元 A 轮融资,估值超过 1 亿美元,引发知识分享的热潮。当前主流知识分享平台主要有三类:一是约见平台,如在行、问咖、来见等;二是语音、图文问答型平台,如分答;三是文档分享平台,如道客巴巴、百度文库等。

共享单车平台发展空间巨大。共享单车平台正成为互联网新的风口,资本持续投入推动市场规模迅速壮大,摩拜单车、ofo、小鸣单车均在短期内获得超过 1 亿美元的融资。共享单车之所以在我国得以大规模发展,主要有三方面原因:一是解决公共自行车租赁行业痛点。移动互联网技术、移动支付方式、运营模式创新使共享单车摆脱了停车桩的束缚,一举解决了系统设备复杂、维护成本高企、租借归还不便等诸多问题,迸发出巨大活力。二是解决居民出行最后一公里问题。为居民短途出行提供便利选择,与城市公共交通相互配合,妥善解决居民出行问题。三是符合国家政策引导方向。共享单车有利于缓解交通压力、鼓励低碳出行,促进民生改善和社会治理优化。

三、内容创业开辟新空间

伴随自媒体影响力的不断扩大,网红经济快速崛起,网络直播焕发新生,掀起内容创业的浪潮。直播正向各领域渗透,变现渠道更为丰富,创新创业空间巨大。预计到 2020 年底,直播带动的产业规模将超过 6000 亿元,全民直播的时代正在来临。

直播电商打造具有中国特色的新型电商模式。我国电商高度发达,众多淘宝小店成为直播电商生根发芽的沃土。当前,明星、网红通过直播平台推销商品已形成规模,产生了较好的示范效应。随着直播电商模式的逐渐成熟,更多的普通民众将通过直播方式压低电商的销售成本。

社交直播持续壮大,闲人经济影响扩大。大众在社交过程中,分享自身品位、生活阅历、摄影作品等,只要获得一定的关注,就能将其变现。Facebook live 上两个大学生展示用皮筋箍西瓜就获得了 80 万的观众。

旅游直播初露端倪。旅游直播为旅友推荐景点、相互沟通提供平台。当前的直播+旅游借助明星效应,推销热门旅游线路。广大旅友将逐渐取代明星成为旅游直播的主力,在游览各地名胜的同时,分享自己的旅途感悟,并以此为卖点实现旅游线路的推销。

教育直播前景广阔。教育直播为专业知识的变现提供便捷的渠道。美国的 livecoding 平台直播程序员编程,将工作本身变成了优质内容,并能获得额外收益。教育直播进一步细化,学术讲座、报告发布、投资指导等各种形式的直播将涵盖众多专业领域。

四、技术创业开启新征程

以移动互联网、云计算、物联网、大数据为代表的新一代信息技术产业成为创新创业的热点领域。伴随大量技术、人才、资金的进入,行业规模持续壮大。

云计算与大数据产业创新创业前景较好。2016 年我国云计算整体市场规模将近 500 亿元,整体增速超过 30%;大数据核心产业的市场规模达到 168 亿元,增速达 45%。行业垂直化、定制化服务与应用成为创新热点,推动工业生产的智能化升级,助力金融产品与服务创新,不断催生教育、医疗、物流等社会化服务的新模式。服务的平台化深入发展,各类数据开放平台综合提供数据计算、数据加工、机器学习的能力不断提升,云计算平台的资源调度与服务能力显著增强。云计算大数据在电子政务和社会管理领域普遍应用,助力政府信息化建设与服务模式的创新转型,政府的应用示范与产业引领作用凸显。

物联网与移动互联网技术应用潜力巨大。在新一代移动通信与智能硬件快速发展的带动下,我国物联网和移动互联网市场呈现加速发展态势。智能手表、智能手环等为代表的可穿戴设备市场格局逐步稳定,智能健康设备进一步普及,智能医疗设备的标准化将提上正式议程。物联网应用潜力将在智慧城市进一步释放,物联网在基础设施管理、公共事业管理、能源管理、环境保护、交通管理、公共安全等领域的应用将显著提升城市管理精细化、智能化水平。移动互联网及其衍生的新技术不断驱动新产品、新模式、新应用、新业态出现,移动视频、移动医疗、移动教育、移动生活、企业级应用等日趋普及,移动互联网让互联网成为实体经济社会不可分割的一部分。

第二节　战略性新兴产业加快发展

战略性新兴产业的发展过程就是大量发明涌现、大批新兴企业创办、发展和壮大的过程。2016 年,战略性新兴产业规模保持较快增长,创新基础进一步夯实,带动就业成效明显,在稳增长、促改革、调结构、惠民生方面的作用持续显现。

一、保证经济企稳的重要力量

2016 年,战略性新兴产业持续保持平稳较快增长,企业景气平稳回升,对宏观经济企稳的促进作用十分明显。据国家信息中心战略性新兴产业 1000 家企业的景气调查显示,战略性新兴产业行业景气指数与企业家信心指数从二季度以来呈现稳定回升态势。其中,四季度末行业景气指数较上季度的 139.5 继续上升到 147.8,企业家信心指数由三季度的 145.2 升至 151.6,好于 2015

年同期水平。

2016 年，战略性新兴产业 26 个主要行业主营业务收入超过 16 万亿元，比上年增长 9.1%，是全部规模以上工业增速 4.9%的 2 倍多，对全部主营业务收入增长贡献度达到 25.6%，拉动 1.26 个百分点。在 2016 年全国规模以上工业增加值同比实际增长 6%的背景下，新兴产业一批新动能加快蓄积，从产业增加值来看，信息化学品制造业增长 20.7%，航空航天器及设备制造业增长 18.2%，医药制造业增长 10.7%；从重点产品产量来看，工业机器人产量同比增长 30.4%，新能源汽车增长 40%，集成电路增长 21.2%，光纤增长 20.7%，智能手机增长 9.9%。

部分地区战略性新兴产业实现快速发展，成为支撑区域产业转型升级、经济持续发展的核心力量。例如，深圳市战略性新兴产业对整体经济增长贡献率已逾 50%，全年实现税收两位数增长，对整体税收增长的贡献率约为 20%。吉林省战略性新兴产业产值对工业增长的贡献率近 1/5。大连市战略性新兴产业工业增加值同比实现近 20%的增长，对当地工业增长带动超过三分之一。

二、可持续增长能力不断提高

2016 年，战略性新兴产业投资热度高位回升，部分热点行业实现快速增长，一批企业正在谋划重大投资项目。1000 家战略性新兴产业企业的景气调查结果显示，四季度企业投资指数达到 122，处于较为景气区间，2016 年二季度、三季度和四季度的投资景气指数分别比去年同期高 3.9、1.8 和 2.9。工业高技术产业投资达到 22787 亿元，增长 14.2%，增速比全部工业投资高 10.6 个百分点，对工业总体的增长带动达到 35.5%。一批重点行业表现突出，例如，生态保护和环境治理业投资增长 39.9%，信息传输业投资增长 10.5%，文化及相关产业投资增长 16.7%，健康服务业投资增长 19.5%，科学研究和技术服务业投资增长 17.2%。

调研显示,新兴产业继续保持较快增长,已经成为新经济、新动能发展的中坚力量。从新主体来看,全国新登记企业增长 25.8%,日均新登记企业 1.51 万家,其中信息传输、软件及信息服务业等新兴产业占据主体。从新项目来看,一批企业产品供不应求,正在加速投资新项目,如大连光洋科技的高端数控机床尽管连续三年增长都在 40%以上,仍旧严重供不应求,正在建设中的新产能总投资达到 23.61 亿元;大连宇宙电子在半导体功率器件领域发现新的市场机会,新项目投资也在亿元以上;吉林省长春北方化工灌装投资 1 亿元建设年产 200 条化工灌装机器人的生产线;碳谷公司拟建设 1 条 2000 吨原丝生产线,2000 吨/年的碳化生产线,计划总投资 3 亿元;奥来德光电材料在投资建设新的发光材料生产提纯基地,总投资达到 1.57 亿元。

三、国际化发展突破不断

2016 年,战略性新兴产业多角度实现国际化发展,在合作机制、合作方式方面取得多项突破,国际竞争力不断提升。从国际合作机制角度来看,在中英签署加强新兴产业合作的谅解备忘录后,英国投资贸易署与深圳国家高技术产业创新中心在深圳合建了中英创新中心,并于 2016 年 3 月召开中英创新大会,目前已有上百家企业完成对接。此外在中以经济技术合作机制框架下,以大连高新技术产业园、广州开发区(含黄埔智能产业园)、东莞松山湖科技产业园、常州西太湖科技产业园(江苏武进经济开发区)等区域作为中以高技术产业合作首批重点合作区域,通过共同设立投资基金,开展项目对接,促成了双方在航空、卫星、生物等领域的一系列合作,如大连中以创投基金领投了大连的首例海外投资,将以色列 IOPtima 公司引入大连,填补了国内青光眼激光手术疗法的技术空白。

从企业自发国际化发展看，一批新兴产业企业通过并购、国际合作等方式引入先进技术及经验，结合我国新兴产业特点，形成了一批具有国际影响力的企业和一大批具有国际先进技术水平的优秀产品占领国际市场。如长春合心机械制造有限公司采用金融创新成功并购几倍于自身规模的“国际装备制造行业领导者”——德国 GRG 集团，拥有其全部技术和管理体系并共享全球市场；后又投资 1.6 亿元在长春经开区建设机器人产业园，兴建在华合资公司。该园预计 2020 年前后全部投入使用，预计实现年销售收入 8 亿元。中国中车通过在当地设厂解决就业等方式于 2016 年 3 月成功拿到芝加哥地区 846 辆地铁车辆项目，目前中车的中高端产品已远销 20 多个国家和地区，2016 年上半年实现营业收入约 80 亿元。

第三节　创业带动就业成效显著

共享经济、新兴产业创新创业活跃，创造大量新的就业岗位，服务业、第三产业创业吸纳就业能力进一步提升，创业持续推动就业结构调整。

一、共享经济等新兴产业领域发展催生大量就业岗位

第三产业创业吸纳就业能力持续提升。第二产业的就业人数已经从 2012 年的 2.32 亿人减少到 2015 年的 2.27 亿人，而第三产业的就业人数在 2011 年超越第一产业，并快速增加到 2015 年的 3.28 亿人（见图 5-1）。

移动互联网和移动支付等技术、应用的快速更新促进了共享经济的发展，汽车共享、自行车共享、住宿共享、社区服务共享等新

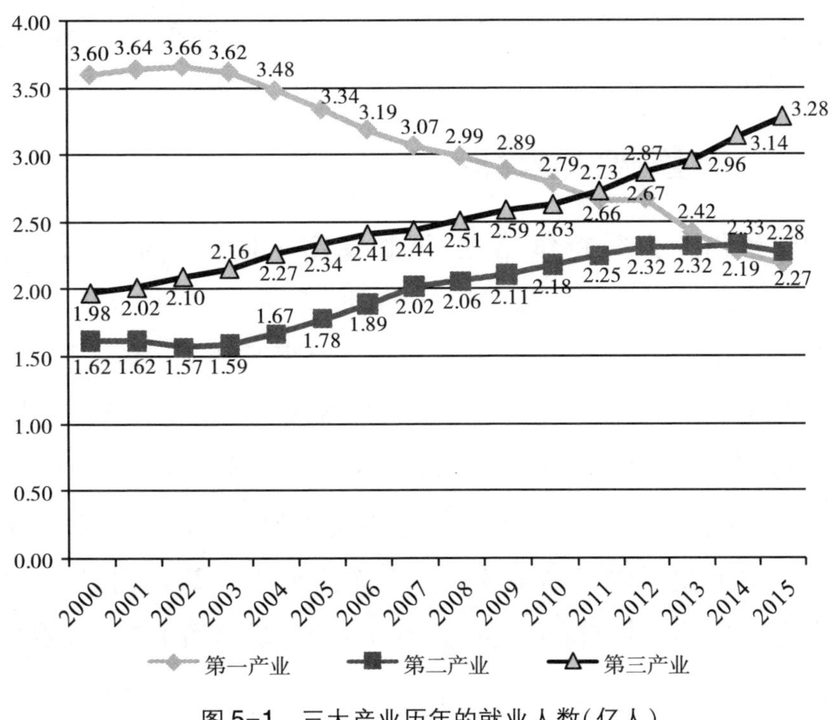

图 5-1　三大产业历年的就业人数(亿人)

数据来源:国家统计局。

经济形态不断涌现,催生了大量新增就业机会。58 同城网大数据分析显示,2016 年上半年专车共享领域用工需求同比增长了 36.4%。据有关机构初步测算,2015 年我国共享经济市场规模约 1.95 万亿元,全职从业人员约 1000 万人,平台企业员工超过 140 万人。大众创业、万众创新对就业贡献率也在不断上升,2016 年全国新登记市场主体 1651.3 万户,比去年同期增长 11.6%,平均每天新登记 4.51 万户。各类新服务不断涌现,教育、娱乐、医疗保健等发展和享受型消费需求持续提高,吸纳了大量劳动力转岗就业。据 58 同城网大数据分析显示,2016 年教育、娱乐、医疗保健行业用工需求同比增长均达双位数。2016 年服务外包新增从业人员 121 万人,其中大学(含大专)以上学历 79.7 万人,占新增从业人数的 65.9%,迅速发展的信息技术和计算机服务、金融、电子商务等现代制造和服务业及服务贸易为社会提供了大量就业岗位。

二、大学生创业人数稳步增长

大学生创业人数持续增加,增长率高于同龄其他创业群体。2015 年在各级工商部门新登记注册的 16—30 岁青年创业者为 347.7 万人,比 2014 年增加 46.6 万人,同比增长 15.5%,其中,大学生创业者 55.8 万人,比 2014 年增加 8 万人,同比增长 16.9%,同龄其他创业者 291.8 万人,比 2014 年增加 38.5 万人,同比增长 15.2%。2015 年大学生创业者增速分别比 16—30 岁青年创业者和同龄其他创业者增速高 1.4 和 1.7 个百分点。2015 年大学生创业者占青年创业者群体的比重为 16.1%,比 2014 年的 15.9%略有提高。

表 5-1 2014—2015 年大学生创业者人数变化

类别	2014 年			2015 年		
	人数	增加人数	增长率	人数	增加人数	增长率
青年创业者	3010759	402720	15.4%	3476585	465826	15.5%
大学生	477588	119283	33.3%	558149	80561	16.9%
同龄其他	2533171	283437	12.6%	2918436	385265	15.2%

往届毕业生创业者是主体,在校生创业人数增速较快。在 2015 年创业的大学生中,毕业时间未超过 5 年的有 45.4 万人,占 81.4%,比 2014 年增长 13%;当年毕业、上年毕业和毕业时间为 3—5 年的高校毕业生创业者分别为 4.38 万人、8.96 万人、10.10 万人、10.79 万人和 11.19 万人,分别占大学生创业总量的 7.9%、16.0%、18.1%、19.3%和 20.0%,增长率分别为 14.9%、13.8%、12.7%、11.3%、13.4%;在校生创业者为 10.4 万人,占 18.6%,比 2014 年(15.8%)

提高 2. 8 个百分点，人数比 2014 年增长 37. 7%，显著高于毕业生创业人数和其他各年毕业生创业人数的增长率。

表 5-2　2014—2015 年毕业生和在校生创业者人数变化

类　别	2014 年			2015 年		
	人数	增加人数	增长率	人数	增加人数	增长率
大学生创业者	477588	119283	33. 3%	558149	80561	16. 9%
毕业生	402046	97780	32. 1%	454131	52085	13. 0%
其中：当年	38118	12753	50. 3%	43816	5698	14. 9%
上年	78709	20879	36. 1%	89550	10841	13. 8%
3 年	89621	20149	29. 0%	100990	11369	12. 7%
4 年	96952	21515	28. 5%	107869	10917	11. 3%
5 年	98646	22484	29. 5%	111906	13260	13. 4%
在校生	75542	21503	39. 8%	104018	28476	37. 7%

创业者以本、专科学历和男性为主，研究生学历创业者增速较快。2015 年创业的大学生中，专科生、本科生和研究生分别为 28. 12 万人、25. 17 万人和 2. 52 万人，分别占 50. 4%、45. 1%和 4. 5%；男性和女性分别为 35. 52 万人和 20. 29 万人，分别占 63. 6%和 36. 4%；20—24 岁和 25—30 岁的大学生创业者分别为 20. 76 万人和 34. 76 万人，分别占 37. 2%和 62. 3%；与 2014 年相比，专科学历创业者比重下降 3. 5 个百分点，本科学历创业者和研究生学历创业者比重分别上升 1. 7 和 1. 8 个百分点，其他变化不大。不同学历创业者增长率有显著差异：研究生学历创业者比 2014 年增长 94. 7%，远高于本科学历创业者增长率（21. 5%）和专科学历创业者增长率（9. 3%）。

表 5-3　2014—2015 年大学生创业者学历、性别、年龄分布情况

类　别	2014 年			2015 年		
	在校生	毕业生	合计	在校生	毕业生	合计
专科	33739	223635	257374	39244	241969	281213
本科	39749	167516	207265	55614	196116	251730
硕士研究生	1826	10550	12376	7836	15444	23280

续表

类　别	2014 年			2015 年		
	在校生	毕业生	合计	在校生	毕业生	合计
博士研究生	228	345	573	1324	602	1926
男性	49453	256533	305986	68779	286450	355229
女性	26089	145513	171602	35239	167681	202920
16—19 岁	2242	72	2314	2896	63	2959
20—24 岁	61293	112065	173358	81373	126207	207580
25—30 岁	12007	289909	301916	19749	327861	347610
合计	75542	402046	477588	104018	454131	558149

私营公司和个体户是大学生创业的主要形式,创办合伙企业者增速较快。2015 年创业的大学生中,创办私营公司、个人独资企业、合伙企业和从事个体经营的分别为 29.31 万人、0.62 万人、1.44 万人和 24.44 万人,分别占 52.5%、1.1%、2.6%和 43.8%;与 2014 年相比,创办私营公司的比例下降了 1.6 个百分点,创办合伙企业的比例上升了 1.7 个百分点,其他变化不大。不同类型市场主体创办者增长率有显著差异:创办合伙企业者增长率高达 240%,远高于创办私营公司者增长率(13.4%)和从事个体经营者增长率(17%)。

表 5-4　2014—2015 年大学生创业形式分布情况

类　别	2014 年			2015 年		
	在校生	毕业生	合计	在校生	毕业生	合计
私营公司	42028	216376	258404	62011	231130	293141
个人独资企业	828	5194	6022	1095	5089	6184
合伙企业	515	3731	4246	1330	13110	14440
个体	32171	176745	208916	39582	204802	244384
合计	75542	402046	477588	104018	454131	558149

超过四成的大学生创业者集中在东部地区创业,在东北和中西部地区创业者增速较快。2015 年创业的大学生中,工商登记注册地在东北、东部、中部、西部地区的分别为 3.12 万人、24.6 万人、13.32

万人和 14.78 万人，分别占 5.6%、44%、23.9%和 26.5%；与 2014 年相比，在东北和中西部创业的大学生比重合计增加 4 个百分点。东部大学生创业者增长率与其他地区有显著差异：在东北创业的大学生比上年增长 30.5%，在中部创业的增长 25.4%，在西部创业的增长 25.6%，远高于在东部创业者的增长率（7%）。

表 5-5　2014—2015 年大学生创业者地区分布情况

地　区	2014 年			2015 年		
	在校生	毕业生	合计	在校生	毕业生	合计
东北	4264	19631	23895	6450	24725	31175
东部	36659	193154	229813	43946	202015	245961
中部	17273	88959	106232	26945	106264	133209
西部	17346	100302	117648	26677	121127	147804
合计	75542	402046	477588	104018	454131	558149

综上所述，大学生创业者继 2014 年呈现爆发式增长之后，2015 年继续保持了较快的增长势头。同时，大学生创业者的群体结构正在逐步优化，创业的组织形态趋于多样化，内陆地区的创业活动渐趋活跃。

三、留学人员回国创业持续发展

截至 2015 年底，我国留学回国人员总数达 221.86 万人，其中，2015 年为 40.91 万人，比 2014 年增加 4.43 万人，增长 12.1%。①

留学回国人员园区创业稳步发展。截至 2015 年底，全国共建成留学人员创业园 321 个，比 2014 年增加 16 家，其中省部级共建创业园 46 家，比 2014 年增加 3 家；入园企业总数 2.4 万家，比 2014 年增加 0.2 万家；6.7 万名留学回国人员在园区创业，比 2014

① 赵婀娜：《2015 年度我国留学人员回国人数增 12.1%》，见 http://edu.people.com.cn/n1/2016/0321/c1053-28215210.html.2016.3.21。

年增加 0.4 万人。①

表 5-6　留学人员创业园发展状况

年　份	创业园数量(个)	入园企业数量(万家)	在园创业人员数量(万人)
2012	260	1.7	4
2013	280	2	5
2014	305	2.2	6.3
2015	321	2.4	6.7

大力推进海外离岸人才创新创业基地建设。2016 年新增苏州、成都两个离岸试点基地。成功举办了 2016 中国(昆山)国际创新创业大会和 2016 中国·成都全球创新创业交易会。中国·成都全球创新创业交易会还积极联合中国海归创业联盟开展了中国海外人才创新创业项目大赛。同时,上海与 31 个海外团体建立了合作伙伴关系,多次举办了离岸基地大型对接交流活动。

加强留学回国人员创业能力建设。加大留学人员创业园建设支持力度,提升创业园孵化扶持能力。发挥中国留学人员回国服务联盟和留学人员回国创业专家指导委员会作用,举办留学人员回国创业高级研修班、创业导师走进留学人员创业园等活动,宣传解读政策、开展创业指导,为留学人员回国创新创业营造良好环境。

回国创业的高层次人才规模持续扩大。截至 2016 年上半年,"千人计划"分十二批共引进 5823 名海外高层次人才回国创新创业,其中,创业人才 811 名,第十二批引进创业人才 57 名。2016 年,人力资源和社会保障部部署实施高层次留学人才回国资助、留学人员回国创业启动支持计划、留学人员科技活动项目择优资助、海外赤

① 2015 年的数据,见人力资源和社会保障部发布的《2015 年度人力资源和社会保障事业发展统计公报》,见 http://www.mohrss.gov.cn/SYrlzyhshbzb/dongtaixinwen/buneiyaowen/201605/t20160530_240967.html.2016.5.30。

子为国服务行动计划等人才项目，共遴选639个项目、团队或个人，资助金额达到4801万元。

四、农民工等人员返乡创业发展成效显著

农民工等人员返乡创业积极性明显提高。截至2015年底，农民工返乡创业人数累计已超过450万，约占农民工总数的2%。2015年6月，《国务院办公厅关于支持农民工等人员返乡创业的意见》（以下简称《意见》）下发后，各地区及时出台配套政策，各部门积极推进三年行动计划[①]，多点聚焦、强化力度、协同施策，支持农民工等人员返乡创业。人力资源社会保障部加强工作调度和部门间协作，组织召开农民工返乡创业专题会，推动各地各有关部门进一步细化和完善扶持政策措施并落地生效；加强部省合作，与河南省政府签署共同推进农民工返乡创业工作备忘录，充分发挥典型示范作用，为其他地区开展工作提供有益借鉴。农业部按照“政府搭建平台，平台集聚资源，资源服务创业”的思路，以“创设落实一批政策，搭建一批平台，培育一批带头人，总结推广一批典型模式，建立一套服务体系（五个一）”为工作布局，大力实施农民创业创新服务工程。组织了全国农民创新创业经验交流活动，全国农村创业创新优秀带头人典型案例宣传推介活动，在贵州省遵义市汇川区举办了首届返乡农民工创业创新高层论坛，开通了全国农村创业创新信息网。据初步统计，《意见》实施一年多来，全国有130多万人返乡创业，对活跃农村经济、促进农民增收、推动一二三产业融合发展的作用正在逐步显现。2016年11月，随着《国务院办公厅关于支持返乡下乡人员创业

① 鼓励农民工等人员返乡创业三年行动计划纲要包括7项具体行动：提升基层创业服务能力行动计划、整合发展农民工返乡创业园行动计划、开发农业农村资源支持返乡创业行动计划、完善基础设施支持返乡创业行动计划、电子商务进农村综合示范行动计划、创业培训专项行动计划、返乡创业与万众创新有序对接行动计划。

创新促进农村一二三产业融合发展的意见》(国办发〔2016〕84 号文件)的下发,各地加快建立和完善农村创新创业工作和服务体系,优化创新创业政策环境,营造良好社会氛围,推动农村创新创业工作不断深入发展。

返乡创业园建设助推园区内创业成效突出。目前,吉林已经建成农民工返乡创业基地 203 个,累计扶持返乡创业企业 4 万余户,带动农村就业 27 万人;安徽建成农民工创业园 350 个,覆盖全省所有市(县);河北建有 170 个返乡创业园,实现了 11 个设区市全覆盖,直接带动就业约 7 万人;四川在创建 245 个农民工返乡创业园的基础上,指导 1300 家返乡创业企业组建了返乡创业联盟,通过协作发展提升创业成功率。与此同时,国家发改委会同有关部门于 2016 年 2 月确立了首批 90 个返乡创业试点地区,支持试点地区加强创业园区资源整合,发展返乡创业园,为农民工等人员返乡创业提供更好平台。

农村电商创业快速发展。做电商是农民工等人员返乡创业的重要方式,发展农村电商是中央和地方政府支持农民工等人员返乡创业的重要措施。国家发展改革委依托“完善基础设施支持返乡创业行动”,支持试点地区改善交通、网络、物流等基层设施条件,还分别与阿里巴巴、京东签署了发展农村电商和县乡特色产业的合作协议,支持农村电子商务发展。财政部、商务部、国务院扶贫办开展电子商务进农村综合示范工作,2014—2016 年累计支持示范县 496 个,累计带动农村电商就业 80 余万人。共青团中央实施“农村青年电商培育工程”,推动“千县万村百万英才”项目,联合阿里巴巴、京东、苏宁云商等集团推动农村青年在电子商务领域创业就业;举办中国青年电商群英会暨电商扶贫活动周、寻找“青年电商新锐”等活动,着力培养农村青年电商人才。浙江省较早开展扶持农村电商创业就业工作,截至 2016 年 6 月底,全省培训农村电商人才 11.79 万人次,扶持农村电商创业 3.87 万人,带动就业 18.17 万人。[①]

强化精准服务提升农民工等人员返乡创业发展能力。湖南投入专项资金,开展农民工就业创业重点监测,强化对返乡农民工创业的情况掌握和跟踪服务;贵州围绕实施“5 个 100 工程”[②]、“四在农家·美丽乡村”和“妇女特色手工产业锦绣计划”等项目,开展针对性培训,提高返乡人员专业技能和创新创业能力;各地围绕融资难问题,指导金融机构开发针对性产品,完善抵押质押方式,构建农民工等人员返乡创业多层次融资支持格局;从自身发展实际出发,各地为农民工等人员返乡创业提供各类补贴,减轻创业负担;各地普遍加强了农民工等人员返乡创业的基层服务平台和设施建设,提高创业服务效率和质量。

① 我省大力发展农村电商创业就业取得显著成效,见 http://www.zjnb.lss.gov.cn/zwgk/zwdt/wbyw/201608/t20160801_283639.html。

② 5 个 100 工程指的是打造产业园区、农业示范园区、旅游景区、示范小城镇、城市综合体各 100 个。

第六章　双创示范基地

2016年,区域示范基地、高校和科研院所示范基地、企业示范基地快速发展,围绕制约创新创业的政策障碍积极开展体制机制改革,通过先行先试积累了大量可复制可推广的宝贵经验,成为带动区域经济转型发展、推进改革创新的先导力量,在更大范围、更高层次、更深程度上推进了大众创业、万众创新。

第一节　区域双创示范基地

北京市海淀区:
坚持创新、引领、示范,高标准建设一流双创示范基地

海淀区作为全国首批双创示范基地,深入贯彻实施京津冀协同发展战略和创新驱动发展战略,在更大范围、更高层次、更深程度上落实国家双创工作部署,高标准建设双创示范基地,深化服务型政府建设,强化区域协同创新,加强政策集成创新,优化创新创业生态,积极开展具有时代特征、引领效果、示范作用的先行先试改革,着力打造双创升级版。

一是区域综合经济实力显著增强。海淀区2016年地区生产总

值 5036.8 亿元，实际增长 7.5%。发展质量效益不断提高，5 年来万元地区生产总值能耗、水耗分别累计下降 22.2%、24.8%。**二是创新驱动发展的新格局初步形成**。先行先试引领优势不断巩固，5 年来高新技术企业总收入年均增长 15.4%，高新技术企业实现增加值占地区生产总值 60%左右。创新创业活力日益活跃，近 5 年来技术合同成交额累计 6635 亿元，发明专利授权量年均增长 18.5%。**三是高精尖经济结构基本形成**。创新引领、服务主导的高精尖产业结构有力支撑了经济增长，创客经济、平台经济、共享经济等新模式新经济快速发展。2016 年海淀区三大产业比例为 0.04∶11.13∶88.83，前三大行业信息服务业、科技服务业、金融业增加值在经济总量中占比达到 54.3%，对经济增长的贡献率达 73%。

一、坚持创新引领，打造创新创业策源地

1.服务原始创新，聚焦中关村科学城，着力打造全球知名科学中心的核心载体

以国家科技创新重大专项为重点，加强对科技创新“国家队”的服务保障，依托高校院所、领军企业和创新型企业群体加强协作创新，围绕产业链部署创新链、围绕创新链完善资金链，推进基础科学、战略前沿高技术和高端服务业创新发展，推动一批前瞻性、带动性强的高端原创成果转化落地。围绕国家战略前沿实施产业布局，通过战略投资中国航空发动机集团、集成电路产业集群等重大项目，探索深度参与科技创新“国家队”的新实践。

2.促进协同创新，着力构建新型协同创新共同体

积极探索产学研用合作新模式，全方位深化院地、校地、央地、军地协同创新共同体建设，提升区域技术创新和研发服务能力，提高科技成果转化和产业化效率。推动首都高校院所、高科技企业共建北京协同创新研究院，组建成立 18 个协同创新中心。促进军民深度融

合发展，打造四季青军民融合产业园。支持领军企业开展内部创新和协同创新，建设以领军企业为核心的双创生态圈。

3. 推动开放创新，建设辐射京津冀、面向全国、链接全球的双创服务网络

鼓励高校、科研院所、大型企业向创新创业主体开放共享科技成果、信息服务、科研仪器设备等资源，创新合作模式与利益分享机制。主动参与京津冀协同创新共同体建设，发挥海淀园分园辐射带动作用，将海淀区自身丰富的创业孵化服务标准化，将创业生态整体输出，助力津冀地区创业企业在当地即可享受到优良的双创服务，海淀区企业对津冀两地投资居全市首位，成为京津冀地区重要的创新和投资辐射源头。支持盛景网联在全国建立 300 个创新服务集群中心，整合 1 万家创新创业服务机构，服务于 100 万家中小企业。充分发挥中关村硅谷创新中心、北京协同创新研究院硅谷分院等国际平台作用，着力推进双创全球链接同步互动。

二、坚持高端引领，加速高端要素集聚

1. 创新人才政策，聚集全球高端人才

落实“千人计划”“海聚工程”“高聚工程”等重大人才工程，着力打造高端双创人才聚集高地。深入推动央地人才协同发展，建设高校、科研院所人才与企业的对接合作平台，支持科研人员带技创业、带土移植。率先落实公安部支持北京创新发展的 20 项出入境政策措施，加大外籍人才引进力度，推进国际人才社区建设，吸引和聚集一批形成“塔尖效应”的顶尖人才。2016 年，北京市受理绿卡申请 598 人，460 人获得绿卡。通过建设创客小镇、人才公租房等形式加大对人才服务的保障。

2. 深化金融创新，加快国家科技金融创新中心建设

大力推进中关村科技金融示范区建设，中关村西区、西直门外两

个科技金融功能区聚集金融服务机构超过 600 家,中国人民银行中关村中心支行(国家外管局中关村中心支局)在海淀成立。推进中关村并购资本中心建设,发起设立了 300 亿元的中关村并购母基金,以市场化手段撬动上下游创新资源整合。推进互联网金融创新中心建设,第三方支付和征信企业数量占全市一半左右。着力打造创新资本中心,聚集股权投资管理机构 637 家,管理资本量约 4200 亿元,股权融资案例和获投金额均位居全国前列,创业投资高度活跃,金融创新对科技创新的助推作用不断增强。800 余家知识产权服务机构在海淀集聚发展,海淀区被授予国家知识产权示范城区称号。

3. 坚持疏解与提升并举,探索建设创新型经济聚集区新路径

推动双创与高效开发利用城市低效空间用地相结合,启动中关村大街改造提升,建设中关村智造大街,中关村创业大街成为全国双创策源地,创业社区等新业态不断涌现。按照“科技风、创新路、国际范”的总体定位,启动中关村大街改造提升工程,完成中关村西区业态调整 55 万平方米,中关村大街沿线一批传统电子卖场等业态调整转型成为中关村互联网教育创新中心、中关村科技金融创新中心、中关村智能制造创新中心等。以政府引导、市场化运作模式建设中关村创业大街,形成了“投资+孵化”“创业媒体+孵化”“产业链+平台”等多样化孵化模式。截至 2016 年底,累计孵化团队 1581 个,其中海归和外籍团队 194 个,获得融资 655 个,总融资额 65. 34 亿元,创新创业活动举办 2891 场,入驻机构在国内分支机构总数达到 152 家。积极落实《中国制造 2025》,聚焦支持新技术新产业领域高端高效高附加值的“硬创”,选择智能机器人、可穿戴设备、石墨烯、虚拟现实等新兴领域,打造了全国第一条以智能硬件孵化为主题的中关村智造大街,

聚集了硬创梦工场、Plug & Play 中国总部等一批创新型智能硬件企业及孵化器，推动我国智能制造产业向高端化和国际化迈进。

三、强化政策机制创新，打造先行先试试验田

一是积极推进政策先行先试。在落实中关村"1+6""新四条"等政策基础上，在国家金融监管部门支持下在全国率先开展外债宏观审慎管理、投贷联动、税银互动等试点，着力破解中小微科技企业融资难题。率先在全市开展投资项目四阶段并联审批试点，审批效率大幅提高，投资项目审批事项标准化成为全市标杆。制定出台海淀协同创新券政策，支持中小微企业与科研院所、实验室、科研服务机构开展合作、购买服务，破解中小微企业研发创新难题。

二是探索政府引导和市场机制有机结合，建立促进科技成果转化的"海淀基金系"。坚持金融资本和产业资本并举，强化产业组织能力建设，会同北京市科委、北京大学共建协同创新母基金，联合北京大学、清华大学、中国科学院等高校院所共建成果转移转化基金，累计发起设立产业并购基金、科技成果转化引导基金、知识产权运营基金、股权投资基金等各类市场化基金 40 余支，撬动社会资本 140 多亿元，形成了推动创新发展的"海淀基金系"。

三是推动新技术、新产品、新服务跨界融合的示范应用。海淀区在"智慧海淀"建设、压减燃煤、水环境治理等生态环境建设和城市管理领域，广泛采用中关村高新技术企业的新技术、新产品、新商业模式，在推动民间投资健康发展的同时，有力支持企业创新发展。

四是强化区级层面政策集成和创新。围绕优化创新环境、提升自主创新能力、激发创新创业活力、培育重点产业、服务重点企业，出台了支持方向聚焦化、支持方式市场化、支持领域特色化、

支持对象普惠化、支持标准规范化等特色的“1+4”双创政策支持体系。

四、持续优化政府服务，营造优良双创生态环境

一是着力优化服务，完善全链条创业服务体系。积极对标硅谷等地区创新创业孵化体系，建立创业期科技型企业集中办公区139家，市级众创空间74家，占全市一半以上，初步构建起“集中办公区—孵化器—加速器—产业园区”全链条服务体系。

二是创新政府治理新模式，打造“创业会客厅”双创服务新平台。创新政府有限购买服务与社会机构市场化运作的有机融合，推动工商、税务、园区等多个部门在创业会客厅开展精简政务服务先行先试；同时，吸引专业机构为创业者提供知识产权、人力资源、科技金融、法律咨询等专业化服务。探索“互联网+双创服务”的方式，加强服务延伸和拓展，在线下创业会客厅的基础上，打造创业会客厅升级版——网上会客厅。

三是深化“放管服”改革试点，着力降低双创成本。推行“五证合一、一照一码、先照后证”，降低市场准入门槛；推行企业登记全程电子化试点工作，实现工商登记无纸化、无介质、零见面，降低办事成本；率先试行集中办公区工位注册，对集中办公区统一代办的各项行政审批事项，采取统一办理、联合办理、集中办理等方式，进一步降低双创的制度性交易成本。

四是厚植创新创业文化土壤，着力营造双创文化前沿阵地。积极打造中关村创新创业季、盛景全球创新大奖等一批双创品牌活动，提升双创全球影响力和吸引力。支持区内高校院所、大企业、众创空间、众创空间集聚区建设一批创新创业展示中心，为海淀区优秀科技成果和优质创业项目提供展示平台。积极选取创新创业典型案例广泛宣传，培育尊重创业、敢于创新的双创文化。

天津滨海新区中心商务区：
发挥“双自”优势，建设协同创新创业示范区

天津滨海新区中心商务区作为首批国家级示范基地，依托自贸区和自创区“双自”联动优势，在落实国家创新驱动发展战略方面，取得了一系列积极进展和阶段性成果。2016 年累计新增市场主体 6364 户，注册资本金 2397 亿元，各类企业超过 1.75 万家，其中各类金融及类金融机构 1100 家，管理资产规模超过 2 万亿元。2016 年全区生产总值突破 270 亿元，实现两年翻两番。

一、着力引入创新型领军企业，完善创新创业产业体系

重点整合内外部招商力量，组建专业化招商服务队伍，瞄准双创示范基地产业方向，有针对性地开展定向招商和全产业链招商，取得了一定成效。商务区初步形成了以行业领军企业为龙头，以业务关联企业为支撑的产业发展新格局，创新金融、国际贸易与跨境电子商务、科技互联网、新一代信息技术、文化创意、传媒教育等各类现代服务业呈现齐头并进、竞相发展的良性态势。

二、深入推进金融改革创新，拓展投融资渠道

中心商务区双创示范基地充分发挥自贸区、自创区等叠加优势，积极推进特殊股权结构回归上市、融资租赁试点、股权众筹、跨境并购和海外投资、资产证券化、REITs 基金等业务试点，形成了一批典型操作案例。积极优化金融发展生态，围绕建设金融创新示范区，加快推进机构聚集和业务创新，成立了天津自贸区金融法庭，引入了市仲裁委滨海分中心、中国海仲（贸仲）天津分中心两个专业仲裁机构以及中国金融租赁协会、中国保险中介协会等一批行业协会。搭建

跨境投融资服务平台，通过加强与相关职能部门和专业机构的对接合作，全面打通了跨境投融资服务渠道，进一步充实完善了跨境投融资综合服务平台的境外发债、本外币融资、结售汇便利化、外债管理等功能。通过一系列改革创新举措，进一步优化了创新创业企业发展的金融环境。

三、着力转变政府服务，优化创新创业服务水平

一是加快行政审批体制改革。自贸区挂牌以来，中心商务区行政审批改革围绕“一颗印章管审批”不断深化，始终领跑全市。对外商投资实行“准入前国民待遇加负面清单”管理模式，落实外商投资企业及项目备案制。在境外投资备案、国地税联办等方面形成了一批创新经验。

二是搭建创新创业综合服务体系。通过组建服务管家团队、引入专业服务机构、优化服务流程、搭建 PC 端+手机端的“双创通”服务平台，建立起“线上线下”有机衔接的企业综合服务体系，建立“首问负责、专人对接、一管到底、全程代办”的服务机制，为各类双创企业提供低成本、高效率、便捷化的优质服务。截至 2016 年底，“双创通”平台上累计注册用户 2892 个，生成 2706 笔订单，其中办结 2357 笔，办结率为 87. 1%。

三是搭建创新创业支撑平台。积极建设了自贸区金融服务中心、跨境投融资综合服务平台、京津冀跨境电商产业联盟、京津冀众创联盟、跨境电商公共服务平台、于家堡双创培训平台、政策兑现网上信息化平台等一批功能聚焦、特色突出、业务关联、相互支撑的创新创业支撑平台。

四、加快完善载体配套，提升基地城市功能

一是打造一批众创空间。发挥行业领军企业、创业投资机构、社

会组织等社会力量的主力军作用，发展创客空间、创业咖啡、创新工场等新型孵化器，构建一批低成本、便利化、全要素、开放式的众创空间，为广大创新创业者提供良好的工作空间、网络空间、社交空间和资源共享空间。

二是完善公共配套条件。建成蓝鲸岛公园、于家堡沿河景观、高铁站景观绿化等一批市容景观项目。于家堡环球购地下商业街、宝龙城市广场、天津师大附小、气膜体育馆等一批配套设施已建成投用，滨海新区文化中心和万达商业广场将于2017年竣工，茱莉亚音乐学院、耀华中学附属滨海学校、于家堡第一幼儿园、响螺湾国际医院等一批体现国际标准的配套项目也将在两年内相继竣工投用。

三是建设特色创客公寓。建成金牛座、巨蟹座、狮子座3座创客公寓，公寓建筑面积4.8万平方米，可提供房源681间、容纳1156人，为基地内各类“创客”提供舒适、便利的居住、交流环境。

五、完善协调推进机制，强化资金保障

天津市、滨海新区两级政府大力支持双创示范基地发展，市、区相关部门相继出台了一系列有效举措，形成了支持双创示范基地发展的协同机制。例如，市政府专门设立10亿元双创发展资金，为双创示范基地建设提供了有力资金保障。市公安局制定出台了《天津市公安局关于服务双创特区建设发展落实就业即落户政策的实施意见》（津公人口〔2016〕168号），全面落实了“就业即落户”政策。此外，市人才工作领导小组还审议通过了《支持“双创特区”加快聚集人才率先建成人才改革试验区的九项措施》，为中心商务区更好地聚集创新创业人才注入了新的强大动力。

沈阳市浑南区：

完善政策、公共服务、科技金融三大双创体系，打造浑南创客品牌

沈阳市浑南区位于沈阳“母亲河”浑河南岸，总面积约803平方公里，常住人口约65万人，是全市行政中心、科技中心、文化中心、商贸中心和交通枢纽，也是沈阳全面创新改革试验区的先导区、沈阳自主创新示范区的核心区，肩负着为沈阳振兴发展探索新模式、培育新产业、集聚新动能的历史重任。作为全国首批、东北地区唯一的双创示范基地，浑南区凭借区位交通、产业基础和科技资源优势，依托各类双创园区、高校院所、创新企业，完善“政策、公共服务、科技金融”三大双创体系，探索“龙头企业自主创新、人才团队自由创业、广大创客积极创富”三类双创模式，推进“落实双创政策措施、完善特色示范载体、加快构建众创空间、开放共享科技资源、集聚高端人才团队、加速科技成果转化、营造双创文化氛围、加强双创国际合作”八大重点任务，着力培育良好的发展环境和双创氛围，不断激发各类创新创业主体活力，成功打造了浑南创客品牌。目前，浑南区共有经济实体总数35288户，同比增长23.65%，新注册各类经济实体6749户，同比增长14.86%，其中，新增企业3257户，同比增长24.69%。备案众创空间已达27家（国家级众创空间9家），孵化面积22.3万平方米，在孵项目（团队）1461个；科技企业孵化器10家（国家级孵化器4家），孵化面积105万平方米，在孵企业1040余家，毕业企业636个。

一、完善政策传导机制，促进双创政策措施落地

构建创新创业制度体系。以全面深化体制机制改革为抓手，积极构建政府与市场良性对接、充满活力的新体制和新机制，营造有利

于大众创业、万众创新的制度环境,不断激发市场活力。**一是深入推进简政放权、放管结合**。建立完善权力、责任、负面“三个清单”,进一步理顺政府与市场的关系。**二是加快行政审批制度改革**。通过“再造审批流程、集中实施审批”等改革举措,简化审批环节,缩短审批时限,提高审批效能。**三是深入推进商事制度改革**。整合原工商局、质量技术监督局和食品药品监督管理局职能,组建市场监督管理局;完成企业登记“五证合一”“一证一码”和个体工商户登记“两证整合”商事制度改革任务,简化企业注册登记流程;实行注册资本认缴制,推进市场准入便利化,极大增强创新活力和创业热情。

打通政策措施落实渠道。贯彻落实《沈阳市开展小微企业创新创业基地城市示范工作方案》,打通政策落地“最后一公里”。**一是持续加大众创空间帮扶力度**。深入落实《沈阳市众创空间扶持政策实施细则》,为14家众创空间争取上级资金支持,指导各众创空间通过新模式、新机制、新服务、新文化的有机融合,为广大创业者提供低成本、便利化、全要素的工作空间、网络空间和资源共享空间,有力保障了众创空间的成长和发展。**二是建立支持小微企业发展政策体系**。贯彻实施《沈阳市小微企业创新创业基地扶持政策实施细则》、《沈阳市小微企业创新创业服务机构开展创新创业活动补贴实施细则》、《沈阳市小微企业专利补助实施细则》等政策措施,下发《关于贯彻落实建设全省小微企业名录促进小微企业加快发展意见的通知》,为小微企业和创新创业提供支撑。

二、加大支持力度,完善双创投融资体系

以破解创新创业融资难题为重点,积极构建以政府资金为引导、金融机构和社会资本共同参与,满足各类创新创业主体融资需求的“全生命同期”金融服务体系。**一是设立政府扶持资金**。连续三年每年设立1亿元双创发展专项资金支持各类主体开展创新创业活

动,配套落实各级扶持政策。**二是组织成立科技金融产业联盟**。组织浑南区金融机构、科技企业发起成立科技金融产业联盟,目前联盟成员已突破300家。**三是打造创业投资平台**。加强与国内外知名投资公司合作,大力引进种子、天使等各类投资基金。成立总额度2亿元的浑南区产业引导基金,设立总规模1.49亿元的辽宁省首家流动性债权基金,累计为40家企业提供流动性债券服务31亿元。目前,全区已组建7支各类投资基金,总规模达14.49亿元。**四是完善金融产品体系**。设立总规模1亿元的浑南区风险资金池。以风险补偿保证金的形式鼓励银行、保险和担保公司等金融机构扩大对创新创业的扶持范围和扶持力度。首期已签约推广"税融通""履约保证保险"等7款创新型融资产品,累计为20余家企业授信贷款额度1.059亿元。**五是支持创业担保贷款发展**。将小额担保贷款调整为创业担保贷款,建立创业担保贷款、担保基金正常补充机制,鼓励保险业支持创新创业企业发展。**六是打造优质金融软环境**。出台《浑南区促进金融业发展若干政策》,引导和推动金融机构在试点园区内设立科技支行、科技小额贷款公司、创投和风投基金企业等科技金融专营机构。浑南区金融及类金融机构总数达160家,数量、质量和结构不断优化,初步形成多层次、立体化、全覆盖的便捷金融服务体系。鼓励企业到主板、新三板和区域股权交易中心挂牌融资;支持公司制小微企业通过股权质押、商标专用权质押、动产抵押、生产资料抵押等方式开展融资。

三、加快双创载体建设,完善双创发展支撑体系

加强空间载体建设。按照"规划科学、布局合理、功能健全、突出特色"原则,建设一批低成本、便利化、全要素、开放式的孵化器和众创空间,为创业者、投资人、中介机构搭建合作交流平台。围绕浑南区电子信息、智能制造、生物医药、民用航空、新材料、新能源汽车

等重点产业领域建设众创空间;鼓励龙头骨干企业、科研院所、高校建设众创空间。引进推广创客空间、创业咖啡、创新工厂等新型孵化模式,充分利用沈阳高新区、科技企业孵化器、中小企业创业基地、大学科技园及高校、科研院所的有利条件,为创新创业者提供良好的工作空间和资源共享空间。

加强双创服务平台建设。先后成立科技服务业创新联盟、大数据产业联盟、生物医药产业联盟等 26 个联盟;建设国际软件园、东北超算中心、沈阳软件公共技术服务平台(国家软件服务中心沈阳分中心)、IC 装备技术服务平台等 18 家企业技术服务平台,拥有重点实验室和工程技术研发中心、企业技术中心等研发平台 147 家,在多个领域为不同规模的企业和创业者提供技术服务支持。建立浑南科技大市场,设立公共服务、技术服务、信息和中介服务、知识产权交易、国际合作、科技投融资综合服务等平台。建设一批国家级、省级创新平台,包括工程研究中心(实验室)、企业技术中心、工程技术研究中心、重点实验室,新增一批高新技术企业。支持机器人、IC 装备、数控机床、航空装备等产业与技术开展协同创新。

加强知识产权保护。开展国家知识产权示范园区建设,拥有技术转移机构 15 个(其中国家级技术转移中心 4 个),为知识产权保护、创新成果转移转化提供优质便捷服务。浑南区累计实现专利成果产业化或转移转让 800 余项。推行商标富企、合同帮企、广告兴企活动,浑南区已拥有驰名商标 7 个、省著名商标 14 个、市著名商标 10 个。完善知识产权快速维权与维权援助机制,建立高新区知识产权维权援助中心,重点面向企业、组织及个人提供知识产权维权援助、法律诉讼、知识产权法律顾问等综合服务,推进知识产权维权工作系统和规范化。

四、优化升级创业服务,加快创新创业生态建设

一是积极开展多种形式的创业辅导培训。为创业者提供免费共

享与适当有偿相结合的法律、知识产权、财务、技术咨询等服务培训。**二是发展新型创业服务模式**。积极开展“互联网+”创业服务,促进创业与创新、创业与就业、线上与线下相结合,降低全社会创业门槛和成本。**三是完善面向创业者和小微企业的专业化、网络化服务体系**。大力发展企业管理、财务咨询、检验检测、现代物流等第三方专业化服务,不断丰富和完善公益创业服务体系。**四是开放共享科技服务资源**。制定政策,鼓励各类创新资源开放共享,对创新平台检验检测、工艺验证、产品研制、试验研究等大型仪器设备向社会开放服务的,按照一定比例给予补助。

五、加强双创文化建设,营造创新创业文化氛围

一是加大双创宣传力度。通过媒体宣传、政策宣讲、咨询服务和产业辅导等形式,重点面向科技人员、大学生和农民工宣传创新创业政策,提高创新创业政策的公众知晓度和认知度,提升公众创新创业热情。目前,浑南区共举办或承办“创响中国”巡回接力沈阳站活动、“双创周”、中国创新创业大赛及各类辅导对接会等活动200余场次。**二是强化创新创业素质教育**。鼓励在沈高校实行研究型、创新型和应用技术型办学模式,推动与企业联合成立独立学院,培养具有创新创业精神与能力的新型人才。**三是营造鼓励创新、宽容失败的社会氛围**。对于创业满2年以上但创业失败的,经沈阳市以及上级人力资源社会保障部门核准认定后,比照就业困难人员给予社保补贴。

六、实施人才发展战略,加强高端人才引进培养

一是深入实施盛京人才战略。出台《浑南区人才强区若干政策》,每年设立不少于5000万元的人才专项资金,用于人才引进、培养、激励。**二是创新人才引进机制**。依托国家“千人计划”“长江学者奖励计划”和沈阳市“盛京人才”战略等人才计划,实施浑南区人

才计划，加快创建人才管理试验区。**三是优化人才培养机制**。鼓励企业建立股权、期权等中长期激励机制，不断增加人才收入水平。积极为人才居留落户、子女就学、配偶就业创造条件。**四是鼓励人才创新创业**。重点支持科研人员、大学生、退伍军人以及留学人员创新创业。探索建立支持企业、高等院校、科研院所科研人员创新创业的政策体系。

七、拓宽创新创业渠道，充分激发多元主体活力

一是鼓励电子商务等新兴产业领域创新创业。鼓励有条件地区建设电子商务创业园区，为电子商务创业人员提供场地支持和创业孵化服务。推动电子商务“四进工程”，激发小微企业创新活力。**二是支持农民工返乡创业发展**。贯彻落实《关于支持农民工返乡创业的实施意见》，强化对返乡农民工等人员创业培训工作。**三是探索对外创新创业合作机制**。支持重点园区中外合作项目建设，鼓励依托互联网建设“走出去”综合服务平台。对接发达国家和先进地区，加强在科技研发和成果转化等方面的合作，建设产业合作与创新转化平台。

上海杨浦区：
探索“123”双创发展模式，建设万众创新示范区

2016年5月，杨浦成为全国首批、上海唯一的全国大众创业、万众创新区域示范基地以来，牢牢把握转型发展机遇，强化服务“**一个中心**”①，深度结合“**两个创新**”②，进一步突出“**三区联动、三城融合**”③的发展

① 主动对接上海具有全球影响力的科技创新中心建设。

② 推动创新创业紧密结合城市更新。

③ 立足“校区—园区—社区”联动，凝聚各类资源构建畅通高效的创新创业体系；立足“产城—学城—创城”融合，打造开放包容的创新创业环境，激发双创内生动力。

原则,初步形成具有上海特点、杨浦特色的“123”双创发展模式,努力建设成为创新活动最活跃、创业成功率最高的“万众创新示范区”。

一、推动载体升级,优化双创环境

1. 积极推动四大创新创业街区建设,为双创提供高效的空间载体

国定东路创业者公共实训基地升级,打开围墙,引入京东众筹体验馆、华创俱乐部、IC 咖啡等社会创业服务机构,开展苗圃孵化、创业服务、交流和信息发布,探索由“创业园区”向“创业街区”递进;**大学路街区环境整治**,重点推进创智天地和“金三角”绿带的美化建设;**推进长阳创谷建设**,目前已经竣工长阳创谷二、三期工程,入驻了优客工场、启迪之星、创合社区等在内的 9 家众创空间以及智能云科等高新技术企业;**环上理工街区改造**,加快收储上海理工大学周边的老厂房土地,加以改建利用,拟打造成继“环同济知识经济圈”后以上理工科技园为核心的创新创业街区。截至 2016 年底,区内共建成科技园区 20 个。其中复旦大学、同济大学等国家大学科技园区 7 家,占全市的 54%,入驻企业 11471 家。

2. 在区域内积极扶持重点企业筹建行业孵化器

在基于新技术、新商业模式的新产业领域引进和培育各类新型孵化器。其中,蚂蚁创客、中国电信创翼杨浦、华平 Hopingspace、INNOSPACE+创业社区等已投入运营。目前,区域内已集聚创新工场(上海)、腾讯众创空间、启迪之星(上海·杨浦)等各类众创空间 60 家,服务总面积 14.47 万平方米,在孵创新创业团队近千个。

二、突出市场导向，创新融资方式

1. 国家科技重大专项成果转化基金和上海双创孵化母基金落地杨浦

积极争取科技部国家科技重大专项成果转化基金 100 亿元和上海双创孵化母基金 20 亿元及管理公司落户杨浦，为企业承接转化重大科技成果和创新创业提供资金支持。同时，通过实施母基金带投、社会资金跟进的方法，积极引导社会资金支持杨浦区创新创业，形成了“基金+基地”的良性双创运作支持模式。

2. 推出“贷投联动—双创贷”试点项目

杨浦区先后与中国银行上海分行、江苏银行上海分行、浦发硅谷银行签署了合作协议，共同推出“贷投联动—双创贷”试点项目。该项目旨在帮助科技型小微企业更容易获得银行信贷和风险投资的支持。

3. 设立中小微企业贷投联动引导基金

杨浦区通过该基金，旨在引导和推动合作银行支持实体经济发展，以“银行贷款+认股权证”的创新融资服务方式，为初创期的科技型企业提供银行信贷资金支持。

4. 探索相对完善的双创融资风险补偿机制

探索与上海市中小微企业融资担保基金创新开展贷投联动的市、区合作模式，以进一步扩大科技型小微企业的受益面；对于合作银行在开展“贷投联动—双创贷”业务过程中可能发生的损失，由贷投联动引导基金给予一定比例的风险补偿。

三、联动市场主体，产学协同发展

1. 有序推进与高校签订新一轮战略合作协议

围绕双创，与复旦大学、上海交通大学、同济大学、上海财经大学、上海理工大学等区域内外11所高校签订新一轮战略合作协议。深入推进“复旦创新走廊、环同济知识经济圈、财大金融谷、上理工太赫兹产业园”的规划建设。

2. 积极推动与重大平台深度合作机制

杨浦加快推动与国家技术转移东部中心的有效对接，研究与重大平台深度合作机制，进一步做实科技成果转化平台，抢占技术交易的制高点，促进科技中介的有效集聚，加快市场化进程；加快推进与中国工业设计研究院的合作进程，在服务和促成工业设计引领的产业升级和转型方面进一步引导其理顺体制机制，做好顶层设计，为行业发展降低成本、提高效率，打造成名副其实的有交互功能的平台。

3. 推动区域“产学研用”协同创新

对上海太赫兹波谱与影像技术产业化平台等重点在建项目，加大跟踪扶持力度；对国家北斗科技创新中心、上海脑与类脑智能产业创新研究院、上海基于工业大数据的智能生产平台等拟建项目，加快协调启动，形成支撑区域创新创业和产业成长的“四梁八柱”。

四、营造双创氛围，打造杨浦品牌

2016年，杨浦区积极承接各类双创活动，普及大众双创意识，营造浓郁的双创文化氛围；相继参加了国家发改委和上海市政府专题新闻发布会，借助媒体广泛宣传，打造杨浦双创品牌效应。组织举办了“2016年全国双创活动周”上海分会场活动、上海众创峰会、上海科技金融创新论坛、中国首届众创空间发展大会一系列双创活动。双创活动周期间，杨浦围绕“发展新经济、培育新动能”主题，共举办成果展示、会议论坛、文化传播、群众竞赛、专业服务等170项活动，总参与人数6.6万余人次。杨浦选送的原创歌曲“创响中国”，在中科协、团中央组织的宣传征集中获评一等奖，当选为全国“双创周”主题歌。

五、科学规划空间，共筑双创格局

杨浦积极总结双创建设经验，有效整合空间资源，加快探索创新创业载体建设布局，规划形成了"**西部核心区+中部提升区+东部战略区**"的双创空间发展新格局。在**西部核心区，打造"创新经济走廊"**。构建以五角场城市副中心为核心，以复旦全球创新中心、环同济知识经济圈、大连路总部研发基地为支撑的创新经济走廊。在**中部提升区，构筑"创客生态社区"**。建设一批市场化、专业化、集成化、网络化的众创空间，引进一批国内外有影响力的创客组织和创客领军人才，配套一批创客公寓、文化体育等服务设施，着力形成宜居宜业宜创的活力社区。在**东部战略区，建设"滨江国际创新带"**。北部滨江建设环上海理工大学创新创业街区，围绕"科技创新—文化创意—科技金融"核心功能，传承百年工业文明，全面建设南部滨江，推进国际国内创新领军企业和领军人才集聚，逐步形成全球化创新城市核心功能，逐步形成科技创新与城市更新融合的典型示范区域。

六、确定"三个结合"，强化推进机制

按照上海市政府《关于全面建设杨浦国家大众创业万众创新示范基地的实施意见》（沪府发〔2016〕95 号），明确协调联动工作架构，整合区域各方资源，形成以区委书记、区长挂帅，各部门参与的双创领导小组，强化统筹协调，加快任务推进。

1. 全面推进与重点突破相结合

区双创领导小组每季度召开工作会议，听取领导小组成员和各责任部门对所承担的任务、项目、指标的整体推进情况，沟通协调，决策部署，进一步整合全区政策、资金、产业、载体、人才等要素资源，有效支撑示范基地建设，确保形成制度体系和经验。在全面推进的基

础上，由区创新办牵头抓总，年内重点突破一批先行先试政策和创新引领项目，形成可复制可推广经验和典型示范效应。

2. 市区联手与区校联动相结合

健全与市各相关部委办局的对接协调机制，主动对接争取市对口部门支持，推动实施方案中的政策举措的尽快落地，进一步破解制约科技创新的体制机制障碍和瓶颈难题。同时，加强新一轮高校合作签约后的项目落地，通过区校联手、规划引领、政策支持、学科对接、人才交流等方式，聚焦科技成果转移转化、创新创业人才集聚、新兴产业培育发展。

3. 工作督查与迎接评估相结合

根据年度目标、任务、项目的部门责任分工，列入区委、区政府督查督办及考核体系。各责任部门要制定所承担任务的年度行动计划，明确工作节点和工作措施，按月分析并报告工作进展情况。同时，创新办加强与国家和市的沟通，按照国家督促检查和第三方评估的要求，及时做好迎评和整改各项工作。

常州武进区：打造创新创业的新苏南模式

常州武进区紧紧围绕双创示范基地建设，持续加大创新投入，建强功能载体，加快要素集聚，深入国际合作，推进产城融合，全力打造创新创业的新苏南模式，努力把武进建设成为一个创新创业平台最优、机制最佳、氛围最浓、活力最足的“创新创业之城”。

一、立足科教相融，打造创新创业智慧谷

依托常州科教城这一平台，全力打造研发创新、人才集聚、成果转化和新兴产业的创新创业高地，先后创成国家海外高层次人才创

新创业基地、全国青年创业示范园区、国家级创新人才培养示范基地等,连续三年蝉联“中国最佳创业园区”第二名。目前,园区科技人才总数超过 1.8 万人,其中国家“千人计划”62 人、省“双创人才计划”72 人。新增授权专利约合 4 件/天,其中授权发明专利约合 2 件/天;2016 年新增入驻公司 588 家,累计接近 1900 家,营业收入达到 112 亿元,同比增长 38%。

一是全力建设教育园区。常州科教城现有常州大学 1 所本科大学和信息、纺织服装、工程、轻工、机电 5 所高职学院,拥有专职教师 3000 名,在校大学生 8 万多名,高职毕业生就业率连续 10 年达 98.5%。依托园区大学大院大所发展研究生教育,在读研究生规模超过 1800 人,形成了高职—本科—硕士—博士的“全流程教育链”。

二是全力建设科技园区。中科院在科教城建立了先进所、光电所、数控所、化学所等 6 个实体研究所;院省共建成立了江苏省中科院智能科学技术应用研究院;国家知识产权局在科教城布局了中国(常州·机器人及智能硬件)知识产权保护中心;机械总院江苏分院、湖南大学常州研究院、大连理工大学常州研究院、西南交大常州研究院等 20 多个公共研发平台不断发展壮大。中科院先进所、北化研究院、南大研究院列入江苏省产业技术研究院专业研究所,占全省的 1/4。

三是全力建设孵化平台。建设了智能数字产业园、移动互联产业园、中科院创业园、大学生创新创业园等创孵平台,聚焦智能、设计、信息三大方向。已经育聚国家级高新技术企业 60 家,铭赛、朗恩斯等 7 家企业登陆新三板。

二、立足开放合作,构建创新创业新平台

一是加快推进中以合作。中国以色列常州创新园作为全国唯一一家获得两国政府高层认可及授权的中以合作创新园区,不断健全

合作机制，加强双方对接交流，加快引进以色列高新技术与本地企业对接，促成技术转移或技术授权。目前，园区共集聚中以合作企业55家、专家技术人员45名，设立规模超过120亿元的中以产业发展基金。

二是加快推进中德合作。依托常州科教城和武进国家高新区两大主体优势，加强中德合作，加大德资企业引进力度，借鉴德资企业技术先进、管理严谨的优势，提升企业管理水平。目前，拥有德资企业26个，2016年9月常州中德创新园区被国家发改委和欧盟委员会评为“中欧城镇化伙伴关系示范区”。

三是加快推进中欧合作。依托与江苏省跨国技术转移中心合作共建的中芬绿色创新中心，围绕绿色建筑材料制造、创意设计、高端低碳及绿色制造等重点产业，加强与芬兰企业的对接合作，建设以芬兰为重点、辐射欧洲的国际创新合作平台。首期总投资2.13亿欧元的芬兰FIAC投资集团中芬绿色科技产业园成功落户，成为芬兰及北欧等国绿色建筑相关的上、中、下游系列企业的承载平台。

四是加快推进中俄合作。中俄科技产业园作为江苏省首家对俄国际合作基地，于2016年5月正式落户武进，重点引进俄罗斯、白俄罗斯、乌克兰等国人才和项目，加快技术转移转化，同时向外输出项目，致力打造长三角地区对俄科技合作窗口。

五是加快推进苏澳合作。积极推动苏澳合作园区落户武进西太湖。2016年10月21日，江苏省政府与澳门特别行政区政府在澳门签订关于联合筹建苏澳合作园区的备忘录，标志着苏澳合作园区正式落户武进西太湖。苏澳双方将围绕建设苏澳全面深化合作的实践平台、中国与葡语国家合作项目的承接平台、澳门青年在内地创新创业的落地平台、苏澳青年公务员交流学习和提升专业能力的锻炼平台四大平台展开积极合作，努力将合作园区建设成为“一国两制”框架下澳门与内地合作的示范区。

三、立足量质并举，培育创新创业的主力军

一是壮大市场主体规模。以推动全民创业为主线，按照“非禁即入”的原则，降低创业准入门槛，放宽企业注册条件，壮大市场竞争主体规模。目前，全区市场主体总量达到 12. 37 万户，其中私营企业达到 4. 33 万户、个体工商户 7. 7 万户、农民专业合作社 564 户，平均每四户人家就有一户是老板。新增区级大学生创业园 5 家，扶持创业 2930 人，创业带动就业 8758 人，发放创业扶持资金 3700 万元。

二是推动民营企业提质增效。采取引导大个体升级为企业、促进企业加快转型升级、支持企业上市扩张等多种途径，重点扶持壮大一批发展潜力大、创新能力强、科技含量高的企业，发展附加值高的终端产品，造就了瑞声科技、恒立液压、今创轨道等为代表的一批在行业中占据了重要地位的民营企业；全区每万人拥有企业户数达到 412 户，企业户均注册资本达到 501. 6 万元；私营企业注册资本 5000 万以上的达到 746 户，过亿元的达到 267 户，个体私营从业人员达到 96. 5 万人；高新技术企业 445 家，上市企业 20 家，新三板企业 27 家。

三是强化人才智力支撑。深入实施人才强区战略，大力实施省双创计划、省高层次创新团队、常州龙城英才计划、科教城“金凤凰计划”等人才项目，着力引进和培养科技领军人才和创新创业团队，加快培养产业发展急需的高技能人才。2016 年，引进领军人才团队 71 个，新增各类人才 1. 2 万人，其中国家千人计划专家 4 名，7 名领军人才入围省双创计划、6 名博士入围省博士计划，每万名劳动力中高技能人才达到 920 人，在孵科技型创业企业超过 1000 家。

四、立足资源保障，优化创新创业的软环境

一是提升服务效能。进一步巩固第五、第六轮行政审批制度改

革成果，不断深化“三集中三到位”，严格落实五证一体、重点项目流转服务、重点项目代办、重点项目联合竣工验收等创新服务举措，对外公布行政审批事项目录清单，建立健全事中事后监管机制，为创新创业提供公平、公开的社会发展环境。全区行政审批事项由279项精简到157项，精简率为44%。

二是强化金融保障。加快科技金融合作创新示范区建设，重点发展创业投资、科技支行、科技小贷、风险补偿等多种金融模式，支持中小微企业加速成长壮大。加强银企合作，鼓励金融机构加大信贷支持，鼓励民间资本支持产业发展，组建创投基金和新兴产业基金，为创新创业提供资金保障。为中小企业提供贷款近百亿元，全区产业基金规模达到120亿元；办理各类减免税7.06亿元，兑现各类创业扶持、人才开发资金8000余万元。

三是破解土地瓶颈。出台《农民住房财产权抵押贷款试点办法》，为农民创业提供资金来源。进一步加大土地盘活整理力度，清理批而未供土地，盘活整理土地超过10000亩，建设标准厂房超过100万平方米，为产业转型、项目落地开辟空间。

四是建强功能载体。有效整合人才、资本、金融等要素，加快建设符合大众创新创业需求和特点，集创新与创业相结合、线上与线下相结合、孵化与投资相结合的多元化创新创业平台。目前，全区已建成青武·创客空间、N^3创意工坊等各具特点的众创空间19家，众创项目落户193个，建成1个江苏省农村青年电商创业培育示范基地；建成各类双创载体超过520万平方米，国家级孵化器7家、省级孵化器5家，在孵企业1000余家；建成各类创新公共平台15家、省级重大创新载体5个、院士工作站19家、国家级博士后工作站8家、省级博士后创新实践基地13家、国家级技术中心2家。

杭州未来科技城：
承接阿里巴巴财智溢出效应，打造世界级互联网创业高地

杭州未来科技城获批全国首批区域双创示范基地以来，依托独特的区位、产业、高教和自然生态条件，尤其是阿里巴巴总部所在地这个独一无二的优势，积极承接阿里的财智溢出效应，启动了梦想小镇建设，致力打造世界级互联网创业高地，成为众创空间的新样板、信息经济的新增长点、特色小镇的新范式、田园城市的升级版。

截至目前，累计培育科技型中小微企业超过1000家，市级高新技术企业77家，省级高新技术企业69家，市级研发中心27家，省级研发中心19家，省级企业研究院10家，省级重点企业研究院7家，领军型创新创业团队3支。信息经济、健康医疗、智能制造、科技金融四大产业快速集聚壮大，主要指标实现了超常规、超预期增长。2016年1—12月，未来科技城技工贸总收入和税收分别达到2378.85亿元和148.44亿元，同比分别增长54.5%和42.3%。

一、坚持“人才是第一资源”核心理念

1. 建设全省海外高层次人才最为密集、增长最快的人才特区

作为浙江海外引才的重要平台，在未来科技城建设伊始，就将人才作为第一目标、第一资源、第一动力，坚持人才资源优先开发、人才政策优先完善、人才投入优先保障，全面推进人才特区和人才高地建设。大力搭建创业平台、集聚创新要素、完善创新服务体系，积极与各类中介机构、涉外机构、海外组织谋求合作，深入推进与北京大学、浙江大学等高校及科研院所的战略合作，千方百计吸引海外创新创

业人才，努力打造人才生态最优园区。截至目前，已累计引进海外高层次人才近2320名，其中“国千”106名，“省千”139名，未来科技城成为全省海外高层次人才最为密集、增长最快的人才特区。

2. 加快吸引“新四军”创业

经过多年的探索，“为才而建、因才而兴、求才若渴、惜才如金”已成为余杭全区上下的共识和信条，“尊重人才、服务人才、鼓励创新、宽容失败”的浓厚氛围已经在全社会形成。梦想小镇启动以后，进一步优化升级人才战略，更加注重统筹开发人才资源，在吸引海归创业上保持方向不变、力度不减，同时加快吸引集聚以“阿里系、浙大系、海归系、浙商系”为代表的“新四军”创业，同步推进“精英创业”和“大众创业”两个策源地建设。

二、打造“三生融合、四宜兼具”的一流环境

1. 以最严格的措施保护好生态环境

未来科技城坐拥中国最大的城市湿地——西溪国家湿地公园，在未来科技城核心，还有10平方公里的湿地没有人居住，处于严格保护状态，区域内河道纵横、湿地连片、生态良好，是杭州的天然氧吧。近年来投入巨资以最严格的措施保护好这一方净土，改善湿地生态环境。

2. 促进“产城人”融合发展

坚持引绿入城、引水润城，在良好的生态本底上精心嵌入城市功能，紧紧围绕人的需求建设城市，以丰富的城市功能吸引产业集聚，以深厚的产业集聚提升城市价值，打造“三生融合、四宜兼具”（先生态、再生活、后生产，宜居、宜业、宜文、宜游）的田园城市升级版。统筹推进国际医院、国际学校、人才公寓等职住配套，加快实施地铁、有轨电车、水上巴士、慢行系统等立体化公共交通，努力打造国际化人才集聚的一流环境。

三、构筑充满激情、充满活力的创业生态

环境高于政策，制度大于技术。创业者需要的不仅是一个物理空间，也不仅是资金的支持，而是一个完整的创业生态系统的支撑。因此，未来科技城努力搭好平台，整合好人才、项目、资本以及孵化机构、中介机构、一流大学、龙头企业等各类要素，为创业者提供好充足的阳光雨露空气和养分，让幼苗更好地产生光合作用。目前，梦想小镇已经累计引进孵化平台 35 家，落户创业项目 810 余个、创业人才近 7800 名，集聚金融机构 510 家、管理资本 1200 亿元。此外，在未来科技城内还建成了海创园首期、健康谷 2 个国有孵化平台，重点培育海归创业项目和生物医药企业。这些平台以及平台内的服务机构各具特色、各有所长，成为各类资源整合的重要载体，形成了"百花齐放、百家争鸣"的创业氛围，共同构建了未来科技城良好的创业生态系统。

四、积极构建涵盖企业发展全过程的接力式培育链条

针对初创期、成长期、成熟期等不同阶段，积极整合好政府和企业的资源，通过市场化机制、专业化服务和资本化途径，着力打造"种子仓—孵化器—加速器—产业园"接力式产业培育链条，确保企业在研发、加速和产业化全过程都能够得到空间保障和政策支持。目前，未来科技城内科创园区达到 15 个，总面积超过了 100 万平方米，为广大科技型中小微企业提供了发展空间。当前，正从两个方面入手升级创业链条。一是加快转变财政扶持方式，采用政府引导基金、创业基金、产业基金、贷款风险池的运作，实现政府扶持"直接变间接、低效变高效、分配变竞争、无偿变有偿、事后变事先"5 个变，通过发挥财政资金"四两拨千斤"的作用，带动社会资本，把创新创业各阶段的资金链构筑好。二是深化"523"计划，加快"政府

办园为主变企业办园为主、综合园区为主变专业园区为主、房东收益为主变股东收益为主、税源培育为主变创新主体培育为主、量的扩张变质的提升”5 个变，实现科技创新“523”计划和众创空间的内涵式发展。

五、推动大量支持政策落地

1. 放宽领军型创新人才创业政策

创建杭州市人才生态示范区，在“千人计划”、领军型创新创业团队、海外高层次等人才工程项目中予以倾斜支持。积极探索科技创新创业人才奖励政策、人才专项用房制度。同时在区域内工作的外籍人士、获得境外永久（长期）居留权人才和港澳台人才，符合条件的在缴存、提取住房公积金方面享受与杭州市民同等待遇。

2. 支持创业投资机构投资初创期科技型企业

政府产业基金、科技成果转化引导基金设立的子基金，投资初创期科技型企业、科技成果转化项目所持有的子基金股权或份额，符合条件的允许转让。允许符合条件的国有龙头创投企业建立跟投机制，并按市场化方式确定考核目标及相应的薪酬水平。

3. 强化金融对科技创新的服务支持

鼓励银行业金融机构加强差异化信贷管理，适当放宽对创新型中小微企业不良贷款容忍度，加大知识产权质押贷款、信用贷款等支持力度。支持设立政策性担保公司，为创新型企业和科研机构提供政策性担保业务。鼓励区域内创业投资、股权投资机构加大境外投资力度，支持其与境外知名科技投资机构合作组建国际科技创新基金、并购基金。

4. 完善科技企业孵化器与创新型产业用地政策

对符合有关规定的重大产业项目，给予用地计划指标奖励。对利用原有工业用地建设标准厂房用于孵化器（众创空间）的，在符合规划的前提下进行产权登记并出租或转让,按规定补缴土地出让金。实施综合奖补政策,支持符合条件的交通基础设施项目采用政府与社会资本合作(PPP)模式实施。

合肥高新区:
助推政产学研深度合作,打造源头创新"策源地"

合肥高新区位于安徽省合肥市中心城区西部,是 1991 年国务院首批设立的国家级高新区,面积 128.3 平方公里,常住人口 20.5 万。近年来,合肥高新区全面贯彻党中央、国务院关于大众创业、万众创新的决策部署,加快实施创新驱动发展战略,抢抓合肥综合性国家科学中心核心承载区和合芜蚌自主创新示范区建设机遇,积极引进创新资源、搭建创新平台、集聚创新团队、优化创新环境、出台创新政策、培育创新业态,在创新引领发展方面取得了显著成效,已成为全省战略性新兴产业门类最全、创新潜力与活力最优、金融资本最为活跃、政策集成度最高、人才资源最为丰富的地区之一。

合肥高新区先后获得全国模范劳动关系和谐工业园区、国家生态工业示范园区、国家创新型科技园区等称号;2016 年 5 月,被认定为首批国家双创示范基地;2016 年 6 月,被国务院批准建设合芜蚌国家自主创新示范区,在 2016 年科技部火炬中心发布的国家高新区综合评价中排名全国第 7 位。

合肥高新区坚持统筹服务链、政策链、资金链、生态链、文化链"五链合一",实施科研高新、产业高新、智慧高新、国际高新、活力高新、服务高新"六大高新"工程,打造和传播"高新创业、业创新高"氛围和口碑,加快探索形成区域性双创扶持制度体系和经验,努力建成引领全省、示范全国的"双创特区"。

2016年4月26日，习近平总书记来到合肥高新区，在中国科技大学先进技术研究院观看高新技术企业科技成果展后，发表即兴讲话指出，合肥这个地方是“养人”的，培养出了这么多优秀人才，是创新的天地。希望大家再接再厉、更上一层楼。祝大家创新愉快。总书记的谆谆话语指引着合肥高新区以更高的热情、更大的干劲投入到创新发展的实践，把创新创业作为立区之本和发展之源。2016年，合肥高新区新增企业3537家，各类市场主体累计达18100余家；新增众创空间9家，新认定国家级众创空间5家；新认定国家级高企160家；战略性新兴产业占工业产值45%，建成智能语音、集成电路、生物医药三大安徽省战略性新兴产业集聚发展基地。举办了2016“创响中国”巡回接力合肥站活动，参加了“全国双创活动周”深圳主会场活动与合肥分会场活动。大众创业、万众创新在合肥高新区热潮涌动、蔚然成景。

一、搭平台，加速源头创新

合肥高新区依托周边优质科教资源，力推政产学研深度合作，建设了中国科学技术大学先进技术研究院、中国科学院合肥技术创新工程院等协同创新平台，以双创发展需求为导向，打造源头创新“策源地”，打通从科学到技术再到产业化的链条。以中科大先进技术研究院为例，按照“省院合作、市校共建”原则，建设以微电子与光电子、生物医药、新材料与先进制造等4个战略研发平台为主体，Intel协同创新研究院等47个联合实验室、173个孵化企业为基础的“技术创新生态体系”，已验收、申请和获批专利122项，拉动产业投资3亿元，开发新产品220项。目前，合肥高新区正以合肥综合性国家科学技术中心建设为契机，积极部署建设超导核聚变中心、量子信息国家实验室、空地一体化合肥网络中心、联合微电子中心、离子医学中心、分布式智慧能源创新中心、大基因中心等7大支撑平台，全力打造合肥综合性国家科学中心的核心承载区，与中国科技大学、中国科学院合肥物质科学研究院构成“黄金创新三角”。

二、建载体，打造孵化链条

合肥高新区坚持“市场主导、政府推动、多元投入”原则，打造“众创空间—孵化器—加速器”为一体的全程双创载体链条。鼓励政府部门、企事业单位以及其他社会力量利用老旧闲置厂房改建一批创新型孵化器、新建一批众创空间集聚区，为处于不同发展阶段的双创主体提供空间载体。2014 年，合肥高新区获得安徽省首个“全国科技创业孵化链条建设示范单位”称号。目前，合肥高新区拥有各类双创载体 48 家，包括 22 家众创空间（国家级 9 家）、18 家孵化器（国家级 6 家）、8 家加速器，孵化场地面积达 260 万平方米，在孵企业 3000 余家。为鼓励双创载体发展，合肥高新区还“量身定制”了《关于进一步促进创新型孵化器建设和发展的实施意见》等政策，从闲置厂房改造、房租补贴等方面，重点支持各类双创载体的引进和建设。

三、引人才，集聚核心要素

人才是双创的核心要素，合肥高新区从人才源头抓起，注重人才和其他双创要素紧密结合，着力建设产业、政策、平台、服务“四位一体”人才生态体系，致力打造人才生态最优区，牵引双创发展。合肥是国家四大科教基地之一，拥有中国科技大学等高等院校 60 多所、中国科学院合肥物质科学研究院等中央驻合肥科研机构 14 家、各类研发机构 959 家，在合肥工作两院院士 81 名、各类科技人员 60 多万人、在校大学生近 50 万人。目前，合肥高新区从业人员总量近 20 万人，近 3 年年均增长率约 13%，人力资源总量稳步增长。其中，硕士及以上学历约 2 万人，专业技术职称人才约 5 万人，人才结构趋于优化合理。拥有国家“千人计划”21人,省、市“百人计划”79人,省战略性新兴产业领军人才99人,省“115”、市“228”产业创新团队95个,海外留学人员和外国专家1200余人,是全省高层次人才最为密集的区域。

四、出政策,转变支持方式

园区政策“精准到位”。合肥高新区一直把“精准到位”作为制定园区政策的首要标准。2014年,围绕“产业转型升级”、“鼓励自主创新”两大主题和支持企业发展的“人才”、“科技金融”两大支撑,合肥高新区打造了支持双创的“2+2”普惠政策。2015年,合肥高新区又在全省开发区中率先推出关于推进双创的9条专项政策(以下简称“创九条”),围绕双创企业和团队设立、运营、成长的全生命周期需求,在营造便捷准入环境等9大方面进行“定向爆破”。在支持力度上,近3年来,“2+2”政策和“创九条”已投入20亿元扶持园区企业,与其他先发地区双创政策相比,做到力度不减、覆盖面更广。

打通政策落地“最后一公里”。合肥高新区在打通政策落地“最后一公里”上下功夫,转变政策支持方式,创新推出以“互联网+政府服务”为着力点的可兑现有价电子凭证——“合创券”。企业使用“合创券”向科技中介服务机构购买服务,科技中介服务机构接受“合创券”,按约定向企业提供服务,并定期向高新区管委会申请兑现。2016年4月,首期“合创券”线上发布仅短短一个小时,534家企业将总计价值3000万元的“合创券”全部抢完;第二批2000万元“合创券”在2016年10月“全国双创活动周”合肥分会场上发布,共363家双创企业领券。

五、促融资,优化金融支撑

设立支持双创金融产品。合肥高新区在科技金融产品上不断作创新文章,围绕企业成长的全周期,通过政府增信,贴身设计了覆盖企业初创期、成长期、成熟期的各类支持双创金融产品。例如,设立安徽省青年创业引导资金、“创新贷”、“政保贷”、“税融通”、“转贷资金”等,大力引导金融机构聚焦双创主体,探索攻克融资“最难一道关”。

构建多层次资本市场。合肥高新区积极打造覆盖“境内境外、场内场外、股权债权、全国区域”的多层次资本市场体系。目前自主培育的上市公司和新三板挂牌企业均占全市数量的一半。位于合肥高新区的安徽省股权托管交易中心(区域性场外资本市场)已托管、挂牌企业超过 2000 家,为托管挂牌企业解决融资总额过百亿元。

推出“双引导”创投基金模式。合肥高新区设立政府双创投资引导基金和双创孵化投资引导基金,全方位支持园区企业和双创载体。目前,共组建国资合作基金 16 支,累计投入国有资金 15. 2 亿元,基金总规模 209. 13 亿元,资金撬动比例约为 1 : 13,累计完成投资约 21. 7 亿元。

六、造氛围,弘扬双创文化

合肥高新区积极响应国家号召,积极参与“全国双创活动周”、“创响中国”巡回接力等重大双创活动,同时还打造了区域双创活动品牌“合创汇”。2016 年,全区各类双创活动过百场,通过活动营造氛围,让尊重人才、崇尚创业、鼓励创新、宽容失败的双创文化在合肥高新区蔚然成风。以“合创汇”为例,合肥高新区采取政府购买服务方式和市场化机制,牵手知名创业服务提供商,搭建资本项目路演对接平台,为创业者提供优质公共产品。全年活动采用“6+6”的模式,由资本项目路演和创业训练营两部分构成,逢单双月交叉举办,全年共开展 12 场活动。

福州新区：构建两岸创新创业圈，打造“共建、共投、共享、共担、共荣”的双创港城

福州新区位于福建省福州市沿海，与台湾地区隔海相望。根据国务院同意印发的《福州新区总体方案》，福州新区要打造为两岸交流合作重要承载区。按照这一战略定位，并结合福州地处两岸对接前沿平台的区位优势，福州新区双创示范基地有针对性地提出建设“两岸创新创业圈”，按照“共建、共投、共享、共担、共荣”发展理念，充分发挥地域和政策优势，将两岸双创合作作为推动闽台交流合作向纵深拓展的有力抓手，加强对台双创合作机制创新，着力在两岸双创人才交流培养、金融服务、知识产权、孵化平台等方面开展合作，构建两岸双创合作前沿平台，打造高参与度的两岸青年创业社群、两岸创业资本联盟、两岸技术合作先行区、两岸创新创业合作网络的中心节点。

“两岸创新创业圈”将汇聚海峡两岸的人才、资本、技术和多种利益主体，并成为两岸共同家园的重要组成部分。目前，孵化中心通过闽台两地众创空间及孵化器的合作，搭建“众创空间—孵化器—加速器”为一体的接力式产业培育生态链条模式，在吸引台湾青年创业方面已取得显著成效。福州海峡两岸青年创业孵化中心等 15 个台湾青年实习就业创业平台，累计入驻台湾青年创业企业 201 个、台湾青年创业团队数量 49 个、台湾青年个体工商户 34 个，创业、就业、实习的台湾青年累计 437 人。例如，由台湾高雄青创在福州海峡两岸青年孵化中心设立的众创空间——台创星秀，是台湾青创设在大陆的第一家众创空间。孵化中心联合高雄青创育成中心，已在台湾举办了两场大型政策宣传、项目对接会，对有意愿来大陆的台湾青

年项目进行筛选及预孵化，再将优质的青年创业项目输送往高雄青创在大陆的众创空间，台创星秀已成功引进40多家台湾优质项目入驻。

一、加强组织领导，统筹协调建设工作

确定建设任务分工。福州市政府领导高度重视福州新区双创示范基地建设工作。《国务院办公厅关于建设大众创业万众创新示范基地的实施意见》（国办发〔2016〕35号）下发后，市政府抓紧开展《福州新区创建双创示范基地工作方案》编制工作，并经福建省政府审议通过后向社会公布。市政府多次召开专题会议进行研究，分析福州新区创新创业现状、特点及基础条件，确定创建双创基地的目标和任务，迅速对示范基地建设任务进行分工，明确各有关单位的职责。

成立协调领导小组。为全力推动双创示范基地建设工作，福州市成立了由市政府领导为组长，福州新区管委会、市发展改革委、市科技局、市经信委、市教育局、市财政局、市人社局、市国资委、市科协等单位有关负责人为成员的双创示范基地建设协调领导小组，统筹协调福州新区双创示范基地建设工作，及时研究解决创建中的有关重大事项。

二、明确总体思路，制定合理发展目标

明确总体思路。根据《国务院办公厅关于建设大众创业万众创新示范基地的实施意见》要求，结合福州新区实际情况，提出双创示范基地建设的总体思路。即以深化供给侧结构性改革为指引，以培育福州新区发展新动能为主线，以优化创新创业环境和激发企业主体活力为着力点，加快推动双创要素汇聚形成创新链，依托创新链带动产业链，依托产业链促进就业链，重点开展政府服务、政策、资金、

生态、文化、两岸双创圈6项任务，积极实施7大工程，切实解决政策落实“最后一公里”问题，营造敢拼会赢、海纳百川的双创文化氛围，全力将福州新区打造成“共建、共投、共享、共担、共荣”的双创港城。

量化发展目标。围绕打造双创港城的战略定位，福州新区提出力争经过3年时间努力，实现以下4个目标：一是国内一流的创新创业环境基本形成，二是高新产业加快发展，三是大批人才到新区创新创业，四是双创文化影响力增强。同时，在4大目标中分别设置了若干个指标，使得目标量化、具体化。

三、落实双创政策，降低创新创业门槛

近年来，中央、福建省、福州市先后出台了一系列鼓励创新创业的政策。为了让这些政策落地，真正惠及更多群众，在推进双创示范基地的建设中，福州新区主要做了以下4点。一是深化商事制度改革。全面推行“三证合一”、电子营业执照和全程电子化登记管理，允许企业“一址多照”、“一照多址”，按工位注册企业。允许科技人员、大学生等创业群体借助地址托管等方式申办营业执照。二是发挥税收职能作用。持续深入落实小型微利企业所得税优惠政策，打通政策执行的“最后一公里”。三是简政放权。取消行政审批，享受小微企业所得税优惠实行申报即备案；优化系统及服务，实现自动识别身份、自动计算优惠金额。四是提供创新创业便利条件。各有关县（市）区政府支持完善网络宽带设施，对众创空间投资建设、供创业企业使用、带宽达到100M以上的，可按照其年宽带资费的50%标准给予补贴。符合条件的众创空间，政府投资建设的，给予入驻创业企业2—5年的房租减免；非政府投资建设的，给予房租补贴；对创投机构投资的初创期、成长期科技企业给予3年全额房租补贴。

四、布局重点领域，推进建设创新平台

面向福州新区重点发展的电子信息、智能制造、新材料、新能源与生态环保等新兴产业，围绕产业共性关键核心技术需求，组织实施一批科技重大专项和重大工程，建设一批重大科技研发平台及产业化基地，研发推广一批重大战略产品，培育形成一批创新型骨干企业和产业集群。

推进创新平台建设。福州新区坚持把科技创新平台建设作为加快产业转型升级、完善相关产业配套、改善投资环境、提高自主创新能力、建设区域创新体系的重要组成部分。截至 2016 年底，福州新区已建成 3 家国家级工程研究中心，3 家国家级企业技术中心，59 家省级企业技术中心。

支持科技型龙头企业引进设立研发机构。安排 150 万元支持福建新大陆支付技术有限公司开展"福建电子支付企业工程技术研究中心"建设；安排 150 万元支持福建省锦江科技有限公司建设"福建省功能性聚酰胺新材料重点实验室"。后续将进一步支持福州京东方等大项目建设重点实验室或产业技术创新研究院。

集中省市力量培育发展新兴产业。福州新区重点发展包括芯片研发设计、VR 和 AR 技术、3D 打印材料研发、农业转基因、海洋药物等核心技术，加快大数据和物联网技术应用。例如，东湖 VR 产业基地瞄准大数据应用、"互联网+"、VR 行业运用等新兴产业，依托虚拟现实产业前沿技术，发展 VR 硬件、软件设计、平台分发与内容产品，推动 VR 行业人才、VR 创业投资基金、风险投资基金及 VR 先进技术要素集聚及产业集群。目前，福建省云计算中心政务云主体工程已竣工，正在进行设备调试，基地已与包括世界 500 强企业 AMD、英伟达、惠普、联想、乐视在内的多家企业签订入驻协议。与中国科学技术协会、清华大学、中国新华手机电视台、新华网、国家气象局直属

华风气象集团、华为公司、腾讯公司、中国移动福建公司、暴风集团等达成入园意向。其中，清华大学明确表示将设立VR研究院，定期在东湖VR小镇举办全球一流的VR论坛、全国大学生VR创新创业大赛和VR产业人才专业培训；中国新华手机电视台、华为公司均明确表示将建立VR内容制作中心；中国移动福建公司计划打造移动VR数据中心及福建首个5G试验区。该项目建成后将至少引进500家大数据应用、“互联网+”、VR行业运用等新兴产业企业，聚集2万人以上创新技术高级人才，形成年产值200亿元的大数据应用、“互联网+”、VR行业产业规模，税收达到10亿元，带动VR体验、水世界娱乐等旅游度假达20万人次/年。

五、推进载体建设，形成孵化创业链条

推进众创空间建设。福州新区积极推进重点突出、资源集聚、服务专业的众创空间建设，目前已有众创空间备案42家。其中，省级众创空间6家，市级众创空间27家，并已成功引入3W、启迪之星等国内外优秀创业服务团队。福州海西创业基地获批省级示范创新创业中心，高新区创业基地获批福州市创新创业示范中心。2016年6月，由福州市政府、微软（中国）有限公司、福州云泽信息科技有限公司共同打造的“微软云暨移动应用孵化平台”正式启动运营，该平台将建成服务全国、辐射全球的“创新孵化创业中心”示范园区，目前已招募20多家入孵企业。

因地制宜发展特色众创空间。例如，“左营·佐赢”园区、福州台湾创新创业创客基地等众创空间，均是利用老厂房、旧仓库、存量商务楼宇以及传统文化街区改造成为新型众创空间。

依托高校建立众创空间。高校是创新创业人才的聚集地，依托高校建立的众创空间能够充分利用高校的人才资源和科研实力。目前，福州新区示范基地内的福州外语外贸学院众创空间、闽江学院国

际青年漆艺孵化基地等已获评省级众创空间。例如，闽江学院国际青年漆艺孵化基地是全国唯一以高校为依托的漆艺文创园，该基地结合福州地域文化，开展富有特色创意设计，培育大学生创新创业意识和技能。基地产学研孵化品牌"致道漆器"取得2015年第一届全国青运会特许商品漆器类独家代理权，研发的脱胎漆器得到省、市各级领导的高度赞誉，为福州传统文化的传承和发展作出了贡献。

六、突出对台特点，吸引台湾青年创业

围绕"共建两岸创新创业圈"这个特色任务，通过政策引导、服务优化、环境营造，吸引台湾青年到福州新区创新创业。在政策引导方面，福州市委、市政府高度重视台湾青年服务工作，制定出台《关于鼓励和支持台湾青年来榕创业就业的实施办法》、《台湾青年创业示范基地和推荐示范团队认定及奖励办法》、《福州市台湾青年创业基地场所租金和首次装修改造补贴申报暂行办法》等一系列优惠政策，为台湾青年到福州新区创业就业提供支持。在优化服务方面，依托福州市台湾青年创业就业服务中心，为来福州新区创业就业的台湾青年提供政策申报、项目对接、培训辅导、工商网络、后勤保障等一条龙服务。在环境营造方面，福州新区以设立众创空间为抓手，为台湾青年创业提供良好平台。目前，福州新区内的"左营·佐赢"园区、两岸众创·优空间、福州台湾创新创业创客基地等两岸青年创业基地先后投入运营，福州海峡创意产业园和海峡两岸青年创业孵化中心还被国台办授为"海峡两岸青年创业基地"。

七、加大宣传力度，培育双创文化品牌

充分利用各种宣传手段，加大对双创工作的宣传报道，及时向社会公布《福州新区创建双创示范基地工作方案》，组织做好解读工作，同时通过举办系列活动营造社会氛围。2016年6月17日至21

日，“创响中国”巡回接力福州站举行期间，福州新区会同市发展改革委、市科技局等部门组织相关活动，并进行政策宣讲，介绍福州新区基本情况、规划布局和鼓励创新创业的相关政策。10 月 12 日，全国“双创周”在深圳举办，福州新区在现场设立专门展位，宣传福州新区双创工作做法、特色和成效，网龙公司、福州微软云暨移动应用孵化平台、智造空间、台湾青年创新创业项目——沐品华漆艺等在展会上进行重点展示并赢得了广泛好评。此外，利用海峡青年节加大宣传，塑造海峡双创品牌。从 2013 年开始，福州市连续四年成功举办“海峡青年节”，共有上万人次的两岸青年参加，其中有 5100 多人次台湾青年、近百所台湾院校、百个台湾高校社团、60 多个台湾青年团体参与。“海峡青年节”活动不仅是两岸青年交流的平台，更是台湾青年学生来大陆创业就业的平台。2016 年 8 月，第四届海峡青年节举行期间，福州新区专门对双创示范基地进行宣传，鼓励两岸青年来福州新区就业创业，并举办了“青年、体验、创造——海峡青年创业峰会”及“海峡青年教育论坛”等双创系列活动。目前，福州新区正在建设“海峡青年节”永久性基地——海峡青年交流营地，将于 2017 年第五届海峡青年节活动期间投入使用，届时该基地将成为海峡青年创新、创业交流合作的新平台。

郑州航空港实验区：
三级孵化模式培育双创主体，打造中部双创示范中心

郑州航空港经济综合实验区双创示范基地位于河南省郑州市东南部，规划面积 573 平方公里，包括全国首个航空经济综合实验区（415 平方公里）和郑州国家经济技术开发区（158 平方公里），承担着河南省发展现代产业、扩大对外开放和引领创新发展的重要使命，已经成为中原经济区、航空港经济综合实验区、郑洛新自主创新示范

区和河南自贸区四大国家级战略的重叠区。航空港实验区实行“两级三层”（省、市两级政府，省、市航空港实验区领导小组、航空港实验区党工委和管委会三层）管理体制，率先在全省范围内实现国家、省、市、区四级双创政策集成联动，努力建设中部地区具有国际影响力的区域双创示范中心。

一、2016年示范基地发展成效

按照《郑州航空港经济综合实验区大众创业万众创新示范基地建设工作方案》确定的重点任务，围绕“2016年夯实基础、2017年优化提升、2018年深化发展”的建设思路，航空港实验区持续加大工作力度，示范基地双创工作取得了初步成效。

双创孵化平台建设方面。重点实施“创新创业综合体”集群建设工程，先期布局建设了16个集科技企业孵化、创新研发和生活配套于一体的创新创业综合体。2016年底，综合体已建成面积超过230万平方米，累计新引进双创项目（企业）340个。国际贸易中心、恒丰科创中心即将投用，中兴新业港、联东U谷·经开国际企业港、阿里云中部创新创业基地、兴港大厦等综合体正在加快建设。建有郑州高新技术创业中心、郑州经开区留学人员创业园两个国家级科技企业孵化器，以及河南留学创投创业中心、空港创业中心2家省级孵化器，手机产业园成功获批国家级科技企业孵化器，台湾科技园成功申报省级众创空间，集聚创客汇、第四象限企业孵化器、豫满全球跨境电商孵化器、云之咖啡等8家被认定为市级孵化器、众创空间。2016年，示范基地入驻双创项目和创客团队170多个，创新创业载体在孵企业达到1600余家。

双创支撑平台建设方面。引进或建设一批技术创新、创投基金和公共服务平台，与中国科学院、浙江大学、西安交通大学、大连理工大学等合作共建了中国科学院软件研究所郑州基地、浙江大学河南技术转移中心、国家级重大基础设施检测修复技术国家地方联合工程实验室、重大装备制造郑州研究院等。同时,与中科院软件所共同发起设立2亿元的中科空港创投基金,专项用于扶持航空港实验区双创工作,元明资本、普思资本、点亮资本等创投机构相继落户。建筑面积5000平方米的双创服务大厅、双创云服务平台已启动建设,小微帮办、悦达工商、中检集团中原农食产品检验检测中心、第三方生物医学检测平台等已投入运营。

双创资源汇聚工程方面。积极开展"智汇郑州·1125聚才计划",启动实施"航空港实验区创新创业人才领航计划",拥有院士3名、"千人计划"专家32名、"百人计划"人才5名、科技创新领军人才140名、科技创新团队150个;设立院士工作站10个、博士后工作站6个,国家级专家服务基地、约翰·卡萨达教授工作室等投入运转。实施"源头孵化",加大与省内外高校和科研院所的合作对接力度,与中英化学联合会、中国科学院等国内外科研机构建立了战略合作关系,拟与新加坡南洋理工大学合作成立新材料新能源产业研究院、与美国硅谷合作成立跨国技术转移及联合孵化基地,推动孵化链条向前端延伸,实现航空港示范基地双创工作与双创资源密集区域的有效链接。

双创生态环境优化方面。精准落实国家双创扶持政策,打通政策落地"最后一公里",出台《河南省人民政府关于大力推进大众创业万众创新的实施意见》、郑州市人民政府《关于引进培育创新创业领军人才(团队)的意见》等支持政策20多项,航空港示范基地出台《关于建设国家双创示范基地和国家自主创新示范区的若干政策》等一系列政策,从土地、资金等方面给予支持,营造有利于双创工作和人才集聚的生态环境。

双创社会氛围营造方面。郑州市政府、航空港实验区成功举办中国(郑州)国际创新创业大会、"海外人才中原行"暨人才与项目洽谈会、第二届中国创客领袖大会、“青年创业节”暨航空港实验区首届创新创业大赛等系列活动，开展优质项目路演推介活动130多场次，政策宣讲对接会80多场次，项目资本对接活动50多次，创业辅导培训30多场次，充分调动社会力量参与双创，营造了浓厚的双创氛围。

二、示范基地建设主要做法

一是强化协调联动，推进服务政府建设。为加快航空港示范基地建设，郑州市政府成立了双创示范基地建设工作领导小组，建立了由市长任组长、常务副市长和分管副市长任副组长的市级协调机制。同时，优化政府服务职能，消除行政审批中部门互为牵制的认可程序和条件；加快政府职能转变，推进商事制度改革，编制了航空港示范基地部门责权清单，依法公开管理权限和流程，提升行政效能。推进一站式双创服务大厅和双创服务云平台建设，打造“线上+线下”双创服务体系。

二是完善政策措施，促进双创资源集聚。积极落实国家、河南省、郑州市扶持政策的同时，注重前瞻性和引领性，制定综合性的航空港示范基地扶持政策，设立国家双创示范基地建设专项资金，统筹用于普惠性政策落实、建设平台载体、科技金融结合等方面，强化政策引导。突出常规政策和特色政策相结合，细化具体操作办法，出台N项实施细则和专项政策，形成“市+区”、“1+N”的双创政策体系，吸引社会资本支持，促进双创资源集聚。

三是建设双创载体，提升双创服务水平。依据航空港示范基地总体规划，打造各类开放式创新创业平台，支撑核心区和辐射区的环境优化，采用“三级孵化”模式构建载体体系，实现示范基地与创新源头的连接互动。实施“创新创业综合体”集群工程，集中规划建设集孵化器、加速器、配套公寓和服务设施为一体的双创综合性孵化载体，打造适应航空港示范基地建设的载体体系。鼓励老旧企业利用闲置厂房改（扩）建双创载体，对利用废旧闲置厂房、楼宇和存量资产，改（扩）建双创载体的，给予其实施场地改造及公共技术设备设施购置费最高 300 万元的补贴。

四是培育双创主体，激发双创发展活力。坚持以创业促进创新、以创新引领创业，突出行业领军企业带动作用的同时，激发中小微企业创新活力，对获得国家、河南省重大科技专项的实行 1∶1 配套扶持，认定为高新技术企业的给予一次奖励 30 万元。按照“三级孵化模式”，实施“创新主体培育计划”，针对“苗圃计划”、“雏鹰计划”、“小巨人计划”，实施具体的支持政策，加大对成立 3 年内初创企业的扶持力度，给予租金补贴和中小企业备案奖励，导入创新资源，激活人才创业，推动企业创新，使企业真正成为双创活动的主体。

五是引进双创人才，搭建双创发展智库。落实国家“千人计划”、河南省“百人计划”和郑州市“1125 人才计划”，实施“郑州航空港经济综合实验区创新创业人才领航计划”，设立人才专项资金，对作出突出贡献的高层次人才和科技创业领军人才的创业团队，每年评选出一定数量的优秀团队，给予最高 100 万元的奖励。建设高端人才社区，支持高端人才创新创业。设立大学生创业园，激发大学生创新创业动力；探索释放体制内人才创新创业新模式，吸引海内外豫商回归创业。推行“人才+项目、人才+产业、人才+课题”的培养开发模式，建立协同创新机制与实用人才定向培养机制。

六是开展双创活动，打造双创文化品牌。围绕打造中西部地区双创大赛的知名品牌，航空港示范基地面向全国征集优质项目，通过开展项目路演，遴选优秀双创项目入驻。围绕打造“创业航空港、圆梦实验区”双创文化品牌，积极与《中国青年报》、《河南日报》等省内外媒体进行合作，宣传双创示范基地新动态、新成效、新面貌。同时，开展双创主题论坛、组织双创培训活动、制作双创宣传标识，营造关注双创基地、理解双创内涵和支持双创发展的社会氛围。

2017 年是示范基地建设的优化提升年，郑州市将围绕区域性双创示范基地的总体定位和航空港实验区双创示范基地的建设任务，转变政府职能、完善政策体系、强化三级联动，努力实现示范基地工作新提升，力争向具有国际竞争力的区域双创示范中心再迈进一步。

武汉东湖高新区：构建“双创先行区”，打造“政策试验田”

武汉东湖高新区始终围绕科教优势，构建促进成果转化政策体系；始终围绕市场主体，搭建创新创业服务平台；始终围绕体制改革，优化双创政务环境；始终围绕光谷创新文化，营造双创环境氛围，探索成果转化新机制、构建要素聚集新磁场、建设公平竞争环境、弘扬敢闯敢干新文化，全面打造“双创先行区”和“政策试验田”。2016 年，东湖高新区新注册市场主体 16652 户，同比增长 29%，新增企业 12614 户，增长 28.8%，平均每个工作日新增企业 51 户，累计注册企业超过 4 万家，高新技术企业由 2012 年的 409 家增加至 1396 家，居全国高新区前列。

一、注重双创工作机制保障

湖北省政府成立双创示范基地建设指导小组，武汉市政府成立双创工作领导小组，东湖高新区管委会成立建设实施小组，并设立“双创办”专班推进。在湖北省发改委、武汉市发改委的指导和支持下，编制完成《2016 年湖北省武汉东湖新技术开发区双创示范基地建设工作方案》（以下简称《工作方案》），通过国家发改委组织的专家论证，先后经武汉市政府、湖北省政府审议通过，已上报国家发改委备案。举办专题新闻发布会,向媒体、孵化器、众创空间和创业者公布《工作方案》主要内容。

二、系统完善双创政策体系

一是加强双创支持政策和力度。系统实施“青桐计划”、“创业光谷”等政策,出台《武汉东湖新技术开发区关于加快推进众创空间建设发展的支持意见》、《武汉东湖新技术开发区关于促进“互联网+”发展的若干政策(试行)》,设立的专项资金分别为2亿元和5000万元,正在设立“互联网+”创业投资基金;开展瞪羚企业认定,高新区瞪羚企业数量为299家,开展光谷瞪羚企业硅谷“555”游学计划。启动2016年度东湖高新区科技创新券发放工作,向331家企业发放总计5000万元的科技创新券。

二是完善人才引进和服务。开展第9批光谷“3551”人才计划引进工作,推进“光谷城市合伙人”计划实施,支持建设企业博士后科研工作站和企业人才示范基地,定期举办“333”会加强人才保障和服务,截至目前,聚集326名“千人计划”、152名“百人计划”、1238名“3551光谷人才计划”,4000多个海内外人才团队、4万多名高层次人才到高新区创新创业。

三是强化科技金融支撑和改革。东湖高新区是武汉城市圈科技金融改革创新试验区的核心区。充分发挥政府财政引导作用,建立风险投资补偿机制,联合银行等金融机构,开展“萌芽贷”等系列创新产品,开展股权质押等新型业务。促进投贷联动试点正式进入实施阶段,汉口银行等3家银行为奋进电力等3家科技企业发放投贷联动贷款1.15亿元。建立了覆盖3.6万家企业的信用增进体系,搭建了线上/线下双重投融资信息对接平台。设立股权激励代持专项资金,先后共推动50家国有企业及校办企业开展股权激励试点,已累计向10家企业借款1.5亿元。

三、努力汇聚双创资源

东湖高新区形成了以大学生创业者、科技人员创业者、海外归国创业者、连续(衍生)创业者等为特色的创业“新四军”。举办2016“楚才回家”硅谷站活动、2016华人华侨创业发展洽谈会。集聚各类金融及服务机构超过1500家,其中银行科技支行达到18家,是全国科技支行最密集的区域之一;证券、保险机构超过20家;担保、小贷、金融租赁、融资租赁等金融服务机构50家;股权投资机构700家;新型要素交易平台16家。企业在境内外上市36家、在新三板挂牌企业117家,推动3000余家企业通过创新产品融资超过900亿元。推进湖北首家知识产权孵化器启动,推进知识产权示范园区、国家知识产权局专利审查协作湖北中心、首家光通信行业国家专利导航产业发展实验区建设,积极筹建知识产权法院。推进获批国家技术标准创新基地。

四、大力弘扬双创文化

东湖高新区一直弘扬“鼓励创新,宽容失败”的文化,积极营造“让创业变成一种生活方式,创新变成一种人生追求”的氛围,形成一种“创业—成功—再创业”、“创业—失败—再创业”的光谷文化和潮流。东湖高新区开展创新创业活动日均达6场之多,“天天有咖啡、周周有路演、月月青桐汇”的创业氛围日益浓厚,大众创业、万众创新的局面正在加速形成。

湘江新区:
建设中部创新创业领航区

湖南湘江新区(以下简称“湘江新区”)深入推进国家双创示范基地建设,不断优化双创环境,壮大创客群体,双创氛围不断向好,双创对稳增长、调结构、促就业的作用日益显现，为湘江新区打造中部地区创新创业发展的领航区，为长沙建设国家创新创意中心提供了强有力的支撑。

2016年以来，湘江新区新增市场主体快速增长，新增市场主体2.3万余家(公司法人18003家)；双创平台大幅增长，新建众创空间5个，总面积3.5万平方米，境内已聚集各类众创空间、双创平台共计超过53家，空间使用面积超过150万平方米；战略性新兴产业持续增长，全年实现高新技术产业增加值785.7亿元，同比增长9.7%；资本市场发展迅速，新增上市企业两家，新区上市公司总数超过40家，占全省40%，新三板挂牌企业2559家，为去年同期的2.4倍；双创人才加速集聚，新增5人入选国家"千人计划"、新增14人入选省"百人计划"，累计入选"千人计划"13人、"百人计划"42人，聚集各类从事创业人员3万多人，海外创新创业人才3000多人，形成了国内重要的创业人才生态圈。

一、科学布局——优化创新资源配置

构建"一核一圈多点"的双创空间格局，以长沙高新区麓谷科技新城为中心，突出自主创新示范区建设，打造长沙高新区创业服务中心为重点的综合性众创空间，形成多样化高端双创核心聚集区；实施岳麓山大学城优化提升工程，以中南大学"双创引擎"为核心，以湖南大学、湖南师范大学"两山一湖"双创基地为支点，形成以中南大学、湖南大学、湖南师范大学、湖南商学院、湖南涉外经济学院、湖南第一师范学院、湖南财政经济学院为重点的高校创新创业教育体系和创新创业训练体系。

二、筑巢引凤——构建创新创业平台

1.搭建创新平台

发挥国防科技大学、中南大学、湖南大学、湖南有色金属研究院等30余所高等院校、科研机构及10余所职业技术学院的优势，建设中南大学科技研发总部、湖南省大学科技产业园、湖南省高等院校知识产权运营服务中心和湖南省首家大学生创新创业基地，充分发挥湘江新区智力资源和科研优势，加速科技成果孵化、转化和产业化；建设长沙智能制造研究总院、湖南航天新材料研究院、中科院天仪空间研究院、长沙智能驾驶研究院等产业研究院，并与清华大学、武汉大学、中南大学、长沙矿冶研究院等建立技术合作关系和企业研发中心，构建企业与公共研发机构、本地科研机构与外地科研机构相结合的技术创新平台。

2. 建设双创载体

创新型众创空间超过30家，创业服务机构超过200家，建立青年创业公寓和创业社区，形成以麓谷企业广场、58众创、"两山一湖"双创示范基地、猪八戒网互联网双创示范基地、黄金创业园、金桥众创空间为代表的众创机构聚集区。

3. 搭建国际合作平台

建成侨梦苑、留学生创业园、中意技术转移湖南分中心、中德有色产业园，长沙高新区国际科技商务平台吸引15家国际组织入驻，国际技术转移转化中心加入欧洲企业服务网络（EEN），并与意大利、法国、德国、新加坡、韩国等国建立紧密合作。

三、优化服务——营造优良双创环境

1. 理顺双创工作机制

成立湖南湘江新区国家大众创业、万众创新示范基地建设领导小组，由管委会主要领导任组长，管委会副主任和新区范围内园区、区县主要负责同志任副组长，领导小组下设办公室，由新区管委会经济发展局负责基地建设日常工作。建立双创示范基地建设联动机制，形成湖南湘江新区国家双创示范基地建设工作领导小组负责统筹各项工作，各园区、区县切实履行主体责任的工作机制，同时积极争取湖南省、长沙市及各级部门加强对示范基地建设的支持和指导。

2. 优化政务服务环境

全力打造“政策最优、服务最好、成本最低、效率最高”的新区政务；推进商事制度改革，全面落实“三证合一”，降低初创型小微企业创业门槛；在全省率先开展“一址多照”、集群注册试点，为创业者提供便捷服务；在新区内各园区、区县建立了以街道（镇）服务站、社区（村）服务中心为基础的纵向服务体系，设立创业服务窗口；引进专业服务团队，开展创业辅导、创业培训、证照办理、税费减免、政策咨询等全工程、全方位的服务。实施创业型街道（镇）、社区创建活动，为创业者提供“一条龙”、“一站式”精准便捷的现代网上服务。

3. 改善双创融资环境

积极构建创业、创新和创投的“铁三角”，成立湖南省内首批科技银行，在全省首推纯信用的知识产权质押贷款，开展“统贷统还”批发信贷；发起省内首支天使基金，成立全省首支科技成果转化基金、人才基金、引导基金、科技成品转化基金等；打造科技金融大厦、中小企业金融服务中心、省股权交易所和技术产权交易所等平台机构，引进各类投融资服务机构 300 多家，累计为企业提供资金支持 100 多亿元；建设湖南省股权众筹中心，发展以互联网金融为核心的共享金融，重点发展实物众筹、股权众筹和互联网借贷等业务。引导和鼓励创业企业在新三板和区域股权交易市场进行挂牌融资。撬动社会资本，以湘江新区出资 30 亿元撬动社会资本，建立总额 300 亿元的湘江新区产业基金，大力发挥政府引导基金、金融服务平台、科技金融的作用，结合中小微双创企业特点，形成科学合理的双创金融支撑体系，引导企业利用金融工具做大做强。

四、浓厚氛围——宣传树立典型双创品牌

1. 打造示范品牌

以“麓谷·创界”为品牌核心，授予一批双创示范园、双创示范基地、示范孵化器、双创示范空间，依托全国首批科技与金融结合试点基地、国家科技服务业试点基地等国家级基地，打造影响中西部的创业品牌。

2. 举办特色活动

2016年以来，湖南湘江新区先后举办岳麓创业学院、大学生创业沙龙、移动互联网岳麓峰会等双创品牌活动，举办创业指导、融资服务、项目路演、政策对接街道各类服务活动200多场次，参与活动的创客和大学生逾2万人。9月12日至13日，“创响中国”巡回接力活动长沙站在新区举行，共举办了5场主场活动，5场区县园区自选活动，评选出了10家示范性众创平台和10大创新创业领军人物。

3. 发动媒体宣传

湘江新区先后在《湘江早报》、《长沙晚报》、《湖南日报》、红网等媒体开辟湖南湘江新区国家双创示范基地建设专栏，运营湖南湘江新区双创公众微信号，评选湖南湘江新区双创领军人物，通过网络、报纸、电视广播等线上线下多层次多角度报道传播，树立双创典型、解读双创政策，推介有湖湘特色的双创文化，让湖湘创新创业成为一种潮流。

五、引领未来——培育创新性产业集群

1. 提升产业结构

积极推进去产能、去库存、去杠杆、降成本、补短板综合施策。装备制造、有色金属等传统产业去产能速度加快。2016年，新区实现

地区生产总值 1801.12 亿元，首次突破 1800 亿元，同比增幅 11%，增速分别高于全省、全市 3.1 个百分点和 1.6 个百分点。有色金属加工行业实现产值 885 亿元，装备制造业产值 617 亿元，产值占新区规模工业产值比重下降至 40%；电子信息、生物医药、新材料、新能源与节能环保等新兴产业产值占规模工业比重加速上升，已接近 60%；服务业短板加速弥补，医疗健康城、洋湖总部经济区、滨江金融商务区、大王山旅游度假区、望城滨水新城、宁乡沩东新城等现代服务业平台建设加快推进，新建成、开工和引进步步高梅溪新天地、海昌、卓伯根、湘江欢乐城、恒大医疗健康城等一批现代服务业项目。2016 年新区三大产业占比为：2.7%、65.2%、32.1%，一、二产业占比相较 2015 年分别下降 0.2 个百分点、2.5 个百分点，第三产业占比相较 2015 年提高 2.7 个百分点，三大产业对 GDP 增长的贡献率分别为 1.4%、45.1%和 53.5%。

2. 大力发展新兴产业

2016 年，新区高新技术产业全年共投入研发经费 89.1 亿元，同比增长 9%，比 2015 年提高 1.2 个百分点，实现高新技术产业产值 3233.7 亿元，同比增长 10.9%；全年新区新增移动互联网企业 1500 余家，谷歌、腾讯、阿里、百度、58 同城、猪八戒网等知名互联网企业相继落户新区，行业企业总数已达 3200 多家，近两年年均增长达 100%；聚集军民融合企业 100 余家，其中北斗导航应用企业 60 多家，占全省 80%；实施“柳枝行动”计划，助推移动互联网企业加速发展；引进了卡友支付、亿科思奇、北京优股、广州酷狗、“阿里云创客+”等重大移动互联网合作项目；加快首批湖南省、长沙市智能制造示范企业试点项目建设，梦洁家纺、九芝堂、长缆电工等传统企业开展智能工厂改造，生产效率提高 30%，成本减少 20%；智能装备取得重大突破，华曙高科工业级 3D 打印系统、威胜集团的智能用电管理终端智能工厂试点入选全国智能制造试点示范项目，全力推进智能网联(无人驾驶)汽车研究院和测试场建设,中电软件园北斗产业研究院和集聚区加速推进,航天环宇、景嘉微电子的航空航天智能设备填补国内空白,三诺生物、梦洁家纺等企业开展个性化定制服务,金蝶互联、科创信息等开展云计算和大数据应用,拓维信息、潭州教育等远程教育高速发展,中信戴卡、长城电子、格力电器、中国通号等抢占世界产业制高点的项目加速聚集。

3. 聚集全球资源

2016 年,湘江新区已签约项目共计 167 个,总投资 9145 亿元,其中产业项目 138 个,总投资 3650 亿元;基础设施项目 17 个,总投资 3185 亿元;金融合作项目 12 个,总投资 2310 亿元;引进 100 亿元以上项目 4 个、50 亿元以上项目 26 个,其中,总投资 500 亿元的长沙恒大童世界、总投资 300 亿元的梅溪湖国际健康城恒大养生谷已开工建设,200 亿元的梅溪湖亿达健康科技城、100 亿元的清控科创控股股份有限公司落户新区。海信电器长沙基地、海尔无线智能制造产业园、湖南航天麓谷产业园、军民融合产业园、北斗微芯产业基地、尖山湖国际创新中心、中电信息安全产业基地、中汽(湖南)汽车服务产业基地、湖南大学创新创业园、平安金融产业园、中信戴卡、中铝晟通、楚天智能、储能技术创新科技研发制造中心、远洋集团金融综合体等项目签约落地或开工建设。同时,引进了智能驾驶测试场、格力智能制造、沃特玛、三湘银行、吉祥人寿等一批引领性项目。

广州高新区科学城:
突破瓶颈、探索经验,全面推进示范区建设

广州高新技术产业开发区科学城园区作为全国首批双创示范基地,按照扬长补短、突出特色的思路,利用科学城园区原有良好基础条件,重点在引导要素投入、突破政策障碍、形成典型经验上下功夫,

扎实推进示范基地建设取得成效。

一、大力开展双创活动，营造创新创业良好氛围

一是开展了2016“创响中国”活动。邀请国家发改委宏观研究院专家解读《国务院关于加快构建大众创业万众创新支撑平台的指导意见》等文件出台背景、主要内容、实施细则及成功案例。广州市、广州开发区相关职能部门分别就市、区的双创政策进行宣讲，鼓励和引导创业者来广州双创示范基地创新创业。在开发区实训基地举行了以“创业培训创新眼界，‘创响中国’创新天地”为主题的创业培训活动。6月至9月，科学城园区双创示范基地继续以不同形式举办政策宣讲、创业培训、创意设计、成果转化服务峰会等系列后续活动。

二是开展了多种形式的特色双创活动。10月12日，在萝岗会议中心举办2016年全国大众创业、万众创新活动周广东省分会场活动启动仪式及相关活动，广州高新区紧密观照企业及各类双创主体的需求，开展实物或图片的线上线下成果展示和成果宣传、各类研讨会、项目路演、技能培训等多种形式的特色双创活动，集中展示双创活动优秀成果，充分调动各方双创积极性，为推动广州高新区进一步形成创新创业热潮营造良好氛围。

二、积极引导双创要素集聚，大力构建创新创业要素高地

2016年，新引进院士2人，累计34人；新增国家“千人计划”人才12人，累计62人；新增国家“万人计划”人才2人，累计3人。广东省“珠江人才计划”创新创业团队16个、领军人才7人；广东省“特支计划”创新创业领军人才15人。155家人才创业企业成长成为“瞪羚企业”。集聚了生物医药、新材料、新能源等各类研发机构400余个，2015年专利申请数和授权数分别达到6956件和4750件，分别增长15.3%和19.2%，均占广州市的20%以上。示范基地内培

育了上市企业42家，新三板挂牌企业98家，股交中心挂牌企业414家。形成以中新、中欧、中以合作为主体的全方位、多层次、宽领域的开放发展格局，促进了资源链接国际化。

三、着力突破制约双创的政策障碍，塑造创新创业的良好生态

重点在制约创新创业发展的科技政策、人才政策以及创业投资上积极突破。

一是在原有科技政策基础上进一步完善和创新。以《广州开发区、黄埔区关于加快建设创新驱动发展示范区国际创新资源集聚区的决定》为统领，细化科技资金管理、"瞪羚企业"扶持认定、创客空间和孵化器培育扶持等7个方面的具体扶持政策，形成了"1+7"科技政策体系。2016年以来，在各园区、孵化器组织开展科技政策宣讲活动共8场，参加企业1500多家，参加人员2000余人。

二是切实把人才摆在优先发展的战略位置。系统推进"创新创业领军人才引领、国际金融投资人才聚集、企业经营管理人才带动、骨干和紧缺人才支撑、专业技术人才保障"等5大人才工程，完善人才引进、培养、评价、激励、服务5大工作机制，力争实现人才流动、国际合作、职称评审、股权激励、成果转化、平台建设、创业投资、金融支撑等8个方面的政策突破，为创新创业提供坚强的人才保障。

三是大力支持创新创业投资发展。逐年加大财政对科技创新的投入，强化科技专项资金的杠杆作用，创新财政资金投入机制，探索"拨改贷"、"拨改投"、无偿资助与有偿资助并行，事前资助与事后资助结合的研发资金投入机制。设立区创业投资引导专项资金、战略性新兴产业企业信贷风险补偿基金，鼓励股权投资机构对科技型中小企业中长期投资，并给予相应补助。大力发展以天使投资为重点的创新创业投资，鼓励企业引入投资，对孵化期、初创期和早中期的

企业完成引入创业投资或众筹平台股权投资的给予一次性补助。进一步强化“融资汇”、“瞪羚咖啡”等投融资对接活动平台建设。

四是努力探索双创孵化典型经验,加快形成可复制可推广的双创模式。重点在孵化模式创新和协同创新平台建设方面加强探索,努力形成可复制可推广的双创模式和典型经验。

第一,加快探索形成“内生孵化、外延孵化、协同孵化”三大典型孵化模式。以视源电子为代表的内生孵化模式,鼓励企业通过开放创新资源开展企业内部创新,激发企业创业团队催生新的创业项目,采用母公司出资成立子公司的方式对有前景的创业项目进行开发运营。以达安基因为代表的外延孵化模式,鼓励骨干企业围绕产业链上下游孵化新项目,依托企业产业优势和科研实力,为上下游初创企业提供企业发展必需的人才、技术、资金等要素,推动初创企业快速发展,实现产业链快速延伸,提高企业竞争力。以冠昊生物为代表的协同孵化模式,鼓励企业建设专业产业园,通过企业技术和市场平台的开放共享,为建设项目和中小微企业提供从资金、创业导师、实验场地、研发仪器设备、销售渠道以及工商登记、项目申报等全方位专业孵化服务,并为进驻的项目提供产业化载体,实现科技成果快速产业化。

第二,搭建合作平台,促进协同创新。与南洋理工大学合作组建中新国际联合研究院,在新一代电动车、生物医学材料和医疗器械等5大领域开展科技研发与协同创新。深化与欧盟国家在技术创新、产业转型、新能源与环境保护等方面的合作,建立了涵盖8大领域近300家新兴产业的对欧合作企业储备库。以生物产业为突破口,深化与以色列的高技术产业合作,成立6亿元的中以生物产业投资基金。与英国布莱德福德大学启动的“中英生物科技之桥”项目已成功举办5届项目对接会,累计有120个项目达成合作意向。在国内,建设了清华大学珠三角研究院、军事医学科学院华南干细胞与再生医学研究中心等7个产学研协同创新机构,与国内外75所高校和研究院所建立了科技项目合作双向互动机制,与 32 家国家和省级重点实验室建立研发资源共享机制。

深圳市南山区:
着力构建双创生态体系,探索形成国际协同创新发展模式

在深圳打造国际科技产业创新中心的战略部署下,南山作为中国改革开放前沿、中国最具有"改革基因"城区以及"深港创新圈"先锋城区,紧紧围绕建设深圳国际科技产业创新中心核心区这一目标,加快构建有利于大众创业、万众创新的政策制度、市场环境和平台支撑体系,积极探索形成国际化、开放、共享的双创发展模式,推动建设形成国内外高端创新人才争相涌入、具有国际竞争力的双创示范基地,努力把南山区打造成为国际双创人才离岸创业的最佳平台、环境最佳的创新创业城区、全球著名的国际创客中心。

2016 年南山区新登记各类型企业 84614 户,同比增长 27. 51%,创新创业如火如荼。2016 年南山区全社会研发投入占 GDP 比重达 5. 88%,相当于国际创新型国家水平。2016 年南山 PCT 国际专利申请量达 10389 件,占全市 52. 8%,占全国的 1/4。在第十七届中国专利奖评选活动中,腾讯、中兴的两项发明专利技术获中国专利金奖,占全国专利金奖总数的 10%。2016 年南山区拥有国家高新技术企业 2223 家、海内外上市公司 124 家,在全国各区(县)中排名第二,可以说南山是深圳乃至全国创新创业的竞技场。

一、政企校联动发展,创建全面推进的双创发展政府服务体系

形成独特的"一区两企一高校"联动发展模式。依托全国首批双创示范基地招商局集团,以及清华大学、中国电信南方双创示范基

地落户南山的基础，南山区深入探索政府与双创示范企业、高校的协同发展机制，搭建各类双创资源共享服务平台，推动形成独具特色的区域、高校、企业三类双创示范基地联动发展模式，实现“1+1+1>3”的放大效应，全面推进双创发展的政府服务体系建设。

高标准推进双创信息资源集中发布。在南山区政府“一门式一网式”政务服务大厅中，高标准建设一个创客服务窗口，强化政务服务部门间互联互通、数据共享、协同联动。加快建设“一中心两平台”（企业服务中心，科技创新在线、科技金融在线），形成双创信息资源的集中发布模式。

加快推动政府职能转变和审批全流程再造。深圳市出台了《深圳市 2015 年推进简政放权放管结合转变政府职能工作实施方案》，加快推进行政审批改革、投资审批改革、商事制度改革等 7 大领域改革，最大限度减少政府对创新创业活动的干预，营造有利于双创发展的市场环境。

二、平台载体带动，打造市场主导的双创服务生态

形成市场主导的开放、共享、协同的创新生态。充分发挥深圳国家自主创新示范区在新型研发机构、科技金融等方面的引领与示范作用，形成以政府为塔尖、综合型科技服务机构为塔身、专业化科技服务企业为塔底的“金字塔式”科技服务体系，以财政资金牵引、社会资本跟进的“小马拉大车式”科技投融资体制，以新型研发机构为特色的多元化科技研发机制。

依托平台载体服务双创主体快速发展。加速推进区科技创业服务中心、南山科技创新服务在线平台、南山科技金融在线平台的双创服务功能提升，以及集众人之智、汇众人之财、齐众人之力的众创、众包、众筹平台建设，充分发挥市场主体创业积极性。截至目前，南山区近 200 家众创空间，80%以上由企业为主体构建；超百种双创品牌

活动,80%以上活动的组织方是企业与民非组织(主要指协会、联盟);90%的研发人员、研发投入、专利产生及重大科技项目均在企业,科技企业频获国家级科技奖项。

全面推进知识产权联合保护机制建设。发挥南山知识产权创造能力强、前海国际化程度高的优势,完善提升知识产权庭,开展知识产权综合执法,推行知识产权“三合一”审判机制。鼓励知识产权保护机构建立专门服务于双创的知识产权保护 O2O 平台,建立推动政府引导、民间资本参与的专利运营机制,推动南方知识产权运营中心在前海蛇口片区的建设。支持国新南方知识产权研究院创新实践“大数据+知识产权+产业”的知识产权股权投资新模式,推动国新南方知识产权研究院大数据与知识产权应用发展研究中心落地。设立知识产权公益培训系列课程,提升双创企业知识产权战略意识。

构建全链条的双创投融资服务体系。以政府财政资金为引导,充分发挥财政资金的杠杆效应,撬动社会资本投入双创,提升创投基金支持双创发展的能力,形成以市场资本为主导的双创投融资体系,以金融软性服务和硬件载体空间共同支撑双创主体发展。南山区汇聚深圳绝大部分的创投机构、创投资本(占全国 1/3),不断推出研发贷、孵化贷、成长贷、集合信贷等多种创新型金融产品,丰富企业融资方式,进一步拓宽双创主体融资渠道。

三、国际互动融合,链接全球化的创新创业资源

推进双创“走出去”、“引进来”战略。推动以“创业之星”大赛为代表的双创服务品牌走向海外,提升南山双创品牌国际知名度,截至目前,该项赛事已经累计吸引 14 个国家和地区 2000 多个项目参赛;促进南山企业国际市场布局,截至目前,大疆创新占据全球消费类无人机市场 70%以上,天珑移动、创维数字、迈瑞医疗等区内龙头企业在海外积极设立研发中心或并购产业链创新企业。依托柴火创

客空间、清华—伯克利深圳学院、中科创客学院、“创+空间”的国际化资源通道，来自美国、法国、日本、南非、印度等的国际创客汇聚南山实现创业梦想；IBM、甲骨文等世界500强企业，都在南山设立了国际(区域)研发中心。

深化深港创新创业合作。南山区积极探索“政策互延、平台共享、载体共建、人才共育”的新型合作模式，依托香港6大高校深圳产学研基地，推进香港青年大学生在“互联网+”、“智能制造”领域的研究实习计划，形成两地交流、学习、互访机制。大力吸引深港优质双创服务机构，依托深港青年梦工场、深港创客基地等平台，助推香港青年实现创业梦想。

加强双创国际交流互动。南山区依托清华—伯克利深圳学院，建设“两湾五创直通车”国际化开放创新中心，密切与硅谷、以色列等国际创新高地合作。充分发挥柴火创客空间、中科创客学院、创客工场等国内著名创客服务机构入驻南山智园的聚集效应，大力引进全球顶级的创客团队，加快建设国际创客中心。依托广东自贸区前海蛇口片区，打造集引才引智、创业孵化、专业服务、政策保障等功能于一体的国际离岸孵化中心，实现双创要素跨境双向流动。

四、释放创新活力，推动双创人才“蒲式”生长

精准双创支持政策。2015年以来深圳市政府先后出台了《关于促进创客发展的若干措施》、《关于促进创客发展三年行动计划(2015—2017年)》、《促进科技创新的若干措施》、《关于促进人才优先发展的若干措施》、《关于大力推进大众创业万众创新的实施意见》以及深圳市中小微企业大众创业万众创新的工作方案等政策，切实解决创业者面临的瓶颈问题。随后，南山区出台了自主创新产业发展专项资金“1+6”文件，进一步加大对双创的政策、资金支持力度。

完善人才流动制度。对接华为系、腾讯系、华大系等离职创业互助平台，形成一系列“创业系”和“人才圈”，为其提供要素支持，吸引创业精英扎根南山。破除体制内人才流动障碍，鼓励辖区内高校、科研机构的精英人才携带科技成果在职或离岗创业。

优化创业平台建设。依托深圳大学、南方科技大学、清华（深圳）研究生院、北大（深圳）研究生院、哈工大（深圳）研究生院、深圳信息职业技术学院、深圳职业技术学院等高校，建立面向大学生的创业平台和基地，加强创业实践与创新教育，提升大学生创业意识与创业技能。

大力推动海归创业。进一步落实南山区人才发展“领航计划”，安排专项产业发展资金，支持获得认定的“千人计划”人才、海归人才开展创业活动，促进人才、技术、成果良性互动，让海归成为推动双创工作的重要力量。

五、推动兼容并包，打造特色鲜明的双创文化氛围

空间发展规模化。通过政府出资建设、政府补贴、回购产业用房和实施青年房卡住房保障计划等方式，降低双创主体空间成本，鼓励投资机构、龙头企业加大创新孵化投入力度，形成了超过 200 个多主体、多元化的众创空间。鼓励各类主体在重点产业细分领域建设多元化、规模化、专业化的众创空间，如专注于互联网与智能硬件产业链的腾讯（深圳）众创空间、硬蛋空间，以及面向科研成果落地的卓翼深创谷产业化综合服务平台，促进众创空间与产业发展深度融合，推动众创空间实现集群式发展。

创业辅导全面化。倾力打造南山“博士论坛”、创友会等双创文化活动品牌；完善创业导师制度，实施创业辅导服务全覆盖计划，形成多层次双创教育体系，并通过微博、微信等新媒体方式，加大双创政策宣传力度，树立励志创业典范，宣传推广双创企业成功经验。

双创活动多样化。南山区双创品牌活动上百种,举办了深圳首届国际创客周和“全国大众创业万众创新活动周”,深圳湾创业广场成为全国双创标杆。2016“双创周”期间,南山区举办了15场相关活动。其中,大型活动“国际范”,如制汇节、大沙拉科技节、“氪听”国际创客交流周等,海外参与国家超过30个,规模均超万人。专题活动“小而美”,如未来创造者大会、艾特说火星畅想日等,形式创新,让参会者脑洞大开。行业活动“专而精”,如“千人计划”人才论坛及成果展、“VR+创客”双创论坛、“全民碳路”上线启动仪式等,面向特定领域人士组织,指向性更强,充分体现社会各阶层创新创业活力。

品牌营造常态化。按照“1+N”模式建设双创展示体验空间,打造一个区域双创文化统一展示馆和若干个展示体验平台,形成1个主馆与N个分平台紧密互动的双创文化旅游线路。加强双创文化宣传,推行创新创业荣誉制度,树立双创典型与模范,进一步促进双创文化活动常态化、品牌化,营造鼓励创新、宽容失败的双创社会氛围。

六、多项举措并行,显现蓬勃发展的双创实践成效

技术引领建立大企业“顶天立地”、小企业“铺天盖地”的双创发展格局。南山区拥有123个战略性新兴产业优势领域,其中在超材料、柔性显示、无人机等领域的技术水平处于世界前列,24个优势细分领域处于国际领先地位。南山区创业项目技术含量高,壁垒性强,深受天使投资与创业投资机构的青睐。区内聚集了腾讯、中兴通讯、迈瑞医疗、大疆创新等一批核心技术能力突出、集成创新能力强的创新型企业,成为科技发展的主力军,同时培育了柔宇科技、奥比中光等一批创新能力强、成长潜力大、商业模式新、产业特色鲜明的高成长型企业。

完善激励机制,加速双创科研成果产业化。全面落实《中华人民共和国促进科技成果转化法》、深圳市《关于促进科技创新的若干措施》等政策文件,提高科研负责人、骨干技术人员等重要贡献人员和团队的收益比例至70%以上。积极落实国家、省市关于高校、科研院所专业及技术人员离岗创新创业政策。建立和完善国际技术转移机制,依托清华—伯克利深圳学院、南方科技大学南山协同创新中心,加快建设国际技术转移促进中心,推动世界一流国际创新中心与本地企业及科技创新资源的联动,带动一批国际先进技术与创新资源落地南山。

推动双创生态环境建设,助力供给侧改革。南山区形成"创客培养、创业起步、创新加速、创产联盟"的双创生态环境,认定创客空间190家、孵化创客项目超过1000个团队;拥有国家、省、市创新载体785个,占全市总量一半以上。以柴火空间、中科创客学院为创客培养摇篮,推动腾讯众创空间(深圳)旗舰示范基地拟落户;大力培育发展各类市场化、专业化、社会化科技服务机构为双创主体提供服务,2014年南山区科技创新服务还荣获了广东省科学技术奖特等奖;建成30多个"创新资源共享平台",推动政、产、研、资、介的联动合作,提高研发资金的使用效率,降低企业的创新成本;集聚全市"4个70%"的创新人才,构建了多层次金字塔结构的双创人才梯队。各类创新创业资源的统筹发展,为供给侧改革的落地实施提供保障。

全产业链配套形成两大创新型产业集群。南山区构建了从创意创新到产业化的完整产业链,在南山周边不超过1小时车程的范围内,创新创业者不仅可以采购到市面上所有电子元器件,还可以快捷完成"产品原型—产品—小批量生产"的全过程,能够快速满足双创企业的实际需要。以此为基础,南山区构建起以中兴通讯为龙头的电子信息技术与通信产业集群、以腾讯为龙头的互联网产业集群。

重庆两江新区：推进全方位开放式创新，打造西部创新中心的"窗口"

重庆两江新区双创示范基地加快推进以科技创新为核心的全面创新，着力推动企业成为创新主体，激发人才创新创造活力，推进全方位开放式创新，加快科技成果转移转化，营造良好创新生态，加快建设成为西部创新中心的"窗口"。目前，龙头企业引领、中小型企业支撑、小微企业快速发展的两江新区创新创业格局基本形成。

一、强化双创顶层设计和制度安排

编制双创示范基地工作方案。根据《国务院办公厅关于建设大众创业万众创新示范基地的实施意见》(国办发〔2016〕35号)，重庆两江新区成立相应工作机构，加快编制《重庆两江新区建设国家双创示范基地工作方案》。该方案于2016年7月25日通过两江新区主任办公会审议，9月14日经重庆市政府同意后，通过两江新区官网向社会公布实施，并报国家发展改革委备案。

出台创新驱动发展若干政策。结合《国家创新驱动发展战略纲要》和中共重庆市委四届九次全会决议的中共重庆市委、重庆市人民政府《关于深化改革扩大开放加快实施创新驱动发展战略的意见》，为贯彻落实《重庆两江新区建设国家双创示范基地工作方案》，加快把两江新区建设成为西部创新中心的"窗口"，制定出台《重庆两江新区管委会促进创新创业的若干政策(试行)》、《重庆两江新区引进高层次人才若干政策(试行)实施细则》、《重庆两江新区促进知识产权发展管理办法》、《重庆两江科技创新专项资金管理暂行办法》等一系列政策。《重庆两江新区管委会促进创新创业的若干政策（试行）》加快推动两江新区创新驱动发展进行全面部署和制度安排，提出了一系列补短板、破瓶颈、除顽疾的改革举措与政策突破。例如，围绕强化企业为主体的双创激励、促进产学研协同创新、加快科技成果转移转化、孵化载体扶持、强化科技金融的支撑功能、知识产权相关激励、高水平双创人才激励等 7 大主题，提出了 40 条改革举措和政策措施。

二、培育壮大多层次双创主体

搭建科技研发和成果转化平台。围绕两江新区“311”产业体系，重点支持龙头企业与科研院所、高校及国内外知名研发机构开展合作，共建科技研发和成果转化平台，培育独立法人实体、市场化运作的新型高端研发平台。积极打造重庆两江机器人产业技术研究院，推进国家机器人检测与评定中心（重庆），建设国家级石墨烯及相关材料的公共检测、应用研究、产业孵化、成果展示平台。

发挥龙头企业示范引领作用。利用龙头企业体量大、创新能力强和市场资源丰富等优势，发挥龙头企业在技术创新、项目培育、产业带动方面的示范引领作用，结合行业技术创新需求，以众包方式向全社会征集优秀创新成果，促进有技术实力的创业者快速聚集。鼓励支持长安、京东方、力帆、四联、中冶赛迪、汽车研究院、猪八戒网、博恩科技、伟岸测器等龙头企业产业生态建设，完善一批公共检测、应用研究、产业孵化、成果展示平台，助推龙头企业“顶天立地”。

培育高新技术企业和科技型企业。支持科技型企业加大研发经费投入，鼓励支持建设研发机构、引进创新团队、推广和应用科技成果，加大新技术、新工艺、新产品创新研发力度。通过差异化“靶向”扶持措施，加速推动易宠科技、微标科技、海云科技、博拉科技、西山科技和天极网等一批创新能力强、发展潜力大的高成长性科技型企业做大做强。完善落实所得税优惠、创业补助、贷款贴息等扶持政策，适时跟进股权投资、上市辅导、转型孵化等专业服务，助推科技型中小微企业快速成长。

三、建设双创载体和众创平台

重大产业项目载体建设顺利推进。围绕照母山科技创新城、水土高新城、龙兴园区和鱼复园区，重点以云计算与大数据、物联网、VR、文化创意等为招商方向，促进重大产业项目引进和落地。引入完美影视、海云科技、宝信、浪潮等规模以上产业项目60个，超额完成全年重大招商任务。互联网产业园一期（可招商面积26万平方米）初具规模，招商面积已完成80%，累计引进重点招商引资项目42个；软件产业中心（建筑面积14万平方米）基本完成招商任务（共计引入完美世界、腾讯、爱奇艺、思建科技和网龙等规模以上重点项目22个）；水土科创中心已引进重点项目18个，招商面积完成81%。

专业人才培养新平台初具规模。互联网学院于2016年11月3日开院办学，这是我国第一个互联网综合教育基地、开放型互联网学院。重庆NIIT软件学院、东软睿道、网龙教育、麦子学院、达内、源码时代、APPCan、联通学院、八戒教育等9个重点项目和12家合作高校已经入驻互联网学院。学院将面向高校在校生、大中专毕业生、企业中高层员工等，提供“互联网+”、云计算、大数据、物联网、移动互联网、网络内容产业、数字经济等教育资源，探索“全球化资源、网络化教学、智能化学习、产学研一体”的“培训+就业+创业+再培训”模式，为两江新区乃至重庆互联网相关新兴产业发展提供人才支撑。

各类众创空间加快发展。目前，两江新区已建成腾讯（重庆）、赛伯乐（重庆）等32个众创空间，已入驻企业547家；建成国家级众创空间5家和专业孵化器7家，总面积超10万平方米。2016年，两江新区新建成孵化面积7万平方米，累计总面积达15万平方米，企业加速器总面积达100万平方米。此外，依托水土科创中心和两江国际云计算产业园，水土云计算配套服务中心、大地企业公园、联东U谷“两江新区国际企业港”、天海星“两江数码工坊”等科技企业加速器项目先后投入运行，“创业咖啡+孵化营+专业孵化器+企业加速器”的两江新区创新创业平台体系初步形成。

四、推动双创科技金融创新发展

创新科技金融产品。2016年，两江新区科技信用贷、科技创业贷、助保贷、科技担保贷等4种科技金融产品，帮助130家企业在试点银行实现债权融资，累计授信金额3.2亿元，实际发放金额2.7亿元。新设立移动互联网、移动游戏、文化创意、互联网金融、移动新媒体、德同领航、富坤投资等7支股权投资基金，基金总规模达到17.5亿元。其中，移动游戏、德同、富坤等3支股权投资基金已正式运营。

完善科技金融服务体系。协助山外山、朗天科技等5家企业挂牌新三板。设立10亿元两江科技创新专项资金、10亿元两江新区创新创业专项资金和1亿元两江新区科技人才专项资金，对两江新区科技型、创新型企业在高企申报、贷款贴息、知识产权保护、改制上市等给予资金扶持，初步建成“产业扶持+债权融资+股权投资+改制上市”的创新创业科技金融服务体系。升级两江科技金融公共服务平台，加强企业信用体系建设，实现网上申贷、审贷、信用评级及贷后全周期监管。强化资金运行风险防控，拟引入第三方评定机构对信贷资金不良贷款进行评定，完善监管制度。

五、营造良好的创新创业生态

开展系列双创活动。支持开展创业大赛、发明大赛、创业论坛、“众创帮”、两江论坛、国创会等双创活动，大力培育双创精神，努力营造尊重创造、注重开放、敢冒风险、宽容失败的社会氛围。两江新区已举办互联网大会、创业沙龙、创新创业大赛等活动159场，并以重庆国际人才创新创业洽谈会为依托，开展“国创杯”创新创业大赛。2016年8月16日，“创响中国”巡回接力重庆站活动在两江新区举行，活动集中展示重庆近年来推动双创的主要成果。依托“创响中国”巡回接力活动，两江新区深入挖掘双创产品、双创人物等方面先进典型，系统梳理具有代表性的宣传案例，激发全社会创新创业氛围。

优化人才培养和引进方式。两江新区联合市委宣传部、共青团市委，开展“两江创新创业进高校招聘暨双创宣讲活动”。活动从2016年10月开始，为期两个月，预计11场招聘会达成就业意向人数超5000人，这将为两江新区创新创业注入新生力量。此外，积极实施人才引进计划（参加国际人才交流会、海创会、华创会、百名海外博士重庆行等国内大型引才活动，大力引进科技高层次人才、创新型人才）。两江新区与人社部共建“中国重庆留学人员创业园”，引进了50多名留学人员入园创新创业。加强与国家级留学报国基地联系，推动设立两江新区、新加坡高端人才服务中心，引进优秀留学生回国创业。

深化“放管服”行政管理体制改革。两江新区大力推进服务型政府建设，建设“一站式”创业公共服务智慧化平台，建立主动服务、后台保障的长效工作机制。简化工作流程，设立双创企业办理窗口，一窗对外、限时办理，在全市率先实现企业登记全程电子化。开发两江新区市场信用监管平台，制定信用评级标准，规范监管行为，提高监管效能，明确监管责任。依托两江新区官网、两江新区科技创新公共服务平台、园区公共服务平台、政务大厅等，在科技成果转化、促进人才流动、加强协同创新、推进开放共享等方面建立双创政策集中发布网络体系，增强双创信息透明度，打通政策落地的“最后一公里”。

六、加大科技研发及知识产权保护

构建完善的科技创新体系。两江新区加大对科技研发平台的扶持力度,通过高新企业认定和科技项目申报,引导企业推进技术创新体系和科技创新制度体系建设。目前,两江新区已集聚 10 个国家级产业基地,市级以上研发平台 171 家(其中,国家级工程技术中心、工程技术研究中心、企业技术中心、重点实验室和检验检测中心共 20 家),高新技术企业 187 家,院士工作站 5 个,博士后科研工作站 17 个,柔性引进院士 6 名,全区每万人发明专利拥有量已达 8.8 件(重庆市平均为 4.2 件)。同时,为促进企业加大研发投入,两江新区开展企业税前研究开发费用加计扣除鉴定,企业的 174 个项目共计 5.3 亿元研发费用享受税前加计扣除的政策。2016 年,登记技术合同 133 份、金额约 2 亿元,并为进行了技术合同登记的企业免除了技术开发过程中产生的税费。

推进知识产权综合改革。两江新区启动国家知识产权试点园区建设,并在设立知识产权法庭基础上,新设立重庆汽车摩托车知识产权快速维权中心,引进国家知识产权局专利局重庆代办处、专利云和重庆联合产权交易所知识产权交易分所,促进知识产权保护和交易,加大科技成果的保护和转化。目前,为企业提供专利检索、申报咨询、托管和转让代办等知识产权服务平台专利云已上线,知识产权培训工作进展顺利,先后组织 50 余家企业 200 余人次知识产权工作人员开展企业大规模培训 4 次,对全区 500 余家企业开展各类知识产权宣传辅导。此外,将知识产权收益向研发和转移转化团队倾斜,激发科研人员创新热情。打通政产学研用协同创新通道,鼓励资源共享与合作,引导科研基础设施、大型科研仪器向社会开放,构建开放式双创体系。将侵犯知识产权行为情况纳入信用记录,构建失信联合惩戒机制,为诚信企业创造宽松的市场环境。2016 年,两江新区知识产权法庭受理各类知识产权案件 2200 余件。

七、推广创新创业新模式

两江新区积极发展"龙头企业+众扶平台"产业链模式,支持大企业将非核心业务外包或委托加工,集中资源发展主营业务。积极探索"互联网+众创空间"、"众创空间+孵化器"、"龙头企业+众扶平台"、"孵化器+双创企业"、"高校+企业+平台"等集群孵化模式,建立一批有规模、有品牌的新型孵化载体。大力打造"互联网+线下实体"模式,建立检验检测、加工制造等公共技术平台。优化"政府+社会资本"合作模式,支持重庆市内金融机构在两江新区建立科技支行,合作提供低融资成本的科技金融产品。探索"高校+企业+平台"创新模式,整合高校、科研院所、企业、社会组织等科技研发能力。推广开放式研发设计新模式,在两江新区主导产业构建产业链横向和纵向协同创新平台,实现资源分享、成本分摊。

八、突破双创的政策障碍

在财税扶持方面,探索实施研发准备金制度,鼓励规模以上企业每年从销售收入中提取 3%—5%作为研发准备金,税前按实际支出额进行加计扣除,并按其新增研发投入的 10%给予奖励。**在人才激励方面**,鼓励企业加大人才教育投入,对企业发生的职工教育经费在税法规定比例内部分实行税前扣除。**在成果转化方面**,将财政资金支持形成且不涉及国防、国家安全、国家利益、重大社会公共利益的科技成果使用、处置和收益权下放给项目承担单位。**在投融资方面**,支持政府性融资担保机构为中小科技创新企业发行债券提供担保;探索制度创新,为挂牌企业提供股权融资、股份转让、债券融资等创新服务。

成都郫都区：

强化科教融合、军民融合、产城融合、区域融合、工研融合，打造校地企双创合作基地

四川省成都市郫都区深入贯彻创新驱动发展战略，全面落实李克强总理视察菁蓉镇重要指示精神，坚持国际化标准、市场化运行、专业化服务理念，沿循“科教融合、军民融合、产城融合、区域融合、工研融合”发展路径，聚焦菁蓉镇，聚合双创资源、构建双创生态、激发双创活力，搭建贯通（四川大学）高校示范基地、（郫都区）区域示范基地、（中国电信成都分公司）企业示范基地交流合作平台和机制，探索形成了“校地企双创合作”的“成都模式”、“成都经验”。

郫都区双创示范基地初步形成了闲置楼宇巧变创客空间、双创动力推动经济转型的新局面。**一是双创资源要素加速聚集**。利用境内重大产业化项目留下的120万平方米空置楼宇，以及20平方公里工业园区载体，去产能促双创，有力推动闲置楼宇巧变创客空间。成功改造众创空间75万平方米，聚集大数据、新材料、生物医疗、无人机、新能源、信息安全、“互联网+”、文化创意等新经济进驻众创空间。引进清华启迪、国信优易、Next创业空间、创业黑马等新型孵化器38家，建立共享公共技术服务平台38个、聚集7个双创服务平台、引进创投基金22支、入驻创新创业项目1289个，聚集创客12000余人，引进两院院士、“千人计划”专家等高层次人才24名。**二是双创政策体系不断完善**。制定出台《创业天府·郫县行动计划优惠政策》、《聚焦菁蓉镇打造双创高地若干政策》等，对创新创业的重点领域、关键环节给予运营、融资、知识产权等专项支持，加速释放双创活力。**三是双创影响力逐步提升**。成功举办全国第二届《创业英雄

汇》海选活动、2016 中国西部海外高新科技人才洽谈会、第一届中国VR&AR 国际峰会(2016 成都)、2016 中国・成都全球创新创业交易会、“创业天府・菁蓉汇”专场活动、中美创客走进菁蓉镇、2016 菁蓉创业运动会暨黑马运动会等 200 余场具有国内外影响力的双创活动,吸引世界各地创业者、创业服务机构等创新资源齐聚郫都区。**四是双创综合效益逐步显现**。先后被授予西部首个华侨华人创新创业基地、首个全国大学生创业示范园、全国第五个海外人才离岸创新创业基地。目前,全区新增申请专利 2340 件,其中发明专利 640 件;新增市场主体 7833 户,新增注册资本总额 101.6 亿元。有力推动了电子信息、食品加工等传统优势产业转型升级,大数据、无人机等新兴产业集群加快形成,县域经济逐步摆脱土地财政依赖,发展动力更加强劲。

一、强化功能配套,打造众创空间

按照形态、业态、文态、生态“四态合一”要求,坚持高标准建设、高品质配套,建设宜居宜业的生态双创社区。

优化顶层规划设计。将菁蓉镇纳入成都国家科技中心建设总体规划,聚焦发挥菁蓉镇 27 平方公里“一核”引领优势,突出高校、园区“一带”联动效应,科学布局孵化核心区、成果转化区和服务配套生活区,强化顶层设计,优化空间布局,形成了功能结构合理、要素关系明晰、主导产业突出的总体规划和城市设计。

提升基础设施水平。实施地铁、有轨电车、菁蓉立交等交通配套项目建设,统筹推进全区主干道改造和通讯枢纽、电力等能源设施配套,提升菁蓉镇与周边区域互联互通和通讯、能源保障水平。

完善生活配套设施。建成创客食堂、餐饮特色街区、多功能体育场馆、国际化学校、医院、影院,改造升级 3 万平方米商业街,实施生态环境提升工程,初步形成吃住行游购娱一体化的宜居宜业环境。

二、搭建双创平台，夯实服务支撑

按照“政府主导、市场运作、整合资源、集成高效”的要求，积极搭建双创服务平台，为创新创业提供全方位、便利化服务。

建设国际双创服务超市。整合集成党群、政务、科技金融、创新孵化、协同创新和离岸创新创业6大实体服务平台，提供政策咨询、专家指导、人力资源、知识产权、财税融资、法律事务、信息交流、生活服务等全链条、一站式服务，推进创新创业服务要素聚集融合裂变。

建立公共技术服务平台。组建大数据产业、新能源汽车产业、新材料等8大创新创业公共平台，构建服务小微企业和初创企业技术创新体系。

搭建国际交流合作平台。利用“菁蓉汇”、“创交会”等活动，广泛宣传推介菁蓉镇，先后与中国国际技术转移中心合作建立国际离岸双创服务平台，与中国电信成都分公司、启迪之星合作打造国际路演平台，与国际知名双创基地、创新科技企业和牛津大学等高校交流合作，推进国际双创交流和成果展示，深度链接全球创新创业资源，推动双创资源要素跨国界跨区域加速向菁蓉镇配置聚集，实现“离岸创新、全球孵化”。

搭建高技能人才培养平台。组建校企人力资源合作暨高技能人才培养联盟，已有国信优易等72家重点企业和西南交大等21所高职院校加入合作联盟，建成国家级技能大师工作室1个、市级高技能人才培训基地2个、高校毕业生见习基地13个。

三、创新体制机制，优化服务环境

围绕创新链完善人才链、资金链、服务链，培植调动科技资源、要素流动的市场主体，打造支持创新创业全生命周期服务链。

构建管理服务机制。在四川省成都市层面建立协调议事机制，定期研究解决双创示范基地运行中的具体问题。组建成都市双创示范基地党工委(管委会),成立菁蓉管理服务公司对菁蓉镇实行专业化运营。面向国际国内著名企业、高校院所,引进高层次人才和知名专家学者,组建 70 人的导师团队,面向全国选聘创客服务专员 30 人。

建立知识产权服务体系。建立专利、商标、版权“三合一”综合执法机制,设立民事、刑事、行政审判“三审合一”审判制度,健全专利代理行业诚信评价制度和知识产权系统信用信息目录,在全方位保护知识产权的基础上,积极推进评估交易、转化落地。推行大数据+知识产权,引入西南财经大学知识产权大数据应用端口,建立知识产权服务双创平台,为企业和创客提供专利检索、专利分析、专利数据比对、专利成果出海、专利成果交易服务。在菁蓉镇设立成都市知识产权交易分中心和双创基地知识产权法庭,开通网络“e 调解”平台。

建立金融服务体系。发起设立天使投资引导基金、创业投资引导基金、产业投资引导基金,总规模达 13 亿元。建成菁蓉镇创新创业金融交易中心,与 18 家金融机构深度合作,促进人才、资金等创新资源有效配置。积极推进企业上市,探索发行双创孵化专项债券。初步形成“创业投资+股权投资+上市融资+债券融资”的多层次金融服务体系。

优化人才服务体系。成立菁蓉双创人才工作站,筹建成都菁蓉人力资源服务产业园,吸引国际知名人才猎头等企业入驻。采用“政府+企业+学校”、“学校+企业”、“学校+高校”等模式,探索管理体系创新、学段设置创新、课程研发创新、教学模式创新、师资配置创新,推进创新创业教育进机关、进学校、进企业、进社区、进农村。

四、探索协同创新，促进融合发展

探索建立以企业为主体的产学研合作机制，推动双创高端资源高效聚集整合。

探索科技成果转化机制。着力破解高校有权利但无动力转化、职务发明人有动力但无权利转化科技成果难题，细化“早确权早分割共享制”改革措施，构建多元转化投资体系，探索与高校合作建立产业技术研究院、高新科技孵化园区，推动高校科研院所科技成果“飞”出实验室、加速落地转化。建立四川大学、中国电信成都分公司和郫都区3家在川双创示范单位强强联合，充分释放双创示范效应。目前，中国电信在菁蓉镇已开建总投资15亿元的大数据园区；与四川大学、电子科技大学、西南交通大学签订《高校产业技术研究院合作协议》，四川大学在菁蓉镇设立博士后工作站，每年招收博士后不少于50人；与西南交通大学、电子科技大学、西华大学等21所高校合作共建创业园、科技园（孵化器），涉及项目366个。

探索军民融合创新机制。与深圳华讯方舟合作共建军民融合产业基地，发起设立1亿元规模的军民融合产业引导基金，积极推进军转民、民参军。基金按照“市场化运作、专业化管理、标准化运营”原则，以“基金+管理机构”模式实施运作，对县域内的军民融合企业采用参股、投资等方式进行扶持。

建立区域协同创新机制。充分发挥成都高新区自主创新示范区政策资源优势、电子科大科研成果优势、郫都区双创载体和服务优势，推进菁蓉镇与成都高新区西部园区一体化规划建设，加快培育沿高校创新创业示范带，着力打造泛菁蓉创新创业经济区。

五、推动成果转化，培育发展动能

实施新兴产业培育工程，围绕大数据、无人机、新材料、生物医疗、新能源、信息安全、“互联网+”、文化创意等8大产业领域，加快项目聚集运营，打造经济发展新引擎。

打造大数据产业集群。以全省大数据产业化基地落户菁蓉镇为契机，聚集国信优易、中国数码港、华通创志、万云汇等龙头企业，建设大数据产业研究院。国信优易公司自主研发的大数据交易平台、大数据创新创业服务平台、政务一体化平台已于2016年7月15日正式发布应用，实现业务额1850万元。

打造无人机产业集群。依托成都工业学院无人机基地、中航工业、中航航空电子、中航联创科技等重点项目，推动无人机创新创业基地建设。目前，已同哈工大、国防科大、民航飞行学院、中航工业301所等无人机领域技术专家、企业建立联系合作，引进无人机适航检测中心等项目20多个。

推动优势产业转型升级。按照“政府搭台、专家唱戏、企业主体、市场化运作”的模式，由政府牵头，联合高等院校、科研院所和县域工业企业组建郫县工业创新联盟，内设电子信息、节能环保、新材料、医疗设备、川菜产业“五个技术联盟”，科技创新、金融上市、创新成果转化“三个服务中心”和高技术分析测试服务平台，搭建“企业需求发布+科技人员成果展示”信息互通平台。通过“合同科研”方式，打通人才链、创新链、产业链与价值链“四链衔接”通道，有效破解从实验室到产业化推广的“最后一公里”瓶颈。目前，已有105名专家、176家企业加入联盟，开展研发和成果转化合作项目45个。

六、坚持精准发力，升级扶持政策

遵循双创规律，降低双创燃点，分初创期、成长期、转化期对双创主体需求进行精准分析发力，从需求侧和供给侧进行政策回应，确保扶在痛点、帮在关键。每年投入5亿元资金支持双创示范基地建设，重点用于集聚人才、扶持优质项目、完善科创服务体系、提升企业主体创新能力、促进科技成果转化、拓展融资渠道，年内已兑现财政补贴8600万元。

制定高层次人才资助政策。支持顶尖人才团队、科技人才团队、离岸创新创业，设立杰出人才荣誉奖、“引才伯乐奖”，依据人才团队的标准给予各种综合扶持资助，优先解决高层次人才子女入学问题。

制定项目支持政策。对经评审认定的技术含量及附加值高、市场前景好、能形成较好经济社会效益，获得国家级、省级和市级创业大赛三等奖以上，以及持续开展创业活动1年以上、吸纳就业人数10人以上，且大学生就业人数占60%以上的双创项目（含孵化器），按照“三（年）免两（年）减半”政策补贴房租、物管费，并给予项目启动、研发资金等方面扶持。

制定双创平台建设支持政策。支持创建新型产业技术研究院，专业技术研发机构，鼓励高校、企业、科研院所，面向菁蓉镇相关主体开放研发实验服务资源，支持双创载体提档升级，鼓励菁蓉镇孵化器运营机构在海外建设双创载体、实施离岸创新。

制定双创服务支持政策。鼓励“985”、“211”高校和海（境）外知名高校在菁蓉镇设立校友会，并依托校友会、商会、使领馆等设立海外人才工作站。发展新型孵化业务，开展优质商务服务，鼓励宣传推广活动。

制定科技成果转化支持政策。推动科技成果“三权制度”改革，打通政产学研用协同创新通道，释放高校、科研院所科技创新能量。对获得国家、省、市科技资金资助和科技进步奖励（包括专利奖）的项目，对认定为高新技术企业、技术先进型服务企业、创新型企业、知识产权试点示范企业以及新获专利，分层分类给予奖励和资助。

制定科技金融支持政策。设立总额23亿元的天使基金、设立总规模不低于10亿元的“产业投资引导基金”，鼓励企业上市融资，并按上市方式给予不同奖励，对企业获得风险投资、创业投资的给予融资补贴。

制定降低企业运行成本政策。把企业养老保险缴费比例从20%下降到19%、失业保险从2%下降到0.6%，把住房公积金缴存最低比例从6%下调到5%。深化商事登记制度改革，积极推进“互联网+双创”、“三证合一”、“五证合一”，建立行政审批微信群，为各类市场主体提供低成本、高效率的行政服务。

贵安新区：

围绕“大数据+大创意+大学生”，打造全国大数据创新创业首选地

贵州省贵安新区是经国务院批准成立的第8个国家级新区，规划面积1795平方公里，现有人口79万人。其中，直管区面积470平方公里，人口33万人。近年来，贵安新区按照国务院关于建设西部地区重要经济增长极、内陆开放型经济新高地、生态文明示范区3大战略定位，以及国家大数据产业发展集聚区、服务贸易创新发展试点、相对集中行政许可权等试点要求，坚守发展和生态两条底线，“一张白纸、白手起家”，紧紧围绕大数据为引领的电子信息产业、大健康医药产业、高端装备制造业、文化旅游产业、现代服务业5大主导产业发展，建立电信、联通、移动3大南方云计算数据中心，规划建设花溪大学城、清镇职教城两大人才基地，引进落地高通、富士康、微软、IBM、华为、浪潮等一批新兴产业项目。贵安新区地区生产总值从2012年的98亿元增长到2016年的245.3亿元，年均增长25.78%；固定资产投资从110亿元增长到750亿元，年均增长61.6%，累计完成2376亿元；公共财政预算收入从10.2亿元增长到30.6925亿元，年均增长31.71%。

贵州省和贵安新区高度重视双创示范基地建设工作，先后成立贵州省双创示范基地建设指导委员会和贵安新区双创示范基地建设领导小组，并在加快推进资源聚集、完善双创政策环境、推动双创政策落地、扶持双创平台建设、打造双创生态等方面齐抓共举，有力促进贵安新区双创示范基地建设。其总体思路是：坚持“敢闯敢试敢为人先、创新创业创出新路”理念，以国家促进大数据发展行动纲要和贵州省建设国家大数据综合试验区实施方案为指导，结合贵安新区大学城、职教城政策资源集聚优势，围绕“大数据+大创意+大学生”3大主题，积极探索“后发赶超、弯道取直”的创新突破方式，以新区直管区为核心、辐射规划区全域，发展创客经济，打造“贵安双创”品牌，将贵安新区双创示范基地建设成为设施完善、服务全面、环境优良、特色鲜明的全国大数据创新创业首选地、大创意产业转化目的地、大学生实训实践集聚地，打造具有引领后发地区实现绿色跨越发展特色的国家区域双创示范基地。

一、抓顶层设计，制定示范基地工作方案

编制印发《2016年贵州贵安新区国家双创示范基地工作方案》。围绕“把贵州贵安新区建成全国大数据创新创业首选地、大创意产业转化目的地、大学生实训实践集聚地”的“三大三地”总体目标，提出实施5大任务、出台19项政策举措、建设6大重点工程，解决贵安新区在创新招商引智、资本技术资源集聚、产业链条整合升级等方面的瓶颈问题。继续深入推进“六个一批”活动，加快推动创新型企业成长壮大，努力营造鼓励创新、宽容失败的社会氛围，带动高质量的创业就业，促进新技术、新产品、新业态、新模式创新发展，推动双创组织模式和服务模式创新，发展创客经济，打造“贵安双创”品牌。规划到2018年，建设孵化及配套设施面积150万平方米，通信覆盖率达到99%；新增双创孵化平台65个，创新创业服务机构达到200

家，设立和引入投资融资机构 40 家；引进高端科技人才 100 名，开展大学生实训实践活动 500 场，培养大数据相关专业人才 1 万名；新增大数据关联产业产值 400 亿元，新增双创成果交易额 3 亿元等。

二、抓平台建设，助力企业团队成长壮大

积极推动“众创、众包、众扶、众筹”新模式，构建“创业苗圃+孵化器+加速器+放大器”孵化体系，建立涵盖“创业培训、创业引智、创业孵化、创业融资、创业大赛和创业服务”的创新创业扶持体系。在贵安新区大学城、高端装备制造园、电子信息产业园等成立了 22 家众创空间、孵化器、创业孵化基地等双创孵化平台，孵化面积达 34 万多平方米，在孵企业 1451 家，配套了 682 套创业公寓。其中，高端智造、源动力两家众创空间获批科技部第三批国家级众创空间，百度创新中心、贵安创业大街已签约落户，清华启迪、36 氪、赛仕软件等企业已就建设专业孵化器达成合作意向。

三、抓生态体系，构建双创发展的微生态

以“平台+大数据+线下服务”为手段，积极搭建线上线下服务体系。贵安新区创新创业服务中心（双创中介服务超市）已经正常运转，贵安双创网线上服务平台即将上线，为创新创业者提供全方位资讯和服务，并在花溪大学城打造面积约 3 万平方米的贵安大学城双创园，大力支持大学生创业。成功引进（设立）16 家投融资机构，融资规模 13.8879 亿元，成立了贵州银行——贵安创客银行，与中国银行、中国平安保险、贵阳银行、浦发银行等 6 家银行及保险公司建立了融资合作关系，“贵州麻花科技有限公司”、“锄禾大叔”、“世界树云呼叫服务项目”等 19 个项目获投融资 7.7 亿元。成功引进 56 家科技、法律等中介服务机构。引进贵州省科技厅信息中心科技专家库，实现专家库的共建共享。继续推动商事事务改革，目前企业注册

办证时间压缩在 3 个工作日内，贵安新区创业环境不断改善。

四、抓活动培训，营造良好创新创业氛围

积极打造“一周一论坛、一月一赛事、一季一嘉年华、一年一大会”的创新创业活动交流平台。2016 年以来，贵安新区共举办创业论坛 53 场，创业大赛 12 场，创客嘉年华 4 场，完成创业（技能）培训 11778 人次。成功举办微软“创新杯”贵州地区赛、创客骑行大赛、电子商务论坛、服务贸易政策培训。成功举办以“创新改变世界、创客汇聚贵安”为主题的第一届中国（贵安）创客创业大会，并成立贵安创客联盟。2016 年 9 月 20 日，启动了以“智汇黔中、数创贵安”为主题的“创响中国”贵安站巡回接力活动暨 2016“贵安数创汇”盛大活动，在主会场及各高校举办相关活动 21 场，引起社会各界的广泛关注，并获得好评。活动期间，80 余家媒体进行了不同程度的深度报道或转载，刊发文章 480 余篇，涵盖《人民日报》、新华社等各层级、多类型媒体，传播覆盖量逾 6000 万人次。全国“双创周”活动期间，贵安新区在深圳主会场参展的同时，在新区设立主题为“我想我干 分享未来”的分会场，涵盖 1 个开街仪式、7 个主题活动、1 个主题展览。

五、抓政策扶持，打通政策落地“最后一公里”

2015 年以来，相继制定出台 2 个创新创业政策文件和 4 个配套管理办法。2017 年，结合贵安新区创新创业实践，启动了 2 个政策文件修订，同时还将制定出台《贵安新区创新创业服务平台运行管理办法》、《贵安新区促进科技成果转化实施办法》等 8 个配套管理办法，预计 2017 年年中可正式印发实施。建立和完善园区、乡镇及高校—创新创业服务中心—双创领导小组办公室等高效便捷的一站式服务体系。目前，贵安新区累计支付双创专项资金 2400 万

元，其中兑现政策扶持项目 84 个、金额 1020 万元，组织创业活动 270 余场、金额 1330 万元。累计注册企业数达 8234 家，其中 2016 年新增注册企业 2672 家，带动就业 6000 人以上。认定科技型企业 56 家、高新企业两家，申报科技型种子企业、研发攻关、平台认定、成果转化等省级科技计划项目 11 个，获资金支持 560 万元。

陕西西咸新区：
增强双创主体能力，打造“一带一路”创新创业新高地

陕西西咸新区双创示范基地严格按照国家发展改革委、陕西省政府及陕西省发展改革委对双创工作的有关要求，以打造提升示范基地双创水平为着眼点，以增强双创主体能力为落脚点，求真务实，勇于革新，较好地完成了双创示范基地年度工作任务。2016 年，西咸新区市场主体总量为 54783 户，全年新登记市场主体总量 11352 户，增长率为 26.14%；新登记私营企业 4292 户，增幅 36.59%；新登记内资企业 249 户，增幅 22.91%；新登记外资 24 户，增长率为 32.88%；新登记个体户 6679 户，增长率为 22.23%，新登记农民专业户 108 户，增长率为 21.6%。

一、增强创新创业的顶层设计和制度供给

西咸新区着眼发展全局，根据主导产业、城市建设、民生改善等建设发展的实际，开创性地将双创工作与招商工作放在同等重要的位置，提出依靠招商引资和双创两轮驱动推动新区二次创业，设计了符合新区发展需要的制度框架和政策体系。

成立工作领导机构。省委、省政府高度重视西咸新区的双创工作，成立了省级双创工作领导小组。同时，新区也相应成立了双创工作领导小组（双创办），保障了双创工作扎实有力推进。

出台相关工作方案。出台了《西咸新区双创示范基地建设方案》、《西咸新区双创工作任务分解安排》,明确了新区双创工作思路、目标要求、具体措施、任务分工、完成时间等,确保了参与部门和人员有章可循,新区管委会双创、纪检、考核等部门将联合督查考核。

确定行动计划。实施“123 行动计划”,其中,“1”是建设“大西安创业创新带”,“2”是形成“双轮驱动”(“新客计划”+“点菁工程”),“3”是实现“三个协同”(“产学研”协同创新、企业协同创新、国际合作协同创新)。

召开招商引资暨双创工作推进大会。为进一步改进招商引资和双创工作,提升新区产业发展水平,推进现代化大西安新中心建设,西咸新区召开了招商引资暨双创工作推进大会。会议要求全区上下进一步统一思想、凝神聚气,坚定不移地推动发展重心转移,坚定不移地实施二次创业,以追赶超越的锐气和加快发展的志气,全力推进双创工作,加快构建现代产业体系,确保早日实现建设现代化大西安新中心的目标。

二、以人为本优化创新创业生态环境

西咸新区从建立之初到现在,仍然是底子薄,基础差,百业待举,百事待兴,以双创促改革,进一步放宽市场准入,为创业搭台,使创业者能够轻装前进;进一步激活市场主体,促进社会纵向流动,让更多的人实现人生价值。

因地制宜搭建双创平台。沣西建成双创主题大街,并依托现有市政干道改造和标识提升,建成西咸双创展示中心、双创广场、大学生创业基地等,形成了“一横三纵四节点”格局。同时,发起成立有200 多家创始会员的智慧城市制造产业联盟,与中航工业计算机研究所共建“智慧城市双创大厦”,充分利用本地产业资源构建高含金量的产业价值网络。沣东结合“一轴一带七板块”的产业空间布局,打造以现代服务业、高端装备制造产业和高新技术产业为主的“四创”（科创、商创、文创、工创）空间布局。空港将国际商务中心、临空产业区中小企业园、民航科技产业基地孵化器作为双创工作的重要平台，通过“平台+双创”模式，为企业提供租金、设备购置、运营资金等多种补贴，助力双创企业“赢在起跑线”。能源金融贸易区建立西咸青年创业园、陕西（西咸新区）人力资源服务产业园等双创平台，用于支持青年创业，为创新创业者提供全方位的服务。文教园正在加快建设国际文创小镇、西咸计家田园梦想小镇、西咸文旅众创空间，将以陕西获批国家对外文化贸易基地为契机，围绕“文化+贸易”，打造“一市一池双核四云”云服务双创平台（一市：订单市场，一池：资金池，双核：IP 版权认证、交易，四云：IP 云、订单云、教育云、设计云）。秦汉已对接第三方拟搭建全要素双创云服务平台。泾河新城通过精准招商和跟踪服务，西部综合创客中心等一批创新创业平台落户，为区域经济发展植入“创客”新引擎。依托中国原点·龙安居义乌名品折扣城“青年创业中心”成功设立大学生创业基地。以茯茶镇为例，泾河新城秉持“龙头企业带动，广泛农户参与”的建设理念，让村民真正成为市场经济的主体，以股权分红的形式获取10%保底收入，并通过劳务输出、统一配送、农户自主经营等多种方式带领群众创业致富。

构建服务双创的政策体系。沣东出台了《沣东新城科技公共服务平台认定和贴息补贴暂行办法》、《沣东新城统筹科技资源改革示范基地科技创新专项基金管理暂行办法》、《关于进一步鼓励大众创业万众创新的暂行办法》、《沣东新城关于大力推进大众创业万众创新工作的实施方案》。沣西出台了《关于促进大众创业万众创新的若干政策》、《关于促进高层次人才引进的若干政策》。秦汉新城出台了《陕西省西咸新区秦汉新城鼓励大众创业万众创新发展暂行办法》、《陕西省西咸新区秦汉新城引进和鼓励高端人才发展暂行办法》、《陕西省西咸新区秦汉新城产业发展扶持政策(试行)》等系列政策以及《2016年度支持产业发展专项资金项目申报指南》。空港出台了4项双创扶持政策和1项人才引进政策。泾河新城研究拟定了《西咸新区泾河新城建设双创基地推进大众创新创业的实施意见》,出台《泾河新城一次性创业补贴使用管理实施细则》。能源金融贸易区正在起草《创新创业支持政策建议方案》。文教园正在起草《关于促进大众创业万众创新的若干政策》。

发挥资金助推双创的杠杆作用。空港新城联合陕西金控集团、天驹集团,成立了30亿元的陕西省首支航空产业投资基金"陕西金控空港新城民用航空股权投资基金",用于支持区内重点产业及双创企业发展,推动航空产业集群化、创新产业发展及相关人才储备。秦汉建立了10亿元的"关天"产业发展扶持基金。沣西与大连亿达集团共同建立了初始规模为2000万的天使基金。泾河新城20亿元现代服务业发展基金顺利完成首期投放,开创了西咸新区产业基金支持入区企业发展的先河,助力区域产业转型升级和创新创业发展。

优化投资发展环境。工商部门于2016年8月30日在全省启动"五证合一、一照一码"登记制度改革,在整合工商营业执照、组织机构代码证、税务登记证的基础上,进一步整合社会保险登记证和统计登记证,由工商部门核发加载法人和其他组织统一社会信用代码的营业执照,社会保险登记证和统计登记证不再另行发放。沣东颁发陕西省首张微信营业执照,设立西咸沣东商务秘书公司,探索入区企业集中登记、一址多照、多证合一,降低创业门槛,便利创新创业活动。税务部门不断加大纳税服务和简政放权工作力度,通过二维码一次性告知、办税事项全区通办、建立"绿色通道"、取消非许可类审批等,降低准入"门槛",方便创新创业市场主体。泾河创建了泾河新城商务秘书有限公司,为入区企业办理各种手续及提供场地等服务工作,从企业年报、税务的有关事宜、企业形象宣传以及各种法律法规的援助，提供一站式快捷通道服务。

三、根植文化基因　营造创新创业社会氛围

陕西在中华文明史上占据重要篇章，自古不乏创新文化和创新精神的基因，陕西独特的文化资源与新时期的创新创业能够碰撞出巨大火花。西咸新区深耕厚植西部的创新创业历史文化积淀，大胆革新、勇于突破，挖掘西部创新创业文化，弘扬创新创业精神，营造创新创业氛围。

举办“创响中国”巡回接力西咸新区站活动。该活动为系列活动，活动时间跨度为2016年9月1日至11月30日，包括媒体见面会、启动仪式、全国双创示范基地工作交流会、中国双创生态环境体系建设研讨会、2016天使投资人论坛、首届“创新创业+西部机遇”高层研讨会、新丝路数字文化互动活动暨《西咸创业记》系列电影首播仪式、“聚首西咸·创响中国”文化沙龙、双创培训会、新型城镇化农民双创培训及经验交流会、跨境电商业态创新沙龙及产品线下展览展示、“硬科技”路演、双创展览（双创科技庙会）、科技人才创新创业政策宣讲会及“创响沣东·2016陕西互联网+创新创业峰会”等10多项活动。国家发展改革委、中国科协、陕西省政府领导出席了活动启动仪式，全国人大财经委副主任辜胜阻、中华慈善总会机关工会主席芦红焰以及国家发展改革委宏观经济研究院、中国科协创新战略研究院领导、全国首批双创示范基地和区域示范基地所在省（市、区）发展改革委和西北五省（市）发展改革委百余位代表参加出席了活动。据统计，西咸新区双创活动网络关注条目达到135万条。

参加并开展2016全国“双创活动周”活动。此次活动为全国性活动，活动主会场设在深圳市，西咸新区也相应开展系列活动，活动时间为10月12日至18日，由县域电子商务双创模式研讨会、文创小镇揭幕仪式、大健康创新创业论坛、放飞创客梦想——西部云谷创

业项目路演暨投资论坛组成。该活动以“五个一”为主线，以增强区域双创内生动力为着眼点，使“双创周”活动呈现出亮点纷呈、特色突出的良好局面。

举办“我们都是跑步家——大西安健康生活计划”创客跑活动。举办“创响中国”巡回接力、“双创活动周”的同时，在西咸新区 5 大新城举办了“我们都是跑步家——大西安健康生活计划”创客跑活动，多位奥运冠军和创业代表出席活动。参与活动的近万名跑步家的共同感受就是，奥运精神与创新创业一样，需要突破、追求、坚持、互助和共享。“我们都是跑步家”活动有效增进了市民对西咸新区的认识和了解，充分展现出西咸新区作为现代化大西安新中心现代、时尚、国际的未来引领魅力。“我们都是跑步家——大西安健康生活计划”创客跑活动关注条目达到 160 多万名。

开展双创公开课活动。开展以“青春新势力、双创新活力”为主题的双创公开课，走进大西安地区高校，宣讲“科技人才创新创业政策”，广泛宣传推广创新创业的文化内涵、精神追求和社会价值。目前，已在西安交通大学、西安电子科技大学、西北农林科技大学、西安外国语大学、陕西中医药大学进行了宣讲。据统计，整个活动覆盖 12 万人。

举办“大西安健康生活创新创业”大赛。结合国内大健康产业发展现状，西咸新区正在谋划“大西安健康生活创新创业”大赛。此赛事为国内唯一以“引领现代健康生活方式”为主题的创新创业大赛。该赛事以引领现代生活方式为主题，鼓励创新创业，吸引更多的行业精英关注西咸、汇聚西咸、发展西咸、改变西咸，同时把西咸的健康智慧结晶推向全球。

举办“新丝路·逐梦青春”第二届新丝路长安杯大学生国际微电影节。此次电影节共征集作品 2323 部，评审出 224 部获奖作品。一系列开阔大学生创业思维、激发创作热情、挖掘创作潜能的微电影作品，展现了青年成长、奋斗创业、奉献社会的青春风采。大赛还紧密联系西咸新区开发建设，展示了新区日新月异的建设风貌。该电影节已成为全国大学生最受欢迎、最具影响力的活动之一。

发出“一带一路”协同创新倡议。主办了2016“一带一路”协同创新孵化国际发展论坛，并在论坛上发起“以创新为引领、以青年为主体、以产业为核心、以人文为纽带”的“一带一路”协同创新孵化联盟倡议，旨在搭建“一带一路”沿线国家创新交流桥梁，有力推进协同创新和产业孵化，共同建设信息丝绸之路，助力陕西打造丝绸之路经济带核心区和西安内陆型改革开放新高地。2016年11月，联合西北大学主办了“起航新丝路·丝绸之路文化使者”特训营。通过引进国际留学生，输送高端经贸人才，全面开发丝绸之路文化宝藏，将古丝绸之路千年文化积淀与世界共享。“丝绸之路文化使者”将成为中国与丝绸之路沿线国家和地区文化交流、经贸合作的国际媒介。特训营是探索“以文化促发展”的积极尝试，也是加强各国文化与经济交流的大胆创新，吸引各国留学生高度关注并踊跃加入。

拍摄国内首部以双创为主题的电影——《奔》。作为西北地区首批唯一的双创示范基地，西咸新区致力于打造具有自身特色的双创文化生态体系，主导拍摄了国内首部以双创为主题的电影——《奔》。《奔》取材于西咸新区青年创业群体的真实经历，讲述了年轻人勇于创新和艰苦创业的双创故事，情节和内容都具有当代青年人的普遍特征，真实还原了青年创新创业的心路历程。

打造“奔跑西咸”主题文化精品。新区打造了“西小咸”创业吉祥物，通过动漫、卡通产品、微信表情包等塑造出一个心怀梦想、百折不挠的创业形象，以“西小咸”为主人公的中英双版本的《奔跑西咸》动漫创业宣传片获得了创纪录的点击率。新区邀请西安交通大学校长王树国、中国国际经济交流中心总经济师陈文玲、中国政府友谊奖陕西获奖者美籍华人朱娟莉、陕西秦腔代表人李梅和多位新区创业青年代表，拍摄了西咸创新创业宣传片《创西咸》，受到了各界高度好评。

四、挖掘西部科技资源优势　推动硬科技创新发展

陕西积聚了大量科研院所、高校集群，以及众多的军工企业和高新技术产业资源，综合科教实力居全国第三位，已逐渐形成了“硬、实”为特色的科技创新体系，完全具备在“硬科技”领域实现突破的实力和能力。

“硬科技”是指以航空航天、光子芯片、新材料、人工智能、基因技术、脑科学等为代表的高精尖科技。硬科技强调“核心+原创”，需要长期研发投入、持续积累才能形成，具有较高技术门槛和技术壁垒，体现了技术性、核心性、产业性、实体性、原创性等“硬”特质。

西咸新区大力发展“硬科技”，充分发挥西部地区科技和人才资源特色优势，有效解决科技与经济“两张皮”问题，推动大众创业、万众创新向纵深发展。西咸新区联合中国科学院西安光机所、陕西省科协，以及陕西本土高科技企业投资孵化机构中科创星，以西咸新区良好的创新创业氛围与活跃的创新创业生态圈为基础，以陕西省良好的科研院所布局为依托，聚集人才、技术和资本，谋划共建全国首个“硬科技”小镇，完成了西咸新区“硬科技”小镇建设和发展规划。

探索建立科技成果转化实验区或者特区。在西咸新区西部创新港、无人机、3D 打印小镇、西部云谷等基础上，建设十个体现陕西科技优势的硬科技小镇，打造以航空航天、光子芯片、新材料、人工智能、基因技术、脑科学、军民融合等“硬科技”为重点领域的大西安科技成果转化特区，进行科技成果转化和激活科技资源改革先行先试。

五、结合新区主题创新城市发展方式

西咸新区是我国首个以创新城市发展方式为主题的国家级新区。2015 年 2 月，习近平总书记在陕考察时指出，发挥西咸新区作为国家创新城市发展方式试验区的综合功能。伴随创新城市发展方式和大众创业、万众创新工作的不断深入，西咸新区越来越认识到这两项国家级试点工作的内在逻辑和核心目标是高度一致和内在统一的，需要对新区的城市功能和定位赋予新的内涵。

西咸新区紧扣创新创业的主旨、内涵和要求，将其作为新区在城市建设、产业激活、社会发展、民生改善等方面的重要驱动力，形成了大众创业、万众创新与创新城市发展方式有机统一、和谐共振的良好局面。一是大众创业、万众创新推动新区功能再定位，新区召开了城市工作会议，聚焦创新城市发展方式，聚力大众创业、万众创新，着力把新区建设成为大西安地区生态优美、经济活跃、产业高端、创新突出、创业便利的“创新功能区”。二是大众创业、万众创新推动城市规划和建设理念的转变，提出打造绿色城市的西咸标准，创新推动海绵城市建设，创新推进地下综合管廊建设，推广绿色建筑标准，积极推广地热能、干热岩技术、分布式能源等绿色能源。三是大众创业、万众创新推动城市管理体制的改革创新，新区正在积极探索破除阻碍创新发展体制障碍，以大部制、大数据为手段，推动工商、税务、社保、质量、环境、食药、知识产权、公安、安全生产等多个部门的信息和资源共享，健全信用法律法规和标准体系，打造一流的城市环境、营商环境、政务环境。四是大众创业、万众创新推动了“产城融合”的速度和质量，新区紧抓双创、服务贸易、开放型经济新体制、自贸区等国家试点机遇，积极推动区内 5 个新城和 2 个园办探索构筑适合自身特点的产业架构。

第二节　高校和科研院所双创示范基地

清华大学：
构建以“国际化”和“引领性”为特色的创新创业体系

清华大学双创示范基地以“人才培养”、“科学研究”、“社会服务”和“文化传承”为使命，以“学生自主双创”和“科研转化双创”为路径，着力打造全球视野、中国特色和引领示范的高校创新创业体系。主要特色有：一是引入和输出双通道，双创人才培养和科研成果转化两手抓的“国际化”创新创业体系，即充分利用国际优质教学研究资源，探索国际化创新创业人才培养模式，建立国际化教育与科研成果转化机构等；二是面向创客、高校、社会大众和行业企业建立多层次、引领性的创新创业体系，即通过创新创业人才培养体系建设、高水平科研平台开放对创业支撑、在线教育、聚合社会双创教育资源等发挥引领作用。

一、完善创业人才培养和流动机制

1. 建设跨学科创客实践平台

2016 年，全国首创启动基于“学科交叉融合”理念的技术创新创业辅修专业，集中计算机系、自动化系、土木系、机械系、美术学院、经管学院、法学院等 10 个院系近 40 名教师，进行为期一年半的“技术”、“商业”和“设计”融合培养，首批招生 72 人。开设《创业导引——与创业名家面对面》、《创业认识与实践》、《技术产品的知识产权》、《设计思维》、《产业前沿》以及联合全校各院校开展《实验室科研探究》等创新创业课程，累计近 5000 课时，服务学生超过 1500 人。举办“清华大学创客日”、“创客教育基地创客导师研修班”、

2016年中美青年创客大赛北京区选拔赛等创新创业教育活动，参与人数1000余人。此外，接待国内外高校及社会各界参观学习访问近4000人。面向全国高校双创基地的教师举办“双创教育基地师资研修班”，全年共开办师资研修班5期，培训200人。

2. 建立了清华—伯克利深圳学院（TBSI）

由清华大学和加州伯克利大学在深圳市联合建立了清华—伯克利深圳学院（TBSI），培养全球科技领袖和未来企业家。在环境科学、数据科学和精准医疗领域成立17个高端实验室，成立腾讯、大疆、比亚迪等知名高新技术企业参与的产业顾问委员会。2016年5月，两校校长签署了伯克利历史上首个也是唯一在海外运行的清华—伯克利双硕士项目协议。

3. 成立中国高校创新创业教育联盟

由清华大学发起成立中国高校创新创业教育联盟，打造高校创新创业教育的共同平台、国家级智库和国际合作桥梁。2016年主办“校长论坛”、协办“互联网+”大学生创新创业大赛、成立中国高校创新创业教育研究中心和中国高校创新创业投融资委员会。计划于2017年举办首届“中国高校创新创业教育联盟年会”。

二、加速科技成果转化

陆续发布《清华大学科技体制机制深化改革意见》、《清华大学科技成果评估、处置和利益分配管理办法》等政策文件。建设清华大学“服务于双创教育的创新医药平台”，由清华大学主导、产学研多方协同，充分利用全球资源，推动新型药物与疗法的研发及关键新药技术突破。主要工作包括：（1）依托清华大学大型新药开发技术平台，将基础科学研究中的新发现、新成果快速转化为小分子、生物大分子、基因疗法、细胞疗法以及医疗器械等新型临床药物、技术和治疗法。探索以市场为导向的创新商业模式。例如，由比尔及梅琳达盖茨基金会、北京市政府以及清华大学三方共建的“全球健康药物研发中心”（GHDDI），是国内新药研发领域首次引入国际资金、投入非盈利机构的创新PPP模式。（2）借助学界与工商业界的深度交流与融合，引入国际前沿的创新创业经验，开展以新药研发及市场应用为导向的创新创业教育。组织国际论坛、医药创新大赛、药企R&D管理创新教育，培养具有科研技术背景的研究生及年轻校友的创新创业意识和能力。2016年组织相关交流培训10期，累计覆盖培训人数200余人。建立健全弹性学制管理办法，允许学生保留学籍休学创业。加强创业导师队伍建设，完善兼职创业导师制度。2016年有7位生物医药技术领域的科研人员入职清华大学。（3）以全球视野推动跨国跨学科跨领域的深度合作。在新药转化研究领域与国际一流的科研院所、组织机构、相关企业以及投资机构开展广泛有效的合作，集中全球资源和优势，发挥互补与协同效应，推动创新药物技术突破。多位科研人员取得较好的科研成果，例如，药学院何伟教授解决了硅药物分子合成上的长久难题，发现了适宜临床前药物开发的一类新药分子候选物。

三、构建大学生创业支持体系

1.探索建立多资源深度融合机制

依托清华大学位于美国西雅图的GIX国际化创新创业平台，建立多资源深度融合机制，形成从跨学科创新创业能力培养到项目孵化的全环节实训新模式，打造培育国际化创新创业领军人才支持体系。平台建设内容包括全球创新智能空间、实训中心、机电实验中心、软件库和国际创新创业加速器等。9月，平台在美国西雅图学院大楼举行奠基仪式，清华大学和华盛顿大学校长、美国华盛顿州州长、我驻美使馆参赞等出席。推进全球创新智能空间建设，部分完成异地远程智能教室空间开发试用，实现6K大屏上开展沉浸式视频对话和共享场景 VR 协作;完成李兆基科技大楼 B430 房间实训中心建设,配备实验研究环境和流动访问交流支持并投入使用。建设国际创新创业加速器,举办 GIX 创新大赛,近 300 项来自世界各地的项目报名参赛,其中纯净空气净化设备“AirEx”等 10 个项目获得近 20 万美元资金支持。

2. 加强国际交流与合作

借助双创国际暑期学校,支持校内学生走出国门感受创新创业,引导国际学生来中国感知双创。2016 年暑期,开展清华—日内瓦大学众筹可持续发展社会创新项目、清华—新加坡国立—印度商学院亚洲创新创业暑期项目、桑坦德集团合作“World Challenges”双创项目、港澳台“城市创变客”暑期工作坊等,共计派出本校学生 100 余人,接纳国际学生 200 余人。

3. 加强创新创业平台间的合作与交流

加强清华 iCenter、x-lab、创+、i-Space 及“未来兴趣团队”等创意创新创业教育平台间的合作和交流。2016 年,先后组织清华大学“互联网+”大学生创新创业大赛、清华—南山创新创业训练营、2016 年全国“双创活动周”等活动。

4. 积极探索开放共享的双创教育基地运行模式

2016 年,完成全球最大的校园创客空间 iCenter(16500 平方米)双创教育基地建设,形成了创客活动平台、创客制作平台、创客交流平台、成果展示平台等多层次功能空间,建立了智能门禁系统、设备使用制度、配套人员支持等多项机制。吸引包括青橙创客等创业团队、TEDxTHU 等学生社团、水木清华理事会等孵化组织、乐高终生学习实验室等 40 余家机构入驻。围绕双创教育基地建设,先后出台近 10 项政策,包括中国高校创新创业教育联盟理事会章程、清华大学技术创新创业辅修专业管理制度、清华大学学生社团入驻手册、驻校创业导师制度、实验设备开放条例、校企共建条例、中学生创新学习活动运行条例等。

四、建立健全双创支撑服务体系

1. 建设双创在线教育与实践平台

依托清华大学学堂在线“中国创业学院”频道等资源，建设双创在线教育与实践平台，为社会大众提供优质的双创在线课程。主要工作包括：

（1）基于清华大学创新创业课程建设慕课体系。2016 年，中国创业学院频道共开设创新创业慕课 48 门，新录制课程 33 门。课程覆盖创业企业的孕育期、初创期、成长期与成熟期等 4 个发展阶段，内容涵盖团队与领导力、产品研发、市场营销、财务管理、融资谈判、商业模式与战略等关键主题。其中，《清华经管—麦肯锡全球领导力课程》、《创·课十讲》、《华为成功之道》和《创业者心理学》等系列课程，受到社会广泛关注。截至 12 月 1 日，课程选课人次由年初的 26.1 万增长至 68.5 万，引领中国创新创业在线教育。

（2）探索创新创业人才的混合式培养模式。2016 年，中国创业学院频道成功举办 25 期业内顶级的线上与线下混合式培养项目，包括“创业学习与教育师资研讨班”等师资培养项目，“苏州市科技型企业创始人加速成长特训营”、“清华 x-lab‘创—CEO 特训营’”等创业人才培养项目，以及中国移动、中国石化、招商银行、光大银行、58 集团等企业内部创新创业培养项目。

（3）建立实战型的创新创业导师团队。2016 年，中国创业学院频道聘请了首批创新创业导师，包括投资界、咨询界、企业界、学术界导师共 35 人，指导开展创新创业工作。其中，学术界导师聘请了英士国际商学院（INSEAD）创业学教授罗晓薇博士、美国百森商学院教授 Donna Kelley 博士等海外学者，以充分借鉴培育创业人才的国际经验。

（4）筹建清华幸福科技实验室。由启迪控股与清华大学心理学系于2016年4月共同筹建，旨在在积极心理学研究基础上开展创新创业的跨领域课题研究。举办幸福科技全球创新挑战赛，共征集国内外300余项目，31支团队进入决赛环节，胜出的11支团队领取107万人民币奖励。项目涵盖了与心理学研究相关的脑电科技、意念控制、眼动技术、生物医学技术等领域。先后15余项项目进入启迪孵化器孵化，涉及心理学咨询技术、心理测试技术、减压舒压技术等领域。组织各类孵化器互动活动、讲座活动达200场，近3000人次参与。

2. 建设"智能芯片+智能硬件"双创开放平台

通过双智双创开放平台降低智能芯片智能硬件行业的双创门槛，为行业企业双创提供支撑服务。面向"智能芯片+智能硬件"双创开放平台运行，采取"边建设边服务"的方案，积极主动开展"智能芯片+智能硬件"双创开放服务，给予企业大型设备开放、关键技术支撑和技术人才培养等方面的支持。积极推进平台建设，进一步提升平台基础设施水平并完善关键设备，加工与集成平台新增5台8英寸溅射、氧化、刻蚀设备；完成空间规划、光刻区和湿法区的改造升级、新增设备的工艺气体管道的改造升级以及平台气体检测系统的改造升级；进一步规范实验室安全防护措施，规范平台化学间化学品的使用及放置。平台采取开放培训使用政策，2016年为10余家企业提供大型设备开放、关键技术支撑和技术人才培养；科研服务IP逐步从北京地区辐射全国，先后向各地大学及科研单位提供"智能芯片+智能硬件"服务。

上海交通大学：
推动高校成为双创最活跃的细胞

上海交通大学是一所具有强烈创新创业基因的学校，自1999年起持续推进创新创业教育，并积极探索构建“一体两翼”研究型大学创新创业教育模式，大批校友及师生活跃在创新创业和创投领域，为催生更多新技术、新产业、新业态作出贡献。2016 年，学校借助承担国家首批双创示范基地建设契机，在大学生创新精神和创业意识培育、教师科技成果转化、高校新型孵化器建设等方面，突破政策限制、破解共性难题，加强资源整合、形成工作合力，以更高视野、更强决心，为推动高校成为双创最活跃的细胞探索模式、积累经验。

一、强化双创教育培养体系建设，培育学生创新精神和创业意识

学校坚持“教育、实践、孵化”相结合，确立符合科学规律、阶段特征的创新创业教育规划。坚持“面上覆盖”和“点上突破”相结合，面向全体同学，培养终身受用的创新精神、创造理念和创业意识；面向部分有强烈创业意愿的同学，培养成为企业初创者和未来企业家。着力于构建完整的“创业教育—创业实践—创业孵化—创业研究”的创新创业教育培养体系。

1. 创新创业教育

构建有针对性和实效性的创新创业教育课程体系，将创新创业教育纳入人才培养全过程。在创业课程教学方面，各学院与创业学院打通培养计划和课程平台，便于学生修读创业教育相关课程，培养学生在专业教学中勇于创新，善于发现创业机会、敢于进行创业实践的能力。2016 年，学校创新创业类课程共计开设 72 门，156 学分，覆盖学生 3810 人次，各个学院开设的创新创业课程 48 门，覆盖学生 4854 人。开展双创系列讲座，全年共举办 9 期“创新与创业大讲堂”，吸引 2000 逾名学生聆听、研讨；9 场“创业沙龙”研讨会。“学生创新中心”推进了《金工实习》、《电工实习》等实践课程全面改革，开

设了《工程技术认知》、《工程技术探索》两门通识课，细分全校各专业特点，重新梳理了实践教学体系。

在第二课堂教育方面，积极举办各类创新创业讲堂、沙龙、训练营等活动，面向全校同学培养创新精神、创造理念和创业意识。持续推出“创新与创业大讲堂”；进一步优化“创业沙龙”；重点打造“互联网+训练营”和谷歌创业训练营；加强创业学院“宣怀班”教育和管理。

学校进一步明确本科生和研究生可有1至2年时间休学创业，期间可享受学校的创业教育资源和支撑服务，实现“离开课堂寝室，不离校园创业圈”。

2. 创业实践

持续开展各类创业竞赛、创业训练计划项目、实习实训等增强有创业意愿学生的创业实践感。主办“Google杯”第十八届学生创业计划大赛，吸引19个院系86个团队300多名学生报名参赛；新增“国家级大学生创新创业训练计划”项目100项；新增“上海大学生创新计划”项目132项；新增“上海交通大学学生创新实践计划”项目306项；新增“上海交通大学学生创业计划”项目100项；新增“本科生研究计划”（PRP）共立项497项，执行541项，结题553项。

举办“春季创业训练营”和“SJTU-GOOGLE夏季创业训练营”，通过讲座、与创业大咖分享交流、企业调研、导师1对1辅导、项目路演等环节，增强学生创业实践能力，共吸引36支创业团队、120名学生参加。

2016年学院招募并培训第六期“宣怀班”学员50人，实际创业人数18人，其中14人已注册公司。开展2016年暑期创业见习活动，组织举办创业见习招聘会，饿了么、触宝科技、百姓网、小红书等68家优秀创业企业来校招聘，百余名学生参加。

3. 创业孵化

依据创业项目的发展阶段，形成“创业专项工作室—创业加油站—国家大学科技园—零号湾”分层分类的创业项目孵化体。对处于计划和创意阶段的创业项目，择优提供“创业专项工作室”，其中“创业专项工作室”有“互联网+工作室”2 间、“物联网工作室”1 间、“文化创意工作室”1 间；4 间创业专项工作室共提供近百平米的物理孵化空间，累计入驻创业学生团队 11 支、入驻学生 55 人，孵化出了“科赛科技”、“智眼科技”、“校烤联盟”、“七星咖啡”、瓶钵信息科技有限公司等多个发展趋势良好的在校生初创企业。其中，“智眼科技”获得 2016 年上海交通大学“Google 杯”第十八届学生创业计划大赛银奖，“校烤联盟”获得 2016 年上海交通大学“Google 杯”第十八届学生创业计划大赛铜奖，瓶钵信息科技有限公司获得 2016 年“创青春”中航工业全国大学生创业大赛决赛银奖，“科赛科技”已获得天使轮 150 万元融资。

对于初步具备产品或服务的创业项目，提供校园内创业加油站的物理空间支持，使其拥有体验现实商业环境的条件和能力；对于更为成熟的创业项目，提供国家大学科技园和零号湾创新创业集聚区的场所支持，使其获得更为全面的孵化支持。截至 2016 年底，零号湾入驻企业 187 家，其中上海交大在校生和校友 96 家，占总入驻数 50%以上。

4. 创业研究

上海交通大学全球创新创业实验室主要开展“1+X”的理论研究。其中，主导研究方向“1”为“创业案例动态追踪研究”；“X”为结合各位特约研究员既往研究基础和兴趣点，通过全球创新创业实验室搭建一个交叉研究平台和研究素材、数据支撑平台。2016 年，首批聘任特聘研究员 20 人。2016 年 7 月，上海交通大学、上海市人力资源和社会保障局和上海银行共同发起成立上海创业研究中心，旨在探索创新创业教育内在规律,破解创新创业教育症结,构建研究型大学创新创业教育的新模式。上海市人社局为研究中心提供创业就业基础数据资源及配套的政策服务支持;上海交通大学提供办公空间及相应配套服务,组建相关研究团队,承担具体研究工作;上海银行则主要为研究中心、创业企业提供金融产品创新研究及研究成果转化的配套金融服务。2016 年国家双创活动周期间,以上海研究中心为依托,举办上海 2016 年秋季创业研究论坛,汇聚了上海高校创业研究领域 20 多位专家、学者,对创业理论研究和智库研究等开展交流研讨。

上海交通大学积极承担研究课题,2016 年 4 月,创业学院赵旭教授承担上海市教委课题"基于大数据的创业指导精确服务体系的研究",2016 年 5 月,创业学院姜伟承担教育部高校学生司和全国高校就业中心课题"高校创业指导服务'四到位'标准研究"。

5."四师制"的师资队伍

在创业教育师资队伍建设上,学校充分发挥校内优秀师资和海外资深学者,以及产业界领袖和创新创业实践者优势,共同组建一支学术与实务相结合、创新与创业相结合、本土与国际相结合的课程教授和创业导师团队,建设"教师"、"讲师"、"创业导师"和"创投导师"4 支队伍。为全校开设创业课程的有来自安泰经济与管理学院和工学院的专职教师和来自业界、从事创业的兼职讲师,目前集聚了 261 位创业导师和创投导师,为学校师生和年轻校友创业实践和孵化提供了有力支撑。"四师制"促进了校内外、海内外、专兼职、学界和产业界在创业教育与实践的结合,推进了协同创新培养创业人才。

"师资细分未来将成为高校创业教育的比较优势和核心竞争力",上海交大秉持这一理念,在实践中进一步对来自智能制造、互联网金融、智慧医疗、文化教育等不同领域的导师进行细分,对专注于种子、天使、VC/PE 等不同投资阶段的创投导师进行细分,形成更具有针对性和实战性的师资体系。

6. 多元化的国际合作

建立以创新创业为主要导向的两个学院，一个跟南加州大学合作打造创业产业学院，根据产业价值链的分类和市场需求整合全球资源，以创新创意创业为核心，面向市场和产业需求，培养具有创意精神、创新思想的复合型产业领袖人才。目前第一季研究生已经入学。另外一个跟英国帝国理工学院合作建设中英低碳学院，主要研究新能源方面成果转化，致力于培养国内低碳领域顶级人才，助力构建低碳产业生态系统培养基地，打造低碳领域国家级双创示范基地。此外，学校积极推进与德国等欧洲国家开展创业暑期学校，共同开发创业项目的国际化实践。在创业学院探索设立相关学分，为更多海外高校学生来交大进行创业访学奠定基础。此外，与美国百森商学院（Babson College）联合师资培训，选送教师赴美培训；与德国卡尔斯鲁厄理工大学（KIT）联合举办技术转移专题创业训练营；与美国德雷塞尔大学（Drexel University）创业学院签署战略合作协议；与加拿大西安大略大学（Western University）毅伟商学院合作编写案例；着力推动在美国费城设立“零号湾”分园区。

二、鼓励教师创新创业、加速科技成果转化

学校以紫竹新兴产业技术研究院为依托，通过政策体系建设、知识产权作价入股通道和投资模式探索、高校设备开放服务运营平台建设等方式，打造高校科技成果转移转化服务平台。

1. 建立科技成果转移转化政策体系，促进知识产权成果交易

学校出台《上海交通大学关于完善知识产权管理体系落实〈促进科技成果转化法〉的实施意见》，聚焦支持科研人员从事科技成果转化、对科技成果转化团队进行奖励、完善科技成果作价入股制度等政策突破，逐步制定和出台《职务发明管理办法》、《在职人员从事科

技成果转化工作的兼职管理办法》等9个配套文件。

上海交通大学科技成果转化"1+3+6"文件体系

序号	文件名称	负责制定部门	出台情况
1	《关于完善知识产权管理体系,落实〈促进科技成果转化法〉的实施意见》	校办、产研院	沪交办〔2015〕71号,2015.12.24
2	《职务发明管理办法》	科研院、产研院	沪交科〔2016〕42号,2016.05.30
3	《在职人员从事科技成果转化工作的兼职管理办法》	人力资源处	进行中
4	《科技知识产权转化工作绩效考核实施细则》	人力资源处	进行中
5	《知识产权申请及维护基金管理细则》	科研院	沪交科〔2016〕43号,2016.05.30
6	《科技知识产权及成果转化管理细则》	产研院	沪交办〔2016〕5号,2016.02.25
7	《科技成果转化基金管理细则》	产研院	沪交办〔2016〕5号,2016.02.25
8	《科技成果技术入股操作细则》	产研院、经资办	沪交办〔2016〕4号,2016.02.15
9	《知识产权合同审批管理细则》	科研院、产研院	沪交办〔2016〕5号,2016.02.25
10	《科技成果转化现金收益分配管理细则》	财务计划处	沪交办〔2016〕1号,2016.01.14

实施意见出台后,截至2016年11月,上海交通大学知识产权共交易215项,较2015年增加117%。其中,知识产权转让136项,占总量的63%;知识产权实施许可79项,占总量的37%;知识产权交易额共计4795万元,较2015年增加88%。其中,知识产权转让涉及金额3425万元,知识产权实施许可涉及金额1370万元。

2. 成立上海交大知识产权公司,打通知识产权作价入股通道

2015年9月,教育部正式批准上海交大知识产权公司成立。知

识产权公司致力于搭建上海交通大学技术持股平台，以科技成果作价投资促进科技成果市场化，建立新型校企合作机制。知识产权公司成立以来，累计促成技术持股项目6项，项目总额合计3.967亿元，持有技术股份折价约1.077亿元(详见下表)。带动注册资金约5亿元，拉动投资金额10亿元。

2016年上半年完成知识产权作价入股案例

项目名称	技术入股公司	注册资金	进展情况	股权分配	团队持股
新能源汽车智能网联项目	上海北斗交大新能源汽车技术公司	2670万	2015.1注册 2016.5校内登记	投资方1:70%、投资方2:5% 交大知识产权公司:25%	xxx团队IP公司代持(先投后奖)
智慧城市项目	上海融交科技有限公司	2000万	2015.7注册 2016.5校内登记	投资方:65% 知识产权公司:35%	xxx团队IP公司代持(先投后奖)
航空精铸新材料	上海中超航宇精铸科技公司	10000万	2016.5注册	投资方1:61%、投资方2:9% 知识产权公司+团队:30%	xxx团队持股18%(先奖后投)
高性能碳纤维回收	上海申勤高膜新材料有限公司	10000万	2016.6注册	投资方:75% 知识产权公司+团队:25%	xxx团队持股15%(先奖后投)
新能源充电桩项目	上海特来电新能源充电桩有限公司	5000万	2016.7核名	投资方:80% 知识产权公司+团队:20%	xxx团队持股12%(先奖后投)
二元供水项目	上谷水科技有限公司	10000万	2016.6注册	投资方:80% 知识产权公司+团队:20%	xxx团队持股12%(先奖后投)

3. 研究科技成果作价投资操作模式，针对具体项目进行试点

通过总结科技成果作价投资的多种操作模式，针对具体项目开展了试点。如："团队持股+收益返还"模式(煤制乙二醇技术项目)、"团队持股+收益捐赠"模式(特种光纤技术项目)、"参股企业+独家授权"模式(水煤浆流化悬浮高效洁净燃烧技术项目)、"公司持

股+股份奖励"模式(新能源汽车示范网项目)、"IP 奖励+团队承诺"模式(水环境技术项目)、"分割 IP+团队实资"(高温材料精密铸造项目)。

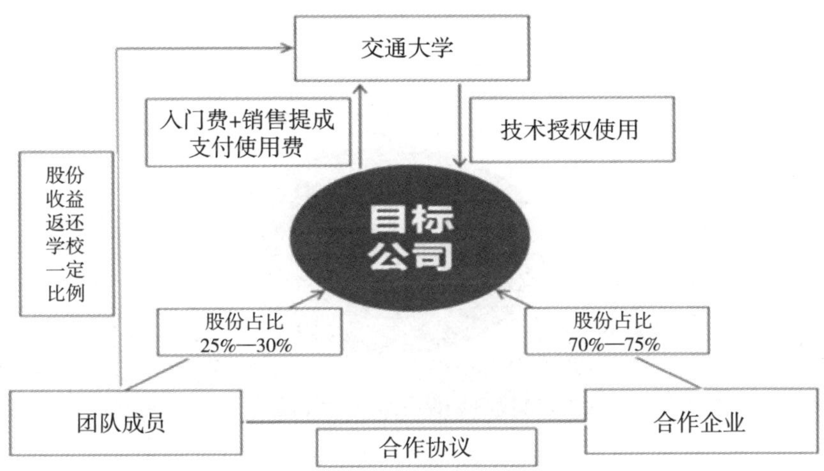

"团队持股+收益返还"模式

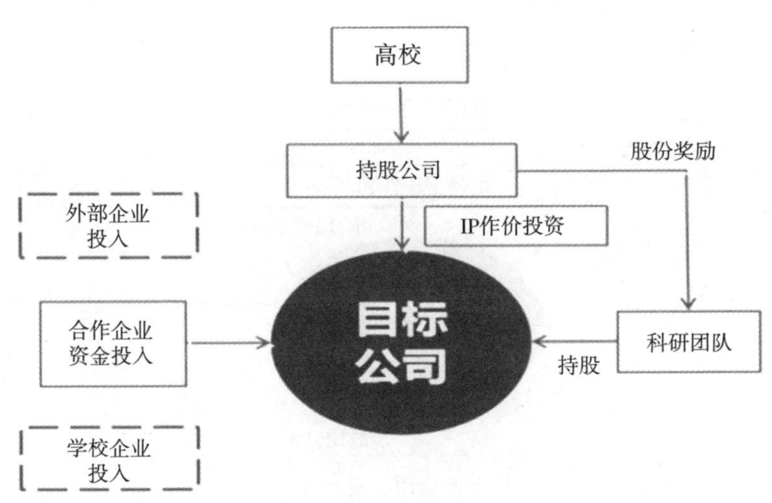

"公司持股+股份奖励"模式

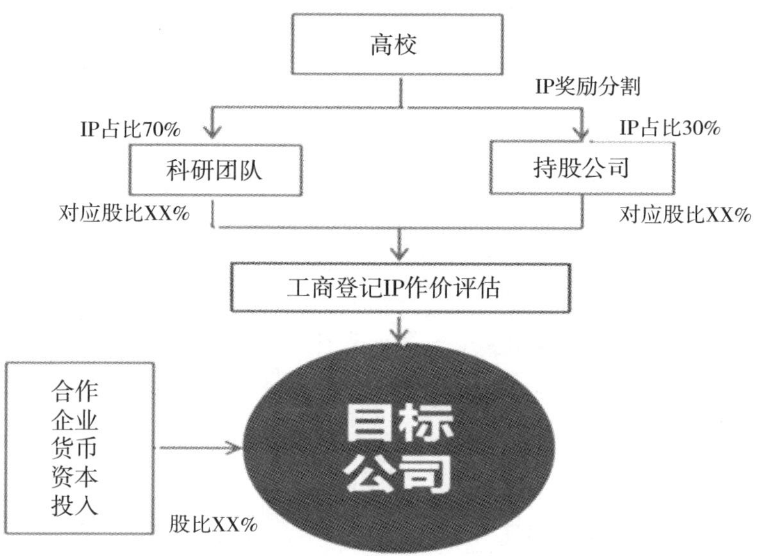

“IP 奖励+团队承诺”持股模式

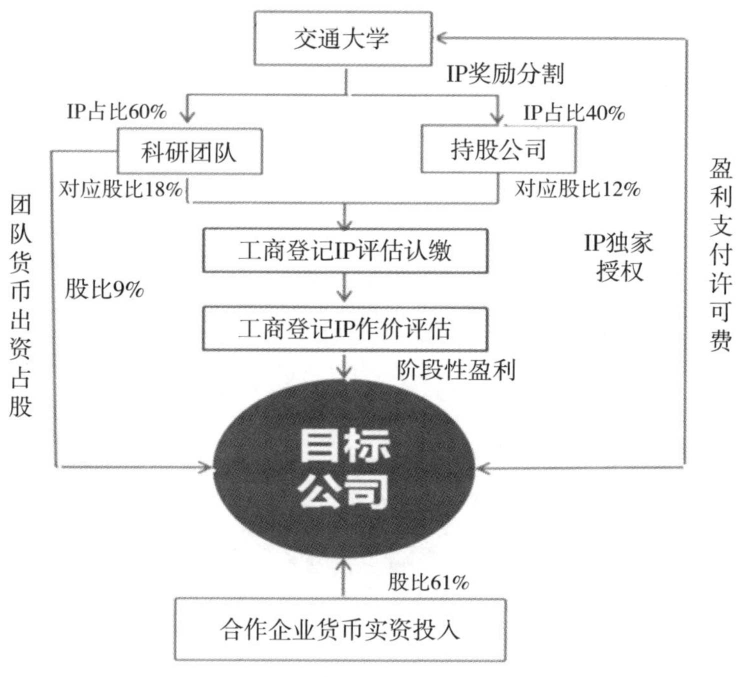

“分割 IP+团队实资”持股模式

4. 打造高校知识产权服务线上平台，构建高校设备开放服务运营平台

2016 年，高校知识产权服务线上平台——“创知网”正式上线。“创知网”是顺应高校技术转移、科技成果转化浪潮下建立的新型知识产权综合性服务平台，提供的主要服务有：专利交易，为专利持有者及技术需求者提供专利在线交易通道；培育孵化，推动科技成果转化和企业升级转型；众创空间，定期举行创新创业大赛，提高自主创新能力；创知联盟，推动产业技术联盟的构建和发展，促进产业技术创新资源整合；科技咨询，搭建高校专家与企业对接通道，为企业提供专业化的知识业务流程解决方案。目前，“创知网”已收录上海各高校专利技术 6077 项，达成技术交易案例 100 余个，正式入驻会员已超过 300 家。

高校设备开放服务运营平台——“WEILAB 微澜”是国内第一个吸收了欧美先进科研管理理念打造而成的完全面向科研团队及工作者服务的实验室智能管理、易耗品在线透明采购和科研设备分时共享一站式互联网及移动端平台。目前，已经为上海交通大学、浙江大学、复旦大学、同济大学、兰州大学国家重点实验室、中科院分院等多家单位及初创生物医药企业进行服务，并被评为 2015 年上海张江国家重点创新项目。平台现收录了近 2000 余台大型仪器设备，服务超过 500 个科研团队，管理近 15 万条易耗品库存，同时收录了超过 300 多家认证供应商的近 300 万条生化易耗品目录。

5. 推进地方研究院建设工作，建立政产学研合作体制机制

目前，学校已在深圳、无锡、郑州、云南（大理）、淮安设立 5 个研究院，建设以地方研究院为载体的政产学研合作促进中心，共同推进地方产业升级和项目集聚，将交大的学科优势和科研实力有效地辐射到地方。例如，苏北研究院为地方政府在上海举办高级管理人才培训班 3 次，学员近 150 名，在淮安举办两场人力资源专家讲座，受

众 300 人次;2016 年 6 月,在云南(大理)研究院的推动下,大理经济技术开发区大理创业园暨上海交通大学云南(大理)科技孵化项目正式开工,占地面积 2.77 万平方米,项目总投资 4.2 亿元,可以容纳 400 余家创业型企业入驻,创造就业岗位 5000 余个,截止到 2016 年 11 月,大理研究院院内各中心累计直接承担或间接参与各类项目课题 20 项,项目合同总金额超过 1000 万元;中原研究院 2016 年在水处理技术、水处理设备、生态农业和半导体材料方向,联合交大资源与企业共同申报郑州市"智汇郑州·1125 聚才计划"4 项。

三、加强零号湾——全球创新创业集聚区建设、构建高校新型孵化平台

"零号湾——全球创新创业集聚区"(以下简称"零号湾")通过汇聚创业要素、创新人才、孵化主体、功能平台、初创项目、科技研发、四新产业、国际元素等多种资源,充分发挥出智力、科技、人才、信息和平台、资源、资本的集聚优势,打造了高校与地方合作共建创新创业生态园区的新典范。

2016 年,零号湾已拥有 1 个国家资质,7 个市级资质,引进 5 家专业孵化器并拥有电子与信息、先进制造领域的专业孵化器,已入驻 270 个创业团队和 1000 余名创业者,在孵项目逐渐向智能硬件、医疗健康、电子信息、环保及新材料、大数据等四新经济产业靠拢,整体项目融资可公开总额目前超过 14600 万元。此外,一大批在孵优质项目脱颖而出。如,夺得中国创新创业大赛互联网及移动互联网全国总决赛冠军的天壤网络科技(上海)有限公司,"小挑战杯"(大学生创业计划大赛)金奖的上海图淘科技有限公司,还有自主研发的未来智能驾驶舱控制舱参加"十二五"科技创新成就展,获得习近平总书记亲自试驾并夸赞的上海技启信息科技有限公司,等等。再次,运营管理模式探索创新。自营孵化器的公共孵化服务、专业领域孵化服务、创

业导师、投资融资对接、项目入驻评审制度等孵化内容全面升级提升，成为园区的公共孵化生态体系，大园区的委托管理机制逐步形成。

1. 生态体系构建

截至目前，零号湾可为创业者提供包括工商服务、政策支持、金融证券、融资投资、税务法务、知识产权等全方位的创业服务支持，落户零号湾的闵行区行政服务中心让创业者足不出园即可办理各类手续。同时，零号湾也为创业者提供包括人才公寓、餐饮配套、游泳健身、创业一卡通、创业车管家、汽车分时租赁等强大的配套服务支持。

此外，为进一步完善丰富创业生态体系，打造零号湾创业无忧线上孵化平台，提供从项目入驻评审、各类孵化服务到融资对接、政策申报、上市服务等完整线上服务，实现了零号湾依托场地的实体孵化向线上孵化的无限延伸。

在公共服务体系逐渐完善后，零号湾整体服务探索实施项目孵化专员负责制度将创业项目的服务从广谱性、流程性服务向个性化、需求化服务发展。通过零号湾打造的创业项目服务创业项目、创投导师跟投创业项目等特色服务体系开始进入良性循环。

2. 集聚效应凸显

引育并举，多主体联合培育创业项目，零号湾苗圃、孵化器与先进制造、智慧医疗、接力空间、晨晖创投、苏河汇、塞舍空间、产研院孵化专区、信息安全孵化专区等专业孵化平台联合，共同打造多元化、开放性的创新创业培育平台。近期，零号湾引入昂立教育集团及其投资基金成立了互联网文化教育孵化专区；联合伯藜创投成立以企业湾项目为代表的投资孵化专区；与交大生物医学工程学院相关产业基金共建生物医学工程孵化专区；筹备建设“大数据应用基地”。

3. 资本市场生态构架完善

2016 年零号湾秉承的创投资本市场高速公路概念得到了初步实现。首先是零号湾的创投俱乐部的分段式投资基金以及 FA 合作机构的会员募集工作初步完成，项目种子期的扶持50万以下融资的EGF闵行分基金会落地零号湾，注重早期投资50—500投资的日臻资本、伯藜创投、零号湾天使基金以及VC的众多合作伙伴组成了从种子期到PE阶段的完整基金投资链条。其次，零号湾官方投资基金的组件基本完成。零号湾与诚毅基金组成了零号湾诚毅天使投资基金，资金总规模超过了1亿元，其中70%将用于投资零号湾内的50—500区间的早期优质项目。

南京大学：
四大平台支撑双创示范基地建设

南京大学双创示范基地面向国家重大产业需求，突出问题导向，结合江苏省和南京市的区域特点，依托南京大学的优势与特色，围绕完善创业人才培养和流动机制、加速科技成果转化、构建大学生创业支持体系和建立健全双创支撑服务体系四个建设重点，形成了双创与“双一流”有机融合的“嵌入式”顶层设计和长效机制，**积极建设四个相互支持、各有侧重、优势集中的运行平台——产学融合“校园众创实训平台”、校地共建“科技成果转化平台”、校企协同“文化创意产业平台”、国际合作“创新创业支持平台”**，强化政策与制度创新，服务国家创新驱动战略和地方经济发展。

2016年南京大学成为江苏省唯一同时入选“全国首批深化创新创业教育改革示范高校”和“全国首批创新创业典型经验高校50强”的高校。

一、完善创业人才培养和流动机制

南京大学面向全体学生和教师，通过制订工作方案、建立教育体系、建设实践平台，完善创业人才培养和流动机制，促进师生、校友等双创人才共同参与创新创业。依据《南京大学深化创新创业教育改革实施方案》的工作安排,以及产学融合"校园众创实训平台"的建设规划,进一步完善课程、讲堂、训练、竞赛和成果孵化"五位一体"创新创业教育体系,在2017版人才培养方案中整体优化了双创教育模块,并列入"双一流"之"一流本科教育"的重点工程。基于学生多元发展需要,既面向全体学生传授创新创业知识,又针对有志创业的学生分类施教,努力实现由传统的专业人才培养模式向以分层分类为显著特征的、以"三三制"为引领的本硕博衔接贯通的创新创业人才培养模式转型。

1."五位一体"创新创业教育体系全面发力

南京大学创新创业课程包括新生导学慕课(NJUAP)、创新创业慕课、翻转课堂课程、高水平创新创业课程、专业嵌入式创新创业课程、创新创业国际化课程等新型课程。2016年新建了校级高水平创新创业课程23门,累计已有92门课程。9—10月创业慕课《走进创业》和《职业与创业胜任力》先后上线,均成为有奖学金的热门课程,其中《走进创业》已有超过15000人选修。创新创业竞赛捷报频传,在第二届中国"互联网+"大学生创新创业大赛中,荣获先进集体奖和金奖1项(全国亚军)、银奖2项,其中亚军项目成果产品Insta360全景相机在深圳"双创活动周"现场引起了李克强总理的浓厚兴趣,并用相机与广大创业者留下了一张珍贵的全景合影;荣获中国研究生电子设计竞赛全国总决赛团体一等奖;荣获中国青少年科技创新领域最高荣誉——中国青少年科技创新奖;在全球大数据排序性能评测大赛中(计算界奥运会),PASA大数据实验室联合阿里巴巴和美国Databricks公司,刷新大赛世界纪录,荣获世界冠军,等等。

2.双创人才培养模式改革方面试点突破

探索以"三层次交叉复合人才培养"带动创新创业人才培养体系革新。第一层次是开展本科生跨学科研修计划;第二层次是组建跨学科背景的教学团队，联合开设交叉领域新课程；第三层次是建立全新的交叉课程群，发展新的交叉方向，制订培养方案，授予双学位，例如：计算机与金融工程实验班和“艺术与文化创意”创新人才实验班。其中，“艺术与文化创意”创新人才培养项目采取“课堂授课+专业实践+国际交流”的创新性人才培养模式，通过文化艺术、创意实践和文化产业等相关课程培养学生创新创业的思维模式和基本技能，培养既有优秀的艺术鉴赏力和文化创造力又有良好的调研能力、策划能力、执行能力与管理能力的应用型、创新型、复合型人才。

3. 实施教师创新创业教学能力提升计划

创新创业教育办公室联合教师教学发展中心实施教师创新创业教学能力提升计划，包括走进企业系列活动、创新创业系列讲坛、创业教育沙龙、海外专题研修等活动，努力提高全体教师的创新创业教育教学水平。例如邀请南开大学张玉利、清华大学高建等著名专家来我校交流研讨创业教育，组织教师走进 3D 打印公司了解 3D 打印产品在建筑地产、文物考古、工业设计、医疗整形、汽车制造和创意生活等方面的应用。活动不仅面向校内教师，也面向江苏地区高校教师及参与到南京大学双创教育的企业导师。12 月 16 日，组织江苏省高校创新创业教师教育教学能力提升培训班，与省内其他高校分享双创教育经验。

4. 吸引国际化人才参与创新创业教育教学

邀请来自美国杜克大学、日本东京大学的著名教授给学生带来中西合璧、跨越学科边界的创新创业特色课程。例如，“艺术与文化创意”项目的学生结合理论学习，每年赴香港、台湾参加创意工坊，由港大、城市大学的教师共同教学研习。结合教育部产学研专业综合改革项目，成立两个产学协同育人示范基地，美国国家仪器公司、美国迪芝伦科技公司等也助力高校创新创业教学，不仅联合共建实验室，还组织工程师走进课堂协同开展课程。

二、加速科技成果转化

南京大学结合《关于加快推进产业科技创新中心和创新型省份建设的若干政策措施》（江苏省40条）和《南京市争当江苏省产业科技创新中心排头兵和建设国家创新型城市若干政策措施》（南京市36条），依托双创示范基地的重点工程——校地共建“科技成果转化平台”，在项目培育、人员激励和队伍建设等方面进行了系统的探索，从资金管理、科技成果使用处置、资源开放等方面加大力度，积极筹划出台一系列政策。

1. 落实加速科技成果转化的系列政策制度

在科研项目资金管理方面，根据国家和各级地方政府有关科技项目经费的管理规定，正在制订包括《南京大学无形资产出资管理办法》等新的科技经费管理办法，要求下放科技成果使用、处置和收益权等改革措施，规范和简化科技成果使用、处置的流程。修订《南京大学科技成果转化条例》，提高科研人员获得成果转化收益比例到50%—80%；加大股权激励力度，对以成果无形资产投资的股份，50%—80%可以归研究团队所有，进一步鼓励科研人员创新创业。在开放各类创新创业资源和基础设施方面，南京大学加入江苏省大型科学仪器设备共享服务平台，把学校的科技创新资源向社会开放，在环保、可再生能源、计算机软件等领域获得了国家认证资格，为相关领域企业的产品、服务提供权威性的认证。

2. 促进科技成果和人才的“双要素”流动

南京大学在江苏省率先将政产学研合作平台在校外实体化，以独立运行的方式、企业化的用人和激励机制，充分发挥科研人员的主观能动性。学校选派学科领军人物担当平台负责人，组织学术骨干队伍为当地企业服务，鼓励研发人员走上生产一线，了解产业需求，研究行业发展中存在的关键问题，开展高起点的产业技术研究和技术转移工作。

利用南京大学的学术地位引进海内外高水平研究机构来宁设立转化平台。南京大学与澳大利亚霍尔医学研究所、墨尔本大学、澳大利亚癌症临床试验中心正式签署南京大学转化医学合作备忘录，组织了10多人的专职外籍研究人员团队长期来宁合作，为中国企业和成果提供国际认可的临床试验报告，引进外国医药成果在中国转化。

3. 科技成果转化典型案例

2016年全国"双创活动周"，来自全国各地的3000多个项目经过申报、层层选拔，最后160多个双创项目在深圳主会场集中展示，南京大学"石墨烯透明电极高性能钙钛矿太阳能电池"、"低成本可调谐半导体激光器"、"新型显示技术产业化"和"Insta360"4个项目分别在新技术、新产品等展区展示，吸引了众多科研同行、投资人的驻足关注。

(1)江苏南大五维科技有限公司作为南京大学高科技创新创业的示范企业之一，技术主要基于南京大学日盲紫外探测与成像理论和技术研究的成果(被评为《科技日报》2015年度十大核心技术之首，2016年获得国家技术发明二等奖)，以阎峰教授团队为核心，聘请了专业的管理团队，和中国航天、国家电网等合作，经过了4年的努力，目前已经成长为资产近亿、员工近百人的高新技术企业。该项目在2016年第十八届中国国际工业博览会上获得4个创新金奖之一。

(2)环保科技成果转化平台依托环境学科优势，创新科研成果转化与产业化机制，在宜兴、盐城、南京等地建设政产学研用合作平台和张全兴院士天津/无锡工作站，为服务地方经济、解决区域环境需求作出了重要的贡献，每年为400多家中小企业提供合同科研服务。创办的宜正环保电商是我国环保领域第一家电商平台，企业会员已发展至1700余家。与无锡产业发展集团有限公司共建"无锡绿色环保新材料研究院”,将围绕聚乳酸及绿色新材料技术的研究,开展相关生物医药、纤维等深加工产品的开发,拓展聚乳酸及绿色新材料的应用范围和市场。平台负责人研究成果荣获国家自然科学奖二等奖和国家科技进步奖二等奖,实现了成果转化与学科的互补共赢。

(3)现代工程与应用科学学院的朱嘉教授入选江苏省首批“青年双创英才”和“双创人才”,2016 年 8 月底公布的《麻省理工科技评论》第 16 届 TR35 榜单(全球 35 名 35 岁以下青年创新者榜单)中作为科技先锋上榜。朱嘉教授主要从事纳米材料的研究工作,在半导体纳米材料制备、纳米器件设计加工及纳米材料在新能源领域应用等方面取得一系列重要成果。“基于纳米黑金的太阳能海水淡化技术”可提供低成本、便携式的淡水方案。他在 *Nature Nanotechnology*、*Nature Materials*、*Nano Letters*、*Advanced Energy Materials* 等国际权威学术期刊上发表 40 余篇论文,第一作者论文中 IF > 8 的有 9 篇,他引次数超过 800 次,多次被 *Nature Nanotech*、*MIT Technology Review*、*New Scientist*、*Chemical & Engineering News*、*Science Daily* 等学术期刊、科学杂志和新闻机构作为 *Cover Article*、*Research Highlights*、*News*、*News Focus* 等专题报道,产生了一定的国际影响。

(4)校企协同“文化创意产业平台”的文创成果精彩纷呈。首部以少年心智教育为主题的中国首部 3D 儿童科幻、院线电影《了不起的小家伙们》之《爱心总动员》,成功入围 2016 年美国圣地亚哥国际儿童电影节及美国旧金山国际电影节,影片将在圣地亚哥国际电影节官方首映,获旧金山电影节最佳导演奖。原创戏剧《特洛马克》继《蒋公的面子》后再度在与可一集团合作共建面积约 1000 平方米的南京大学 · 可一实验剧场热演;电子学院教师的“3D+光场矩阵”拍摄技术应用于国内第一部真人 CG 动画电影《爵迹》,部分技术领先好莱坞,成为创新技术与文化创意交融的典范。

三、构建大学生创业支持体系

从教学管理、导师队伍、资金支持、创业园管理等方面构建激励、保障、扶持大学生创业的支持服务体系。

1. 健全弹性学制管理办法，允许学生停学创业

近期即将出台《南京大学普通全日制本科生停学创业管理办法》和《南京大学普通全日制本科生创新创业学分管理办法》。前者允许在校学生在学业发展路径和创业实践发展路径上进行交互选择，帮助创业实践的学生灵活就学和方便创业，做到学业创业两不误；后者探索将创新创业改革课程学分以及学生境外交换学习获得的创新创业相关课程学分进行认定，并将学生开展的创新实践与实验、学科竞赛、发表论文、获得专利、自主创业等折算为学分，建立南大特色的大学生创新创业学分认定制度。

2. 加强创业导师队伍建设，完善创业导师制度

已制定《南京大学学生创业导师聘任与管理办法》，计划 3 年内聘任邀请 600 位来自企业、法律、专利、财务、金融界和创业投资领域的行业专家和精英，建立一支具有创业经验、社会责任感的学生创业导师队伍。截至 12 月底，已经聘任 200 多位创业导师，他们将以不同形式和角色参与到创新创业教学体系的教学任务中，为学生创新创业实践提供专业辅导。

3. 鼓励支持学生创新创业，设立创业扶持基金

2015 年底校友捐赠成立 1. 118 亿南京大学学生创新创业基金，按照《南京大学学生创业扶持资金管理办法》，创业学生可以从学校获得 5 万—200 万元的创业扶持资金。大学生参与各级创业训练计划项目、创业实践项目，可以获得 1 万—5 万元的项目经费支持，鼓励探索，宽容失败。南大系创业家还将设立创业投资基金，专门资助和投资南大师生和校友的优秀双创成果、项目和团队。

4. 规范大学生创业园管理，促进资源高效利用

南京大学大学生创业园包括鼓楼创业园、仙林创业园和宝华创业园三个园区，总计 9700 平方米，面向学生和校友开放运营，园区项目 2016 年获得各类融资共计 6110 万元。根据《南京大学大学生创业园资助管理办法》，创业园使用“创业券”支持创业团队，帮助学生树立经营理念，促进园区资源高效利用，量化学校各类扶持政策。

四、建立健全双创支撑服务体系

以双创大数据建设服务和创新创业理论研究为抓手，整合资源打造国际合作的“创新创业支持平台”，为区域、企业和个人双创发展提供服务，为国家双创建设及示范基地各项目运行提供理论与数据支撑。

1. 双创大数据中心服务双创发展需求

“2016 中国 A 股上市公司创新指数发布会暨首届中国上市公司创新领袖论坛”发布了由南大双创大数据中心主持开发的中国 A 股上市公司创新能力 500 强榜单，这是国内首个依托大数据研究的上市公司创新能力报告；12 月 3 日，江苏银行与南京大学联合举行大数据项目成果发布会，发布江苏中小企业景气指数暨江苏省地区信用评价报告；南大与 ATA 公司签约共建“大学生双创人才素质智能化模型数据库中心”，12 月 16 日联合举行“大学生双创人才素质模型数据库研究暨第十一届考试理论与测评技术国际研讨会”，协同研究课题成果将服务高校、教育主管部门和大中小企业，为双创人才的培养单位、用人单位和大学生提供独立的第三方素质评价服务。

12 月 7 日，由双创示范基地协办、双创大数据中心承办的中国“互联网公益”大数据研究报告首发会暨互联网公益精英论坛举行，与会嘉宾探讨互联网公益与社会公益运营、公益传播与公众参与、互

联网公益数据监护等议题。

2. 双创理论研究为实践提供指引和参考

双创理论研究通过“理论创新+跟踪研究+预判研究,形成综合集成成果”的路径,为国家双创建设提供政策依据和决策参考。由南京大学洪银兴、张二震教授等主编的新理念丛书(五卷本)由江苏人民出版社正式出版,其中由洪银兴教授主编的《创新发展》一书是国内首本系统论述我国创新发展理论和实践的专著;杨忠教授与腾讯正式启动合作开展“腾讯创新”主题研究的工作,这是杨忠教授继2016年3月出版《赢得死亡游戏——破解华为的创新之道》后第二个以“中国领军企业创新创业”为主题的研究项目。

3. 健全校校协同、校企协同、校地协同的“三个协同”支持服务体系

(1)与腾讯公司共建“互联网+”研究中心,围绕创新科研、创新人才和创新公益三个方向开展“互联网+”创新创业人才培养研究与实践;与百度共建双创大数据平台,开展基于大数据的人文社会科学综合研究、培养面向未来的双创人才、组织全国大学生创新创业的校园活动项目等。(2)与南京理工大学、国家知识产权局、知识产权出版社有限责任公司、南大苏富特科技股份有限公司等多家单位合作共建国内首家面向高校知识产权领域的运营交易平台——中国高校知识产权运营交易平台,努力实现科技、金融、资本、政策等优势资源的整合。(3)与仙林大学城管委会签订合作协议,共同进行南大科学园枢纽中心区建设,引进技术先进项目,互派优秀干部挂职锻炼,并配合南大人才项目进行各项资金及补贴申报。(4)与镇江、句容签署合作框架协议,共建创新创业示范园,计划在2018年打造成青年人才创业集聚区、高科技产业发展集聚区、特色文创平台集聚区和基础软件创新集聚区。

四川大学：

多举措全覆盖高水平建设双创示范基地，支撑“一带一路”等国家重大战略实施

2016年5月四川大学入选全国首批双创示范基地。在双创示范基地建设中，学校坚持“深化创新创业教育改革、创新科技成果转化机制”双轮驱动，紧密结合国家创新驱动需求，不断完善双创人才培养体系，促进科技成果转化，建立健全适应双创要求的人事管理体制和支撑师生双创的全方位服务体系，努力实现高端双创人才供给侧和高水平科技创新成果供给侧的重大突破，把人才优势和科技优势转化为产业优势和经济优势，形成中国特色高校双创制度体系和经验。

逐步形成了五大平台支撑、覆盖全过程、高水平、特色鲜明的中西部地区高校双创支撑体系。双创教育与实践、大学生创新创意实现、变革性技术国际研发转化、高新技术企业孵化四个平台围绕高校学生和教师（科研人员）两大创新创业主体，建立青年学子创新创业教育、实践和服务的支持体系以及教师（科研人员）科技创新、成果转化及企业孵化服务的全链条支持体系。“‘一带一路’创新创业平台”发挥学校人文社科的学科以及人才培养、科学研究、公共外交和社会服务的综合优势，为国家推进“一带一路”战略规划提供人才支撑和文化服务。

双创教育与实践平台在学校已有的教学空间基础上，正在改造成探究式智慧教室134间、互动式走廊11条、互动交流公共空间3500平方米，实现小班化教学、分组讨论、远程互动等功能，满足不同学科、各种类型创新研讨型教学的需要，提高教师教学效果、提升学生自主学习能力和创新意识，为教师之间、师生之间、学生之间创

新创业思维的碰撞提供场所。目前探究式智慧教室占比已近50%。双创智能化自主实验平台完成了现代医学、人文社科综合和物理前沿与电气新技术探索三个实验中心5189.741万元大学生双创实验设备的采购任务,完成双创智能化自主实验室综合运行管理平台建设具体技术方案的优化论证工作,确定了以智能化为核心特征、系统化的功能目标等软硬件技术指标,即将开始50间智能化实验室改造工程;新增实验场地的室内装修设计已完成,即将开始进行施工。

大学生创新创意实现平台(智造梦工场)在2016年以主题工作坊的形式开展了"人工智能、先进制造、创新设计和数字媒体"四个子平台的前期建设工程,将江安校区近3700平米的商业街打造成了"I创街",使之成为培育学生创新创业能力的双创实践基地;完成了"四川大学创想云创新创业实践平台"的开发;引入川大智胜、新尚集团等企业在学校创业实践基地入驻运营,加强了社会资源和大学生双创实践的对接支持。目前,实践基地入驻创新创业团队80余支;组织"I创"分享会、创业体验周、创业嘉年华等创业活动,参与学生10000余人。

变革性国际研发转化平台启动建设先进功能材料、精准医疗与创新药物、网络空间安全与工业互联网、高端飞行模拟国际研发转化中心,开展关键核心共性技术支撑条件建设,组建创新团队22个,与企业签订技术开发、技术转让等成果转化合同16项,合同金额2.9亿元。先进功能材料国际研发转化中心开展了包括万层级高分子微纳层叠共挤出装置、环境友好高分子材料创新技术等多领域的创新性研究;精准医疗与创新药物国际研发转化中心开展了精准治疗技术、肿瘤生物治疗、纳米技术包裹多肽类药物等创新性研发与转化;网络空间安全与工业互联网国际研发转化中心开展了海量、高速网络流量数据采集及分布式处理技术研究等创新性研发与转化工作。

高端飞行模拟国际研发转化中心主要建立了“投影仪—屏幕”系统精确光场分布数学模型，研发了大规模多投影图像的几何校正数据快速测量技术。

高新技术企业孵化平台在服务场地改造方面，已完成地勘、设计、监理等招投标工作，目前已进入施工阶段；在服务体系搭建方面，已完成成果转化交易及创业信息检索系统、物联网平台、“互联网+检验检测”平台、Fab lab 微观装配实验室、智慧楼宇及孵化器综合管理服务系统和数据中心云平台的专家论证；在与政府、社会合作方面，已与武侯区达成“为创业团队及初创企业提供创业政策咨询、企业工商注册、项目申报咨询等行政、商事一站式便捷服务”的共建方案，与武侯区政府就“环川大知识经济圈”达成共建合作协议，积极推动环川大成果转化区、川大科研综合楼等项目落地。

“一带一路”创新创业平台建成了喜马拉雅文化宗教研究中心暨“一带一路”双创平台，目前中心已围绕“一带一路”积极开展创新创业工作；完成非通用语言训练基地建设并试运行，开设了印地语专业课程；建成了“一带一路”高级政务商务人员多功能实训基地；与剑桥大学共建喜马拉雅多媒体数据库，促进喜马拉雅区域研究；“一带一路”创新创业多媒体仿真系统研发实验室第一期建设完成，引进以剑桥大学国王学院终身院士艾伦·麦克法兰为首的 16 位专家团队。

五大平台支撑下，四川大学双创能力与活力明显增强。**学生创新创业能力显著提高**：前后共立项“大学生创新创业训练计划”2000 项，学生覆盖率从 2012 年的 40%提高到 2016 年的 88%。学生参加国内外各类学科竞赛人数超过 1.2 万人次，在各类创新创业比赛中佳绩频出，获得国际大奖 42 项，全国特等奖 32 项。2016 年川大学子在第九届全国大学生节能减排大赛、第十届全国大学生化工设计竞赛、第五届中国软件杯大学生软件设计大赛、第三届全国研究生智慧城市技术与创意设计大赛等比赛中荣获多种奖项；在第二届中国

“互联网+”大学生创新创业大赛全国总决赛中，以全国第三的优异成绩荣获大赛集体奖，入围总决赛的4个项目获两金两银；在2016年“创青春”全国大学生创业大赛中荣获3项金奖和大赛“优胜杯”团体奖；在第九届全国大学生创新创业年会中荣获“最佳创意项目”。目前，全校共有学生创新创业项目团队1070支，参与学生人数约5000人，占全校学生比例约8.4%。**科研和成果转化实现新突破**：2016年学校在重大原创成果方面取得了一批引领国际前沿的新进展，如在国际上首创了胶乳法制备石墨烯橡胶复合材料轮胎，进行了全球首次基因编辑治疗临床试验（*Nature News* 特别报道）等。**教师创新创业活力充分激发**：依托四川大学优势学科，教师累计创办企业100余家，其中高新技术企业18家，拥有自主知识产权的企业达60余家，累计年销售收入达30亿元以上，缴纳税金2.5亿元，带动就业人数5400余人。学校先后获国家、教育部和各省授予的产学研合作和技术转移奖励20余项。

一、力推教育改革，弥补高校创新创业短板

学校以国家推进世界一流大学和一流学科建设为契机，将创新创业教育贯穿人才培养全过程，深入推进创新创业教育改革，以构建适应创新创业人才培养需要的课程体系、课堂教育教学体系、人文教育体系、实践平台体系、政策机制体系以及条件保障体系建设为抓手，实施《四川大学创新创业教育改革行动计划》、《四川大学激励学生创新创业多元化学籍管理办法》等18项教育改革行动计划。推进人才培养方案改革，促进创新创业教育与专业教育的有机融合；发挥综合性研究型大学的多学科优势，推进交叉专业建设和交叉人才培养模式创新；实施“万门课程计划”，帮助学生构筑创新创业的知识体系；深入推进高水平小班化教学改革和创新学业评价体系改革，激发学生创新精神、创新意识和创新智慧；强化学术型社团建设，让学

术型社团成为课堂教学的延伸、双创精神和能力培养的第二课堂；打造川大特色的“学生创新创业实践基地——江安双创实战一条街（I创街）”，让学生自我经营、自我管理，着力提升学生创新创业实战能力。

创新创业教育改革成效显著。先后建成实践应用型课程和创新创业型课程 2500 余门；深化“探究式—小班化”教学改革，探究式小班化课程占比达 70.5%；推进非标准答案考试考核评价体系改革，引导学生主动学习、独立思考，取得良好效果；加强创新创业师资队伍建设，组建了 1370 余名海内外知名企业家、创业精英和行业专家的校外创新创业指导教师队伍；设立了“卓越教学奖”等三大奖，重奖投身创新创业人才培养的教师；成立大学生学术社团 581 个，学生会员达 1.4 万余人；支持学生创新创业训练计划、科研训练等项目 2500 余项，本科学生发表学术论文 600 余篇、SCI 论文近 250 篇；自 2012 年起举办了五届“实践及国际课程周”，邀请了牛津、哈佛、耶鲁等世界一流大学 500 余名外籍知名教授开设了各类短期实践类课程和全英文课程 1300 余门，10 万余学生受益。

二、创新科学研究与成果转化体制机制，释放双创活力

全面实施《四川大学科技成果转化行动计划》，推进科技成果“三权”改革，探索科技成果所有权对科研人员的长期激励，加大科技人员在科技成果转化收益中的分配比例，科学确权，早期分割，权益共享，责任共担，使科研人员通过股权与分红激励得到实惠，并有效保障后续产品和技术的持续研发。设立重大科技成果转化职称系列，建立激励科研人员从事科技成果转化的评价考核体系，支持和鼓励拥有自主知识产权、可产业化成果的科研人员（包括双肩挑科研人员）兼职和离岗创业，鼓励“师生共同创业”，学校职务科技成果可 5 年内免费许可给在校或毕业一年内的学生创新创业。完善转化服务

和企业孵化体系，推动创新创业一体化，形成持续支撑高水平双创源头的能力。组建高端创新团队，构建面向需求的源头创新研发转化体系，共建国际一流国家级大科学研究中心，全面整合吸纳国内外各类创新要素和资源，创建国际化、多学科融合的重大科技创新与转化平台，为双创提供学术支撑和原动力，产生可转化的变革性技术成果。

三、加强国际合作，提升双创标准

学校连续五年举办“实践及国际课程周”，通过邀请外籍专家到我校开设全英语国际课程，以及邀请名校留学生同我校学子一起开展丰富多彩的交流活动，促进了具备宽广国际视野和国际竞争力的创新创业人才培养。与牛津大学 ISIS 科技创新公司、以色列威兹曼科学研究院下属的 YEDA（耶达）研发有限公司等国际著名技术转移机构在知识产权的运营、项目评估、产业分析、技术转专业人才培养等方面开展国际交流合作。四川大学与德国克劳斯塔尔工业大学分别代表中德两国，于 2016 年 4 月 10 日签署“共建中德‘清洁能源’创新平台合作协议及博士生联合培养协议”；11 月 24 日签署了“共建中德国际学院”合作备忘录，建立一个本硕博全覆盖并在工程教育领域具有鲜明特色和创新元素的高水平研究型国际学院。四川大学与成都市计划共建“3+3”国际创新创业学院（研究院），以“三地（成都、牛津、匹兹堡）+三校（四川大学、牛津大学、匹兹堡大学）”的创新优势资源和高端人才作为支撑，面向全球吸引优秀人才来华创新创业。

四、多举措并行，助推双创事业

一是创新创业人事管理政策举措。从 2016 年开始实施《四川大学专职科研队伍建设和管理办法（试行）》（川大人〔2015〕20 号）和《四川大学专职博士后聘任管理实施办法（试行）》（川大人〔2015〕22 号），在人事制度上确保双创研发队伍的建设、管理和运行改革，确保学校通过校地企合作，招聘专门从事创新创业的博士后研发高端人才队伍和创新创业领军人才。

二是积极汇聚校友力量。学校成立了全球首个校友创业家联谊会，设立“四川大学全球校友同创众筹基金”和“四川大学创新创业公益基金”等各类创新创业基金（规模已达20亿），为川大学子提供强有力的双创服务供给、风险投资供给、企业孵化供给、创意实现供给、成果转化供给，支持和吸引川大学子、全球优秀青年到川大、到成都创业。

三是开创政校企双创合作新模式。与四川省、成都市签订战略合作协议，开创了省市校共建共享的双创人才培养与科技协同创新合作新模式；与青岛市、宜宾市以及成都市高新区等各级政府签订战略合作协议，开展深层次的校地双创合作，打造区域经济发展新引擎；与区域示范基地成都市郫县和企业示范基地中国电信成都分公司签订了三方战略合作协议，三方将在双创人才培养、体制机制创新改革、双创支撑与服务体系构建、双创文化与生态环境营造、双创智力与成果资源共享等方面开展深入合作，实现三个示范基地的共建共享，形成具有示范效应的可复制可推广的校地企双创合作的“成都模式”和“成都经验”。

第三节　企业双创示范基地

中国电信集团公司：双创助推，加快建设综合智能信息服务运营商

中国电信集团公司按照建设“双创示范基地”的工作方案、时间表和路线图，以“综合智能信息服务运营商”为战略引领，强化市场

导向，打造“员工创业、科技开发、产品运营、创新孵化和社会众扶”五大创新创业平台，取得了阶段性进展和成效。**一是引入市场机制，打造员工创业平台**。将全面推进双创与深化国企改革有机结合，紧紧围绕激发“人的活力”这一改革主线，全面推行以“责任田、责任人、责任制”为核心的划小承包改革工作，打造基层创业平台。历时4年多，共建立5.7万个基层创业单元，16万多员工参与承包创业，1万多名管理部门人员下沉一线创业。通过将内部创业平台向社会延伸开放，采用业务合作、承包经营等方式，近3年共引入民资77亿元参与宽带网络的光纤化改造，平均一个支局带动了3—5个社会创业经营体。

二是聚焦市场重点，打造科技开发平台。逐年加大科技投入力度。近5年累计科技投入490亿元，其中2015年投入116亿元，占收比达2.75%。围绕4G、光纤宽带等基础业务和云计算、大数据、物联网等战略性新兴业务，开展技术攻关和储备，先后主导完成国际标准130项、行业标准137项，实现在三大国际技术标准组织的全覆盖，有效发明专利授权1119件。不断加大产学研用结合力度，先后与清华大学等8所院校开展战略合作。

三是把握市场方向，打造创新孵化平台。先后建立大型央企第一家孵化机构（上海基地）和第一家孵化平台（天翼创投），形成包括一个平台、三大基地、多家实体孵化器的“创孵”格局。其中，上海、广州、北京三大基地主要面向内部孵化；同时，在上海张江、杨浦和南京、成都、杭州等地建立了实体孵化器，主要面向社会团队孵化，并积极推动在北京、深圳、厦门、苏州等创业聚集区设立孵化器。前后共征集1897个内部创新项目，近200个项目成功入孵，其中20个项目实现公司化运作，5家公司获得A轮融资。

四是遵循市场规律，打造产品运营平台。先后建立了上海视讯产品基地、杭州阅读产品基地等8个面向公众的移动互联网产品基地以及兰州教育行业应用基地、南京交通行业应用基地等16个面向政府和企业的行业应用产品基地，培育了翼支付、易信等诸多业界知名的新兴业务，并在政务、教育、医卫等8个重点行业初步完成互联网+能力布局，构建完善互联网、云计算、大数据、物联网、人工智能等智能综合信息基础能力和资源。2016年上半年，中国电信新兴业务收入占比达38%，业务规模超过千亿级。

五是激发市场潜能，打造社会众扶平台。拟在全国建立7个各具特色的双创示范基地，包括成都创业孵化和产业升级示范基地、杭州高新技术产业开发区物联网示范基地等。同时，在北京打造一个面向全国的双创公共服务集约云平台。示范基地总投资3.4亿，以园区为依托，结合地区产业特色，整合中国电信的优势资源和服务能力，在完善园区基础设施建设基础上，建立区域性服务管理平台和支撑服务中心。

主要做法和经验如下。

一、健全组织领导，统筹有序推进各项工作

一是在集团公司成立双创工作领导小组，由集团公司党组书记担任组长，总经理担任副组长，副总经理为小组成员；二是在各示范基地所在省公司，成立由省公司主要负责人为第一责任人的工作领导小组和专项工作组，建立工作推进大事记和工作例会制度，集团公司定期组织巡检和专项督办，落实责任；三是制定详细的工作计划，并在三年建设期内明确每年度的项目建设计划和投资，年底前正式启动主体工程建设，推动双创示范基地尽快建成，尽早发挥作用。

二、培育创客文化，激发人才持续创新活力。

提倡“员工创客化”，组织开展了一系列创新创业活动。一是开展创新人才Mini训练营，为有志于创新创业的员工传递最前沿的互

联网视野、创业孵化政策解读、商业计划书编写,外部互联网产品经理经验分享,项目路演演练并邀请导师团全程实战辅导等。从2014年开办的Mini创业训练营至今共举办10期,培训学员1000多人次。二是开展"i创"黑马大赛,汇聚了集团内外的优秀人才和创业项目,提供了一个充分展示平台,实现了创客和资本(外部投资人)的对接。目前,已连续举办了两届的"i创"黑马大赛,共吸引400多个项目参加,初步形成了从育马、选马、亮马、赛马、相马的创新机制。三是搭建创业活动平台,以天翼创投公司为平台,建立了过百人行业内外导师队伍,每年组织专业化培训30多场,定期组织品牌路演和大咖沙龙活动,承办全国创新创业大赛上海赛区TMT(数字新媒体产业)专场,并与创业邦、亚马逊、清科、英菲尼迪、复旦科技园建立了战略合作关系,引入了微软创业计划和亚马逊云资源。

三、充分发挥电信运营商优势,打造特色示范基地

发挥公司在基础网络、云计算、大数据、网络安全、运营保障等方面的综合优势,在创新创业群体相对集中的地区,搭建聚合资源平台,广泛开展合作,面向各类创新创业主体,建立一批具备行业先进性的示范基地,成为推动大众创业、万众创新的倍增器,发挥大型国有企业的引领和示范作用。

1.智慧双创公共服务集约云平台。智慧双创公共服务集约云平台总投资5795万元,是中国电信的能力开放实施平台,可以为创业者提供低成本、便利化、全要素、开放式的公共服务,辐射双创基地内、外的数百万家创新创业企业。

2.智慧双创成都创业孵化和产业升级示范基地。基地投资3993万元,以成都高新区、郫县菁蓉小镇和温江皓旺产业园区为依托,结合成都市"创业天府"行动计划,围绕园区内数千家创新创业企业,运用中国电信的网络平台能力和云计算、大数据等优势资源,

打造集创新创业孵化、信息服务对接、园区管理、创业企业生存发展情况监测等能力于一体的产业升级与创新孵化服务云平台和大数据运营中心。2016年,基地已开始针对创业者提供“菁翼服务包”,包括提供人才服务、信息化基础设施、流量及云桌面云主机等服务,10月份双创服务平台上线,覆盖周边200多万用户,教育信息化应用得到成都51个中小学的支持。

3. 智慧双创广东天河智慧跨境电子商务示范基地。基地投资3999万元,以广东天河智慧城为依托,围绕跨境电商交易与结算、国际高出口带宽互通互联,多渠道管理平台和应用、海量用户行为数据分析等中国电信的优势特长,打造为上万家企业服务的集创业孵化服务、信息服务对接、园区管理、多种应用服务为一体的一站式电商双创服务云平台。2016年,重点在园区范围内进行千兆跨境直通光网络等基础设施建设,建设电信云防护安全系统,保障交易安全、信息安全;推进电子商务综合服务平台,对接与主流电商平台,促进中小企业联合成为整体,推进中小企业数字化。

4. 智慧双创深圳高新技术产业园智能硬件示范基地。基地投资3968万元,以深圳高新技术产业园为依托,与100多家孵化器为重点合作对象,并引入第三方合作商的各类可选服务,围绕园区内数千家智能硬件及相关电子产业的生产研发企业,在不断完善光纤、4G、Wi-Fi网络覆盖的基础上,打造集创业孵化服务、信息服务对接、园区管理、智能硬件研发设计云环境等能力为一体的智能硬件双创服务云平台。2016年,基地重点推进光+云统一账号经营体系,实现电信基础业务和增值业务的开通、计费、装维等服务,为创业者提供创业服务包,降低创业者的一次投入。

5. 智慧双创杭州高新技术产业开发区物联网示范基地。基地投资3960万元,以杭州高新技术产业开发区为依托,结合浙江物联网产业聚集特点,联合园区内数千家物联网及相关生产研发企业,建设联网数据能力云平台，提供物联网数据接入、数据管理、数据分析、数据安全监控的平台能力，并为相关产业链双创企业开放数据接口，平台能力开放共享打造集技术服务对接、物联网大数据管理、研发测试云环境等能力。2016 年，基地重点与众泰汽车、沃尔沃等公司商谈整车前装等车联网应用项目。

6. 智慧双创上海漕河泾科创中心科技创新示范基地。基地投资 3861 万元，以上海漕河泾科创中心为依托，打造基于"互联网+产业生态"模式的全球科创基地品牌，依托中国电信基础设施建设、创新型 LSN 云平台、行业信息化应用、集成服务与共享协作平台等，持续提升双创企业信息化运营水平，降低创新创业设施和服务的获取门槛。2016 年，基地重点为双创企业提供以租代建、按需扩展、即开即用、通信及 IT 服务一体化服务，以一家中型企业为例，原本 130 余万元的信息化建设及运营成本将下降至每年 3 万以内，目前已为 40 余家企业提供服务，年底增加到近百家。

7. 智慧双创南京软件园示范基地。基地投资 3960 万元，以南京软件园为依托，围绕园区内上万家软件企业，运用云计算、大数据等技术手段，打造集创业孵化服务、信息服务对接、园区管理、软件研发云环境等能力的园区创新创业服务云平台，帮助园区内企业突破软件迭代研发瓶颈限制，拉动园区内智能电网与智能交通、北斗卫星应用、移动互联与电子商务、大数据与信息安全、文化创意、人才培训 6 大特色产业集群的发展。2016 年，基地重点在园区中推进光网、5G 实验网、翼支付、人才公寓入户网络和电视网络、健康小屋、双创统一服务平台等建设，为创业者提供一揽子服务支撑。

8. 智慧双创滁州经济技术开发区智能制造示范基地。基地投资 3998 万元，以滁州经济技术开发区为依托，结合安徽工业制造类企业聚焦的特点，围绕家电和汽车制造、电子元器件生产研发、食品生产加工等企业，以中国电信工业云平台为基础，打造集创新创业孵化、信息服务对接、园区管理、招工与劳务成本管理、产品设计与生产管理等能力与一体的智能制造双创服务云平台，降低园区内企业的生产运营和创新研发成本，带动产业链上下游中小微创业企业发展，激发企业自主创新活力。2016年，重点为园区企业提供视频监控系统、一卡通系统、大屏幕系统等服务，推进园区管理、线上培训、制造业企业服务等云应用，打造智慧园区。

四、多措并举，加大保障落实力度

1. 企业转型与深化改革政策。2016年，中国电信继续加大对员工创业的政策支持力度，集团公司表彰了全国500名“最佳小CEO”，并陆续出台了关于推进企业转型升级指导意见、关于持续深化市场前端划小承包工作、关于划小承包财务集约支撑服务实施方案等配套政策，面向创新创业，深入推进一线经营自主化、内部支撑平台化，加强流程、机制牵引，打造扁平化、互联网化的自适应组织，深层次激发组织和人员创新创业活力。

2. 业务支撑政策。2016年，重点针对中小微创新创业企业，以保障宽带接入速率为重点，提升宽带服务质量，提供“先装后付”服务；优化流量不清零服务、提醒和账单规则；发布“互联网+”能力开放平台，对外开放语音、宽带、视频、短信、定位、对讲、安全、NFC八类基础通信和关键业务能力，为新形势下跨界融合、集成创新提供有力支撑，深入贯彻落实国家“互联网+”和大众创业、万众创新战略。

3. 网络资源保障政策。2016年，重点深化“提速降费”工作，面向中小企业存量企业开展宽带大提速，8M以下宽带免费提速到8M以上，年底50M、100M及以上速率宽带用户占比超过50%。针对中小微型创新创业企业聚集度高的园区、楼宇等100%完成光纤覆盖，达到百兆接入标准。经济发达的沿海地区双创型产业集群及高端商务楼宇试点千兆接入。

中国航天科工集团公司：

技术创新、商业模式创新、管理创新并重，培育共享协同开放共赢新生态

中国航天科工集团公司（以下简称“航天科工”）是中央直接管理的国有特大型高科技企业，以“科技强军、航天报国”为企业使命，从事着关系国家安全的战略性产业，主业涵盖航天防务、信息技术、装备制造和智慧产业。拥有员工近 14.5 万人，其中各类专业技术人员占比超过 60%，学科与专业技术领域近 200 个，共有 600 多个研究院、所和企业。航天科工位列 2016 年世界 500 强第 381 位，中国企业第 91 位，连续 9 年获评央企 A 级，连续 3 个任期获评央企优秀企业。航天科工始终坚持创新驱动发展战略，将创新创业作为自身持续健康发展的战略举措和发挥大企业优势履行社会责任的具体实践。2016 年，航天科工入选国家首批企业双创示范基地之一，通过技术创新、商业模式创新和管理创新，着力打造“信息互通、资源共享、能力协同、开放合作、互利共赢”的新生态，持续推动创新创业工作不断深化，示范引领效应越发彰显。

一、以技术创新为牵引，使双创工作有的放矢

1. 双创工作主攻方向更加明确

航天科工围绕发展主业，提出了集团层面抓总的“五个牵引工程”、“一个重大专项”，以及“N 个重点创新项目”，以此作为技术创新的牵引载体，以跨界创新、颠覆性创新、原始创新为主要任务，集中精力加大创新投入和政策扶持，努力出成果、出人才、出效益，部分产品实现“性能不变成本降低 50%以上，成本不变性能提升 50%以上”的创新目标，并培育出一批“导致技术换代的原创技术或导致行业

重构的颠覆性技术”，相关领域发展均已处于国内领先水平。

2. 技术创新平台与队伍日渐完善

目前，航天科工拥有各级各类创新平台184个，其中，国家级创新平台27个，省部级创新平台113个；先后引进31名国家“千人计划”专家；集团内部活跃着1个国家级科技创新团队、4个国防科技创新团队、134个集团级创新团队、271个全国和航天工业优秀质量管理小组、163个集团级青年创新工作室、近2000个双创团队，创新团队涵盖了领军科技人才和基层设计师等各个层次，有力支撑了重点领域的技术创新。

3. 技术创新成果亮点突出

截至目前，航天科工拥有有效专利16528件，其中有效发明专利8935件；获得国家科学技术进步特等奖4项，一等奖12项；获得国防科学技术特等奖7项，一等奖106项；先后参与了321项国家标准的制定和490项行业标准的制定；内部创意转化率达到40%；年度新产品销售收入占营业收入的比重达到15%；重点支持的新经济业务项目产出规模超过100亿元。

二、以商业模式创新为桥梁，推动创新向创业转化

航天科工以商业模式创新为抓手，着眼于建设一批众创、众包、众扶、众筹支撑平台，推动创新成果向创业阶段的转化，努力打造“制造与服务相结合、线上与线下相结合、创新与创业相结合”的新业态。

1. 线上平台有效运行

航天科工以“云平台”作为商业模式创新的线上载体。在集团内部搭建了“专有云”平台，有效地促进了内部资源“共享化”、需求“公开化”、交易“透明化”、运行模式“数字化”、制造能力“协同化”，实现了“阳光采购、阳光销售、阳光外协、阳光协外”。通过一年的运

行，所属全级次600余家企事业单位均已在平台注册，航天科工的1.3万台(套)设备仪器、数万项专利和专家资源已经上线，整合了17大类1700余项专业能力，为创新创业提供了有力保障；截至目前，线上发布业务需求总额超过440亿元，成交金额近100亿元，资源利用率提高40%，生产效率提高30%；线上众创空间培育360多个内部双创项目，已有50余个项目进入孵化阶段。

面向全社会开放的“社会云”——航天云网平台入驻企业已超过44万户，线上协作配套业务发标金额430亿元，成交金额超过160亿元。汇聚了外部双创项目1572个，其中北京地区832个，内蒙古43个、江西100个、贵州38个、江门108个、中铁大赛专区项目360个，机器人专区项目91个。项目涉及工业制造、机器人、无人机、汽车交通、电子芯片、基础材料、医疗健康、能源材料、环境监测、智能家居、金融服务等10余个门类。此外，航天科工还依托云网平台，在国内成功建设中央企业双创服务平台、贵州工业云平台、江西康居网和中国中铁青年创新创意大赛平台等，通过中央企业青年创新奖的评选，引领和带动中央企业500万青年运用航天云网开展双创。

贯彻落实国家“走出去”及“一带一路”战略部署，航天云网“国际云”——国际工业互联网平台也已完成首期建设工作，开通了英语、俄语和波斯语平台，在伊朗、德国落地工作取得了实质性进展，并开展了与瑞典、德国、卢森堡等国家的4个国际双创合作项目。

2. 线下服务体系日渐完善

航天科工重点建设了8家双创辅导中心、专业化科创中心、孵化器和军民融合成果转移转化中心等线下创新服务载体，重点集聚科技人员、大学生创新创业者、海归创新创业者以及连续创新创业者等为代表的创客群落，吸引一批高层次人才团队。目前，线下空间总面积达48.3万平方米，入驻企业逾400家，2016年总产出预计超过400亿元，形成覆盖全集团、面向全国、走向国际的双创服务支撑体系。

航天科工建设的“北京雍和航星园”主攻创新孵化器和线下众创空间，以“龙头+中小”产业生态为目标，为入园企业提供“场地空间+服务平台+资本支持”，目前入园企业超过180家，海外留学归国人员创办企业近30家，拥有一批行业领先微小企业。“南京1865创意产业园”已吸引210余家文化企业、大师工作室等进驻，致力于打造“艺术品、艺术家、艺术与生活”三位一体的高端文化创新创意街区。投入运营的“南昌科技创新服务中心”已引入首批34个辅导团队，包括3个院士工作室，1个博士后工作室，200人的专家智库。

3. 双创投融资渠道进一步拓展

航天科工面向企业内生双创和社会化双创，整合企业内外部资金资源，完善投融资服务体系，为双创项目和团队提供全方位的投融资支持。

内部双创方面，对创意阶段项目支持，所属各单位投入不少于本单位自筹研发经费总额的1%；对种子阶段项目支持，航天科工每年投入不少于自主创新经费总额的2%；对产品阶段项目支持，设立准公益专项基金，初期规模为1亿元，双创项目进行产业化应用或公司化发展时基金退出；对于实现产业化的双创项目，投入基金的年化收益率不高于6%；对于实现公司化的双创项目，投入基金的年化收益率不高于8%；对于对外转让的双创项目，投入基金的年化收益率按照市场规则确定。

外部双创方面，依托已有的航天科工军民融合创投基金等，以及新设立的若干专项基金，支持具有较高商业价值或产业化前景的社会化双创项目。联合地方政府设立长江航天基金，总规模100亿元，首期认缴规模20亿元；设立航天工业互联网智能制造产业投资基金，总规模10.1亿元。此外，利用航天科工与国内金融机构签署战略合作关系的有利条件，推进银行机构的双创支持政策落地，帮助双创项目进行大额融资。与中国诚通控股集团有限公司以及中国国有企业结构调整基金股份有限公司就有关重大创新项目合作事宜初步达成共识。

三、以管理创新为保障,激发内外部双创活力

航天科工在依法经营、依规治企的前提下,开展体制机制创新,营造创新氛围,激发企业创新创业活力。

1. 搭建智慧企业运行平台

航天科工以建设智能制造体系、智慧创新体系、智慧营销体系、智慧资源整合体系、智慧人才体系、智能信息技术体系、流程与规则运行体系为重点,着力打造“智慧企业运行平台”,努力实现企业形态变化、资源调配、业务调整的自适应及人才的自我管理、自我约束、自我调节。目前,智慧企业运行平台一期已上线试运行。

2. 完善双创政策体系

为确保双创工作落到实处,航天科工建立了清晰的内部责任分工体系,按照双创示范基地建设总体部署,逐月分解工作计划,集团公司党组固定每双月召开专项工作协调会议,了解双创示范基地建设工作进展,协调解决重大问题。

在常态化的工作推进基础上,航天科工着力开展机制创新与政策先行先试。截至目前,集团层面建立了 17 个“创新特区”,通过“点穴式”支持打破双创政策藩篱,为双创提供全方位的政策保障;通过实施骨干人员持股、高端人才特殊薪酬、投资审批权限适度下放等政策措施,健全激励机制,用行政权力的“减法”换取创新创业热情的“乘法”,增强企业创新发展能力;建立灵活的工作制度,实行“核心+弹性”工作时间制、工作地点弹性制,支持员工在岗创新、在职创业,创业时间一般不超过 2 年,特殊情况不超过 3 年;建立回岗保障制度,为企业员工自主创业和企业内部再创业扫清制度障碍;构建“创业辅导+创业培训+创业服务”有效衔接、统筹发展的双创团队

服务保障体系，加强创客和团队培养，促进出成果、出人才；完善双创成果产权归属与收益分配制度，将双创成果知识产权列为职务发明，双创成果产业化转让后扣除前期投入和必要的投资利润成本后，剩余部分 50%由双创团队享有、50%用于扩充双创项目专项基金；建立专有云网双创项目试验、检测保障条件支持机制，支持现有试验检验条件在保证主要科研生产任务的前提下优先支持双创项目使用，其中军用产业双创项目原则上可无偿使用，民用产业双创项目可以按照市场价格予以一定的优惠；建立青年创新型后备人才选拔机制，对青年创新骨干人才给舞台、压担子，为其打通快速成长通道。

3. 特色化的双创文化初步形成

航天科工以形式多样的双创活动为载体，探索特色化的双创模式，打造双创文化。2015 年下半年以来，航天科工（包括总部、二级、三级单位，未含基层班组活动）举办创业论坛、创新大赛、项目路演、创客座谈等活动 80 余项，直接参与的内外部创客超过 27700 人次。通过管理创新营造了良好的环境，既激发了创新创业的热情，又免除了员工后顾之忧，既稳固充实了大系统工程研发骨干队伍，又培育了一批专业技术潜在突破点，更重要的是将航天传统精神、“两弹一星”精神在新时期下持续传承。

四、发挥资源带动效应，推动双创成果落地

航天科工充分发挥大企业优势，在全力保障我国国防安全的同时，以双创为重要抓手，发挥资源带动效应，为国家战略性新兴产业发展提供有力支撑。

1. 协同社会资源，推进军民融合发展

航天科工深入贯彻落实军民融合发展战略，始终坚持广泛吸纳社会资源共同参与创新发展。目前，已有 260 余家民口企业纳入航

天科工外协供方名录，占比接近40%；750余家民口企业纳入物资配套合格供方名录，占比达到60%；外部协作配套中，民口企业配套占比达到54%，后续还将通过“社会性总体院、社会性总体部和社会性总装厂”的模式，广泛撬动并整合社会资源，共同推动我国航天事业发展。

2. 聚焦智能制造，助力我国制造业转型升级

作为典型的制造业企业，航天科工贯彻落实《中国制造2025》战略部署，聚焦“互联网+智能制造”，打造了国际首批、国内首个工业互联网平台，在平台层面通过打通地方政府、区域性行业协会、大中小型企业以及创客个体间的信息与资源通道；以组建工业互联网联盟、开展工业互联网APP（软件应用）创新大赛等形式，打造共建工业互联网的健康生态；在支撑层面通过“三哑改造”为各类企业提供资源连接服务，夯实工业互联网物理基础，推动我国制造业转型升级。

3. 发挥专业优势，促进我国战略性新兴产业发展

发挥在防务装备领域积累的专业优势，航天科工大力发展商业航天，发起召开了商业航天高峰论坛，协同社会各界，共同推动我国商业航天发展。目前，航天科工正积极打造武汉国家航天产业基地，预计“十三五”期间基地将拉动企业产出规模300亿元，将形成长江中游地区经济发展、转型升级的新动能和新亮点。此外，通过对微系统、现实增强、激光、太赫兹、量子以及新材料等前沿技术的研究储备，进一步培育产业发展新动能，支撑供给侧结构性改革。

总体来看，航天科工深入开展双创的生态环境与良好氛围已初步形成，一大批航天创客、科技创新团队正成为创新发展的主力军和生力军，对社会双创的带动效应也进一步显现。“中国航天科工集团鼓励跨单位联合双创，对内培育创客团队和创客空间，工程师和技

能人员能根据自己的创意改造生产线和产品;对外打造服务全社会尤其是中小微企业的全产业链双创平台,创客们可以通过入股、技术加盟等,找到主人翁的感觉。他们很有眼光。”在2016年全国大众创业、万众创新活动周“中外创客领袖座谈会”上,李克强总理对航天科工推进双创工作的思路与进展情况给予了充分肯定。后续,航天科工将按照《中国航天科工集团公司双创示范基地建设工作方案》的既定目标持续推进各项工作,并不断拓展、延伸、创新,为促进社会性双创落地、生根、开花、结果,为创新型国家建设,为“两个一百年”奋斗目标的实现作出应有贡献。

招商局集团有限公司:
打造特色化双创生态体系,构建双创发展新格局

招商局集团有限公司(以下简称“招商局”)结合多年服务双创的经验和自身的双创资源,提出加快建设具有自身特色的“四全、四加、四化”双创示范基地建设模式,持续完善资金链引导创新创业链、创新创业链支持产业链、产业链带动就业链的双创循环发展理念,不断提升自身服务双创的水平和能力。2016全国“双创活动周”及中央企业双创成果展期间,招商局双创工作成果得到了有关领导和社会各界的充分肯定与高度评价。

一、明确“四全、四加、四化”建设模式,打造双创发展新格局

“四全、四加、四化”的双创示范基地建设模式,是招商局结合自身优势,从推动资金链、创新链、产业链深度融合的角度提出的。该模式既可以有效解决双创主体在发展过程中面临的空间、资本、资源和市场等问题,又可以加快双创成果与终端用户的直接对接,提升成果产业化转化效率和产品创新更迭速度,能够真正实现金融资本、创

业资源、产业资源的有机融合和高效配置。

“四全”是建设重点：建设涵盖众创空间、孵化器、加速器、产业园等在内的全链条双创空间载体；对接从项目入基到项目孵化到项目提升再到项目孵出的全流程创业综合服务；提供覆盖天使投资、VC、PE、上市服务和债务融资的全生命周期创新创业投资金融服务体系；构建包括空间、资本、人力、技术、服务、市场等全要素的创新集聚平台。

“四加”是运营模式：建设线上虚拟空间与线下实体空间相结合的专业双创支撑平台；利用招商局产融兼具、产融结合优势，提供孵化空间与金融资本的融合服务；发扬招商局改革创新的优良传统，利用双创试点契机，先行先试，探索双创体制机制改革，推动双创资源释放最大价值；发挥招商局作为驻港央企的独特优势，打造服务境内与境外双创主体的载体。

“四化”是体系特色：打造面向集团内部、中央企业与社会大众的专业化创新创业平台；发挥招商局综合金融服务优势，打造针对双创的特色化金融服务平台；作为中央企业双创基地（南），整合央企双创资源，打造协同化的央企资源整合平台；开放招商局核心产业资源，打造产业化的成果转化平台。

二、构建差异化双创运营机制，提高双创服务水平

招商局积极引导下属招商蛇口、招商启航和招商交科院等集团重点工程建设单位探索“园区+资本”、“风险投资+特定产业+内部创业”、“科技创新+风险投资+产业孵化”等三种双创具体运营模式。

1.“园区+资本”模式

招商蛇口是招商局从事产业园区开发与运营的专业化二级公司，“园区+资本”的双创运营模式是其多年服务双创的经验总结。

招商蛇口利用自身在产业园区运营上的核心优势，通过打造创业服务生态圈和引入龙头企业，吸引一批中小微企业入驻，并积极为入驻企业提供办公场地、产品推荐、资本对接、咨询服务等全流程创业服务，实现了更多优质创新创业资源的集聚。2016 全国双创活动周期间，苹果公司 CEO 蒂姆·库克宣布苹果公司的研发中心（华南总部）落户蛇口网谷，并将提供近 20 万个就业机会。

同时，招商蛇口还依托招商局综合金融服务优势，为外部孵化器搭建开放式的投融资平台。通过金融纽带，将入孵企业、产业园区和外部孵化器连接成相互促进的利益共同体，实现资源优化配置、信息有机互动，最终将蛇口打造成“孵化器的孵化器”。目前，招商局正积极推动“园区+资本”模式在招商漳州芯云谷等异地产业园区的复制。

2.“风险投资+特定产业+内部创业”模式

2015 年，招商局设立了专门从事天使投资的孵化器——招商启航“厘米空间”，下属规模为 3 亿元的配套种子基金——启航资本。招商启航作为招商局自创孵化器，既是招商局金融产业链上重要的环节，又是专门服务招商局核心产业转型升级的孵化器，同时也是招商局双创工作的重要载体，三种功能相互推动，相互促进。

招商启航主要通过“促孵化”和“接资源”两种途径服务双创。其中，“促孵化”是指招商启航作为孵化器专注于互联网早期项目直接投资，与招商银行、招商证券、招商资本和招商创投等成员单位形成既互为补充、又差异化运营的全生命周期金融投资服务平台，为企业提供从发展、成长、成熟到衰退的一站式综合金融解决方案。招商启航还通过整合内外部优势资源，积极探索双品牌运营模式，共同为广大创客提供更全面、更专业的投融资服务。目前，招商启航已与美国 PnP、36 氪等知名孵化器签署了合作协议。

“接资源”是指招商启航助力孵化项目对接招商局丰富的产业资源和金融资源，集团传统产业也可以直接利用招商启航孵化的双创成果加速转型升级。例如，招商蛇口通过将自身所运营产业园区的装修业务开放给招商启航孵化的一家互联网家装企业，短短3个月内其单月营业收入就超过200万元，市场估值从1200万元迅速提升到8000万元。

3.“科技创新+风险投资+产业孵化”模式

“招商交科龙脊创新创业空间”是依托招商交科院设立的专业化交通科技众创空间，其立足点是将风投资金引入类似交通、航运等专业门槛更高的行业，拓宽成果转化渠道，通过体制机制改革提高技术人员的研发积极性，加快以科技创新带动企业转型升级的速度。除吸引内外部创业团队外，龙脊创新创业空间还积极鼓励内部员工利用在岗科研成果开展创业，同等条件下，院内加大对内部创业项目的产品和服务的采购力度，支持内部创业项目做强做大。例如，以龙脊创新创业空间首个内部创业团队“睿力诚”为例，招商交科院与其签署了金额为100万元的科技服务采购合同，有效支持了初创团队的起步发展。

除直接提供技术和市场外，招商交科院还不定期举办高水平的国际性、国家级学术交流会议，邀请海内外著名专家学者、企业家等举办多类讲座、创意沙龙等，启发科研人员和初创团队的创意。

三、拓展双创投融资服务渠道，助力企业快速成长

综合金融服务是招商局的特色，更是招商局开展双创工作的优势。除旗下招商银行、招商证券等传统金融服务机构外，招商局2010年还组建了从事私募股权投资的招商资本，又在2015年设立了专门从事互联网投资的直投基金——招商创投，为双创主体提供全周期、全链条的综合金融服务。

结合自身金融优势，招商局积极探索构建特色化的双创金融服务平台，提供针对性的双创金融产品和服务。例如，招商局下属招商

银行打造的互联网融资平台——“小企业 e 家”，截至 2016 年底，平台注册会员数超过 1800 万，已累计向中小微企业提供了超过 6000 亿元融资支持。招商局还积极倡导打造开放式的投融资服务平台，通过整合各方优势金融资源，共同为双创主体提供更系统、更完善、更便利的投融资服务。例如，招商局集团负责产业园区运营的专业化公司（招商产园发展）近期已与前海股权交易中心签署了战略合作协议，将共同打造服务广大创客的专业化互联网股权投融资服务平台。

四、深化创新创业机制改革，激发内部双创动力

体制机制改革是招商局百年基业长青的保证，更是招商局开展双创工作的活力所在。2010 年以来，招商局围绕鼓励创新投入、建立创新容错机制、完善创新考核评价机制等重点方向，先后出台《招商局集团关于促进创新工作的指导意见》、《招商局集团创新专项基金管理办法》、《招商局集团关于加大科技研发投入的通知》、《招商局集团关于实施“产业+互联网”行动方案、推动产业生态圈发展的指导意见》、《招商局集团关于加快双创示范基地建设的指导意见》及《招商局集团员工在岗创新待岗创业管理办法（试行）》等一系列推动集团创新工作的有关制度，协调解决制约集团双创工作的体制机制障碍，为集团推进双创工作奠定了很好的基础。

为更好地服务集团内部员工创新创业，招商局将重点建设央企双创示范基地服务中心——云创业技术服务平台、招商局创新中心——产业园区双创技术服务平台等线上与线下相结合的专业化双创支撑平台，形成涵盖从“创意→技术”、“技术→产品”和“产品→产业”的多级孵化体系，助力集团内部员工从事创业活动和相关双创成果的转化。

五、营造良好双创文化氛围，迸发基层双创活力

良好的文化氛围是双创工作顺利推进的源泉。招商局一直高度重视双创文化的培育，大力倡导全员时刻保持创业者的姿态和理念，激发创业热情，积极营造勇于创新、乐于创新、善于创新、敢于创新、宽容失败的环境氛围。同时，积极利用集团网站、公众微信号、集团杂志等媒介，加强对双创的新闻宣传和文化宣传，积极报道集团创新创业先进事迹，树立双创典型人物，营造良好的双创文化氛围。

集团还注重以大型创新创业活动带动集团双创氛围。截至2016年底，招商局已累计举办了中央企业熠星创新创业大赛、青年创业沙龙、漳州开发区创新创业大赛等逾220场创新创业活动，极大地调动了集团内外部广大员工参与双创的积极性。

六、以新理念统领，多管齐下确保双创工作落实到位

一是大力鼓励“在岗创新、待岗创业”。为切实解决集团内部员工不能创、不愿创和不会创的问题，招商局提出“在岗创新、待岗创业”的理念和配套举措，设立首期规模为3000万元集团双创扶持基金，用于支持内部员工创业项目。“在岗创新”是支持有创新能力的员工利用一定比例的工作时间开展与公司业务相关的创新活动，并鼓励所在公司给予在岗创新员工导师、资金、技术、资源等各项服务支持。同时，建立健全创新容错机制，对未达预期效果的在岗创新员工不做负面评价，不影响考核结果，不影响薪酬福利，不影响提拔使用。

“待岗创业”是鼓励创新能力强、有创业意愿的内部员工在一定期间内进入内外部双创平台开展创新创业活动。为打消内部员工创业鼓励，更好地开展待岗创业，集团在机制设计上提供了三项保障。

第一，建立回岗保障机制，即允许待岗创业人员在3年内返回原工作单位工作，并给予与原岗位待遇相当的工作岗位；第二，提供创业补助，即按原政策及标准为待岗创业员工交6个月的社会保险、住房公积金、企业年金及补充医保计划；第三，起步资金支持，即对进入集团内部双创平台孵化的项目，给予不超过50万元的起步资金和配套种子基金支持。

二是积极倡导创新容错。创新容错是集团创新工作可持续发展的保障。集团围绕创新容错进行了一系列的制度创新，主要包括三个方面：一是确立对集团认定的创新支出双倍加计并相应调整公司考核净利润的考核方法，明确对初创科技创新型企业放宽亏损考核期限的有关机制；二是集团组建统一的互联网投资管理平台——招商创投，专注产业互联网投资，统一管理集团“产网融合”项目的投资，通过公司的整体投资组合收益，规避单一项目投资失败可能造成的影响；三是创新约束激励机制，建立跟投和反向跟投机制，将创业团队、产业公司和基金管理团队三方利益绑在一起，避免失职或投机行为，既有利于培育创新，也有利于风险防控。

三是加大创新激励。创新激励既是对集团内部各单位双创工作成果的肯定，也是激发各单位双创工作主动性的直接推动力。围绕创新激励，集团主要做了三方面的工作。

第一，为更好地激励各级管理人员和广大员工，在国家有关政策允许的范围内，招商局积极支持有条件的公司创新股权、期权、分红权、双创成果利润分享及事业合伙人等多种形式的中长期激励措施，使资本所有者与劳动者形成利益共同体。例如，招商局旗下的全球最大集装箱制造商中集集团已成功实施科研经营骨干持股计划。

第二，充分发挥集团创新专项基金（年度规模为1亿元人民币）在支持基层创新创业活动中的重要作用，加大对集团重点创新项目和重大创新成果的支持力度。自2014年创新专项基金设立以来，集团已对11个创新项目给予创新项目资助，对13个创新先进单位、5名创新先进个人及103项发明专利给予创新成果奖励，实施金额共计1.55亿元。2016年，集团创新专项基金还对集团双创示范基地重点工程给予特别资助，对双创先进个人给予奖励。

第三，落实集团持续加大科技研发投入的工作要求，严格执行集团科技研发投入考核机制，力争在“十三五”期间实现动态增长。2016年，集团科技研发投入约8.1亿元，同比增长16%。

海尔集团公司：
推动员工创客化、企业平台化，打造全球领先的“互联互通新生态，共创共赢新平台”

海尔集团是全国首批国家级双创企业示范基地中唯一的家电企业。为推动企业业务转型和国家创新创业战略有机融合，海尔从战略、组织、机制、模式等多个维度着手，力图搭建一个开放的可复制可推广的双创平台，既包括员工创客化，使每个员工都成为创业者，也包括企业平台化，即面向社会开放企业资源，使每个创业项目都可以通过海尔创客孵化平台进行孵化，为小微创新企业成长和个人创业提供低成本、便利化、全要素的开放创业生态系统，打造全球领先的“互联互通新生态，共创共赢新平台”，使示范基地发展成为全球引领、全流程支持创业者创业的国家双创示范基地标杆。

一、明确基地发展的任务重点和目标

集团计划利用3年时间，建设创客学院、创客智慧空间、创客工场、创业服务平台、创新资源平台5个子平台项目，总投资6.45亿元，带动形成从创客培养、创客之家、产品孵化、服务支持，到全球创

新资源支撑的一整套支持创新创业的全链条式制度体系和管理体系，全力打造“海创汇”品牌，建设全球一流资源开放的创业基地，搭建“创意→设计→制造→销售”全产业全要素的专业平台，建设“众创—众包—众扶—众筹”的智慧生活产业生态圈，建成“开放、专业、共享”特色鲜明的双创示范基地。

其中，创客学院计划3年内累计培养6万余人次；每年组织36期公开课，4期创业训练营；建设创客实验室60所，实施大学生产业化项目60个。创客智慧空间力争3年后具备服务170家以上创业公司的能力，带动就业超过8000人。创客工场计划3年内孵化创客小微公司19个，定制产品品类15个，创客产品产能8万台，带动就业23000多人。创业服务平台设立30亿规模投资基金，在线孵化项目2000个，为创客小微提供高效配送路线4200条。创新资源平台每年有效创意转化超过600项，为创客提供体现服务不少于180项，具备对接创客项目技术资源1000项能力。

二、及时跟踪基地建设进展

截至目前，海尔创业平台上已有超过100个小微年营收过亿元，41个小微引入风投，16个小微估值过亿，海尔平台为全社会提供的创业就业机会超过130万个。其中：

创客学院。作为创客培训平台，以海尔自身用户资源、产业资源、教育资源和物质资源为依托，以海尔大学、创客实验室和智能工业研究院为主要支撑实体，聚集创客和创业项目、高校、政府等资源，打造开放创新平台和创客创业生态圈；构建创客培养、资源对接体系；以创客加速培养为核心，促进“人人创客”战略落地，帮助创业者成功创业，输出海尔的创新管理模式。目前，创客学院搭建形成了初创期、成长期、成熟期3个阶段12个主题30余门课程的创客公开课体系，帮助创业者系统掌握创业的基本知识和专业技能。2016年，学院围绕30余个主题组织了60余期免费公开课，吸引内外部创客4万余人参加，并与Google、IDEO等30余家互联网资源建立合作，吸引20余名外部专家任创客学院客座导师。通过公开课吸引京东众筹搭建项目对接平台，10余个项目对接众筹平台。此外，创客学院还打破传统培训模式，创新育人模式，如智能工业研究院创新推出“精益道场”，建立起“概念道场、理论道场、实战道场和研修道场”4大模块化学习体系，培养创客成为兼具理论素养与实战经验的专家。面对创客小微，从精益体系、智能工匠建设以培训实训为目的促进创客创业，以COSMO云平台为基础对中小企业智能制造布局或转型升级提供端到端的集成解决方案。

创客空间。包含2个实体创客空间和2个虚拟服务平台，为入驻创客空间企业提供创客智慧空间及基于海尔数字技术服务为基础的应用服务的体验平台。目前创客空间已投入使用2万平方米，孵化企业74家。创客数字技术服务平台将海尔20多年的信息化成果打造成对外开放的IT技术服务云平台，打造成国内创客空间唯一能对创客提供配套有智能社区+智能楼宇+智能办公以及云计算平台、大数据处理平台、数据安全平台等服务全流程IT服务的集成的技术平台。

创客工厂。以国家工程中心为依托、以模具设计制造为核心，通过全流程的产品工程解决方案，打造从创意到可上市产品的中试基地、国家级示范标杆的创客工厂。

创客工厂致力于打造实现定制创客产品的开放服务平台，建设主要包括三大部分，基于互联网的云服务平台，包括云设计平台、云数据平台和云制造平台，这是创客工厂最具竞争力的服务能力；将创客创意孵化为可上市产品的的三大基地，包括研发基地、数字化加工基地和试制基地；以及服务创客产品规模化定制生产的创新产品导入示范线（NPI），主要服务于创客新品，涉及领域包括但不限于智能服务机器人、智能硬件、高端家电等。

截至目前,创客工厂已孵化设计创客小微公司3家,通过为社会上优秀的创意和点子提供供应链、OEM、资金、市场等,孵化社会创客团队1个;通过为创客提供技术服务和模具租赁,试制基地孵化社会创客2家。与此同时,创客工厂实现创客产品半年生产达到18000台;校企合作等方式定制产品品类3种,已带动社会就业3000余人。

创业服务。开放海尔的优质资源,包括创客金融服务和创客产业链服务,为创业者提供成熟的创业服务环境,满足创业过程中所需的补位资源。创业服务的建设由五部分组成:线上交互平台、物流与配送服务平台、创客金融平台、用户交互平台、社群综合服务平台。物流与配送服务平台已实现三端一号用户端和定制商城的系统上线,累计实现492个城市服务中心的拓展建设,吸引9万众包车加入平台创业。创客金融平台通过开放海尔的金融资源和财务服务资源,为创客提供融资辅导、财务服务、基金投资等多种服务,为海尔平台及社会化创业小微提供全方位金融解决方案。目前已为32类产业生态链、超过3万小微企业提供融资服务,极大地扶持了创业者。

创新资源平台。已完成基本功能建设,包括HOPE创新平台、创新技术研发平台、检测验证与体验平台。充分利用全球创新和创客资源,采用面向全球的众创、众包模式,搭建检测验证与体验平台,致力于打造全球最大的创新生态系统和全流程创新社区。海尔以全球家电领域顶尖的研发实力作为创新资源平台的后盾。线上开放式创新平台HOPE已经成为中国最大的创新开放社区,也是亚洲最大的创新资源配置平台,总计涵盖全球一流资源320万家,超过10万家资源在平台注册,平均每年产生创意超过6000个,每年成功孵化创新项目超过200个,将研发源匹配周期从过去的8周缩短到6周。

三、系统总结基地建设经验

海尔业务转型和双创的融合实践是不断探索、不断完善的过程，目前海尔的主要经验包括：

1. 人单合一，探索企业管理制度创新，构建模式保障体系。海尔将企业互联网转型发展与双创有机融合，以人单合一模式创新驱动传统科层体制转型开放创业平台，构建适合创新创业的企业管理体系。海尔转型成为开放的创业平台后，创业小微是平台的基本组织单元，创业者以用户需求为中心利用平台优势开放链接资源，在创造用户价值的同时实现自我价值，实现企业、创业者与用户的多方共赢。

2. 创客所有制，激发企业员工创造力，构建机制保障体系。海尔以人单合一模式驱动员工从传统的雇佣者、执行者转型成为创业者、合伙人，将执行力文化转型为创造力文化，激发员工企业家精神。在支持内部员工创新创业的同时，海尔创业平台积极吸引外部创客，为社会大众创新创业提供平台支持。同时，海尔在人单合一模式下创造了一个激励机制——创客所有制。创客所有制的薪酬来源是用户，是用户付薪；是面对所有创客，无一遗漏。海尔将企业变成创业平台，创客创造了用户价值，就可以得到相应的薪酬，否则就得不到。创客股权的多少，是根据创造出的用户价值决定的。创客所有制把所有创业者赶上了为用户创造价值的战车，企业的导向完全和用户融在了一起，企业就有了生生不息的内生动力。

3. 开放共享资源，共创共赢，构建生态保障体系。海尔双创示范基地是一个专业、开放、共享全方位支持创业的国家级双创示范基地，是以大企业平台资源为依托，建成对全社会开放的、共享式的创业平台。依托海尔的用户资源、管理服务资源、供应链和研发技术资源以及海尔品牌的影响力，为创客提供低成本、便利化、全要素的创客服务。海尔结合自身产业发展优势,实现企业资源与创业基地、创业平台资源共享。同时,海尔将企业人力、法务、财务等传统职能部门转型为大共享平台,实现平台上人力、法务、财务、大数据等服务的共享,更好地帮助创业者创业成功。海尔整体搭建的一个“众创—众包—众扶—众筹”的共享共赢生态圈,让每个创客在为社会创造价值的同时能够分享到创业的成果。

4. 政企合作,完善协同机制,构建组织保障体系。青岛市组建了以常务副市长牵头的联席工作委员会;海尔建立了以海尔集团总裁分管的122人的双创团队,对项目进行整体调度与推进,形成一整套行之有效的管理体系。

中信重工:
以“四群共舞”创客体系、“三线共建”众创平台,打造产学研用供协同创新合作共赢新机制

中信重工机械股份有限公司(以下简称“中信重工”)历经60年的建设与发展,已成长为世界最大的矿业装备和水泥装备制造商,为全球客户提供矿山、冶金、有色、建材、电力、节能环保、电气传动和自动化、关键基础件等商品、工程与服务。作为全国首批双创示范基地,中信重工围绕企业示范基地的建设目标、建设重点落实双创任务,依托国家级企业技术中心、国家级工业设计中心、国家重点实验室的基础优势,突出搭平台、聚资源、育团队、活机制、促改革、做示范的双创工作主线,积极构建技术创客群、工人创客群、国际创客群、社会创客群“四群共舞”创客体系,扎实推进重装众创线上资源共享平台、重装众创线下实验与验证平台和重装众创成果孵化平台建设,着力打造产、学、研、用、供协同创新合作共赢新机制,通过抓人才培育、平台建设、机制创新、文化聚力实现创新创业落地,努力探索大中小

企业联合实施双创的制度体系和经验，推动重装行业企业转型升级和双创机制融合发展。

一、构建“四群共舞”创客体系

人才是创新创业的根本。中信重工以创客空间模式建立的四个层面创客团队，即技术创客群、工人创客群、国际创客群和社会创客群，是公司深耕双创实践、深植双创文化，着力实施创新驱动发展战略、推动大众创业、万众创新的重要抓手和独特亮点。

技术创客群。公司以首席技术专家为引领组建的 18 个技术创客团队，通过院士工作站、博士后工作站、矿山重型装备国家重点实验室、产业创新联盟等平台，以及与国内外知名高校的合作，围绕矿物加工、节能环保、资源高效利用、智能控制及变频技术等开展技术创新、科技攻关及创客活动。2016 年，技术创客开展课题攻关活动 812 次，8200 多人次参与。特种机器人开发研究团队专注于高危环境下和特殊工况的特种机器人应用研究，目前在矿山救援领域已成功研制出矿用灾区侦测机器人、钻孔探测机器人、特种消防机器人和矿用水下机器人 4 类产品，均填补国内空白。依托公司矿物加工创客团队研发的高效节能装备——矿物磨机，中信重工入选工信部首批制造业单项冠军示范企业名单。

工人创客群。公司以 5 个大工匠、1 个全国劳模为引领建立的 22 个工人创客群，围绕“五个定位”，即优化工艺技术，解决生产难题，形成典型工艺规范，固化创新成果，塑造大工匠精神开展创客活动。2016 年，工人创客群开展创新攻关活动 926 次，10502 人次参与，取得成果 107 项，固化先进操作法 83 项，创造价值 4420.3 万元，保证了重点生产任务的顺利实施。李克强总理视察过的张东亮大工匠工作室进一步修订了工作室的攻关计划，2016 年工作室创客团队取得项目攻关 9 项，解决生产中技术难题 12 项，创新先进操作方法 2 项。

国际创客群。公司以澳洲研发中心和 SMCC 公司为核心建立了国际创客团队。国际创客团队与国内技术中心创客团队协同创新，建立了国际化设计、制造、服务、实验、技术标准及规范，实现了研发创新工作和国际接轨。企业联合澳大利亚研发中心及悉尼大学，开发出公司首台绿色节能高效 CSM-250 立式搅拌磨，产品已在云锡集团成功投用。美国国际知名专家、公司热加工首席技术官伊沃·波特（Ivo Botto）先生，常驻公司带领团队开展衬板技术攻关、市场推广等，为公司热加工品质提升倾注了大量心血，2016 年 9 月被河南省政府授予“黄河友谊奖”。

社会创客群。依托集团及公司双创平台资源，开展创客群协作、创客培育、创客提升活动。通过协作开发平台、远程服务平台、标准服务平台、人才培养平台等发布重工产业链需求信息，吸引深圳固高、数码大方等中小微企业、科研院所、高校和其他社会创客开展协同创新，促进提升行业技术进步。2016 年国家重点研发项目——煤炭清洁高效利用和新型节能技术，中信重工牵头联合宝钢节能、华北理工大学、东华大学等 12 家科研院所、高校、企业共同参与，80 余名骨干带动 4400 多人协同创新，研究形成烧结行业节能减排的整体解决方案，建功国家循环经济、绿色经济。

通过“四群共舞”创客体系的构建，加速了产、学、研、用、供协同创新和成果转化，直接参与者超过 800 人，影响带动了 1000 名技术人员和 4000 名一线工人创新创效，创出了品牌、团队、机制和活力，促进了企业转型升级。公司初步形成了一整套的培养机制、评价机制、激励机制和成果转化与应用机制，涌现出一批“首席设计师”、“创新蓝领”和“金牌工人”，形成了人人有创新热情、处处有创新课题、事事有创新空间、个个有出彩机会的全员创新格局。

二、推进“三大众创平台”建设

中信重工双创示范基地建设的核心主体是重装众创线上资源共享平台、重装众创线下实验与验证平台和重装众创成果孵化平台，三大众创平台建设与“互联网+”、智能制造相融合，与先进矿山装备国家专业化众创空间建设相同步，突出专业性、开放性、实用性，目的是实现创新资源共享与合作，促进大中型企业和小微企业协同创新，共同发展。

线上平台。2016年，线上平台4个子项目中，研发设计云平台已完成一期建设。仿真实验分析云计算平台已完成铸造仿真、流体运算、颗粒分析等软件的购置。工业物联网云管家平台一期工作已建设完成，可以提供提升机设备远程查看、动态数据采集、静态资料管理、远程故障诊断、运行预警服务等功能。目前首批用户16台提升机正在接入云管家平台。大数据资源共享服务平台正在进行软件培训和企业图谱大数据分析项目实施工作。

线下平台。新建的重载大功率高中低压变频控制实验与验证平台进入实施阶段。露天矿山开采设备实验与验证平台初步具备实验条件。技术创客已进行两次电动轮自卸车试验，取得了良好效果。2016年，公司线下平台累计为150家用户开展实验500多项（次）。

孵化平台。集研发、试验和生产于一体的伊滨区特种机器人生产基地一期投产，首批防爆型消防侦测灭火机器人陆续完成装配及调试，顺利下线。2016年，公司消防机器人订单销售突破1300台，除在开诚智能新建3条自动化、智能化的特种机器人生产线外，成功签约徐州和东营两个产业基地，促进了机器人产业化和社会化生产协作。

三、深化体制机制改革创新

中信重工把示范基地建设与国企改革相结合，努力将国有企业的传统优势、国际化企业的创新活力、民营企业的激励机制融合成独特的自身优势，激发体制活力和内生动力。公司紧紧围绕人才、技术、资本等各类创新要素的高效配置和有效集成目标，积极探索与双创相适应的管理体制与激励机制。

用改革激发潜能。公司以产业结构调整为抓手，从组织管理制度创新切入，积极利用双创平台发展新技术、新业务、新模式。公司转型坚持传统动能、新动能两轮驱动、混合驱动。面对全球能源结构调整的新形势，公司在矿山、建材、煤炭、冶金等传统产业领域加大调整力度，持续强化核心制造，争取实现传统产业绿色突围。在新产业领域，围绕供给侧结构性改革，重点发展重型装备、特种机器人及智能制造、节能环保装备、新能源动力装备、军工装备等产业，加快新技术、新产品、新业务的产业化步伐。

公司深化改革突出 3 个重点：即人事制度改革、生产经营领域改革和管理领域改革。人事制度改革通过与美世咨询公司合作，逐步逐项推进组织管控模式优化、薪酬激励机制优化、绩效管理体系优化等 5 个方面组织管控与人力资源体系改革。管控模式上抓好顶层设计，完善管控架构，探索由系统分工向板块分工+职能管理的转变。按照成熟一个推进一个的原则，2016 年基本完成组织管控模式改革项目。

按照“专业化生产、社会化协作、全球化配套”的发展思路，公司着力打造以总体设计、总装制造和试验验证为龙头，以核心系统和设备专业化研制为支撑，以社会化协作配套为依托的新型装备制造创新体系，充分带动社会各方的创新创业热情。以骨干技术人员持股产业化为试点，公司先期投入 3000 万元建立双创基金，率先突破制约双创发展的制度瓶颈,营造良好的创新创业生态,探索支持创新创业的长效机制。改变以往单纯依靠投资扩产实现企业增长的发展模式,通过投资入股、参股、控股及技术、品牌、管理输出方式,打造国有资本轻资产、轻结构的增长模式。

机制是推动双创的基础工程,公司着力构建了富有活力的创新机制。(1)选聘机制。首席技术专家、大工匠每两年评聘一次,采取动态管理,对作用成效不明显的将取消评聘资格。(2)交流机制。一是通过脱产培训、专项培训等,提高员工技能;二是搭建交流互动平台,联动打通研发、设计、制造资源;三是强化外部学习与互动,选派首席技术专家参加国内外学术交流或考察、组织大工匠到先进企业学习交流,接待社会团体到公司交流双创经验。2016 年有 40 余家单位到公司学习交流。(3)运行机制。实行公司统筹指导、各单位具体操作的两级管理模式。(4)考评机制。实施以课题为核心的评价考核体系。年初提出创新课题,年中检查督促进度,年末进行验收评估,把创新成果作为衡量年度创新工作的重要依据。(5)激励机制。以奖励激发创新,针对技术创新,每年设立创新基金 1000 万元;设立以个人名字命名的创新工作室并提供创新活动经费;每年科技大会对优秀创客团队予以表彰奖励。一系列机制的建立和完善,激发了员工参与创新创造的热情,形成了爱岗位、学技能、肯钻研的浓厚氛围,有力推动了双创工作的扎实开展。

四、建立健全工作保障举措

中信重工获国家首批企业示范基地以来,严格按照示范基地建设工作方案内容,加紧推进制度、平台、团队、文化建设,逐步形成一套确保双创工作落地的制度体系。

深入动员学习。2016 年,董事长、总经理等公司领导带头深入基层专题宣讲企业改革、双创规划 20 多场次,形成了“直面危机、深化改革、创新发展”的共识，促进了企业深化改革、双创工作的有力开展。董事长撰文《“双创”助推国有企业改革发展》，解读中信重工的双创实践。

设置管理机构。公司成立以董事长为组长、总经理为副组长的双创示范基地建设工作领导小组，全面负责公司双创工作，将双创工作纳入董事长、总经理月度督办重点事项跟进落实，推动公司双创活动深入开展。设立中信重工双创办公室，负责双创示范基地日常管理。公司40个部门（单位）协同配合，建立信息沟通制度，形成上下联动、分工协作、统筹推进、全员参与的工作格局。

完善制度建设。结合深化改革和《中信重工双创示范基地工作方案》，公司陆续拟定出台《双创工作管理办法》、《双创项目申请管理办法》、《双创项目孵化基金管理办法》、《双创项目财务管理制度》、《创新工作人才管理办法》、《协同创新平台管理制度》等20多个配套文件，为双创活动的深入推进提供制度保障。

强势宣传双创。利用企业报、公司网站、微信公众号等全媒体宣传平台，设置《双创在线》、《双创风采》专栏、专题及专用账号，加大双创文化、双创典型的宣传力度，努力营造创新创业的文化氛围。2016年，央视、新华网、省市及行业媒体推出公司双创宣传稿件120余篇。消防机器人实战演习的画面5次登陆央视《新闻联播》、《朝闻天下》等品牌栏目，扩大了新产品新技术知名度。

组织双创活动。通过平台交流、创新讲座、公开课等形式，加强创新创业教育，营造鼓励创新、宽容失败的氛围。2016年，公司组织的“互联网+”及双创专题培训、河南省特种机器人及智慧服务云平台高级研修班、中信集团双创现场交流会、第四届中国创新创业大赛代表参观交流等活动10余场次，参与人数3000多人次，调动了员工及产业链上下游参与创新创业的活力。

共享装备股份有限公司：
共享铸造资源，打造开放、高效的双创支撑平台

共享装备股份有限公司（以下简称“共享装备”）始建于1966年，主要提供铸造、机械制造、化工、钢结构等产品及全套解决方案，产品市场覆盖10多个国家和地区，拥有12家子公司，员工3000余人，近5年研发费占销售收入5%以上，新产品收入占销售收入40%以上。2015年公司实现销售收入近17.6亿元。2016年申请受理专利412项，其中发明专利299项，申请受理PCT专利5项，当年授权专利128项。

公司以“一体两翼蝶变体系”为基础，围绕铸造产业链、创新链、资金链等，通过完善双创管理体系、搭建双创支撑平台、开放创新创业资源、建立铸造3D打印技术成果转化平台、构建铸造人才培育池等五项重点任务和建设铸造云服务平台、铸造3D打印技术成果孵化平台（线下三大基地）两项重点工程，集聚行业人才、知识、社会资本等，共享铸造资源，建立一个面向铸造行业、区域制造业开放、共享、线上线下相结合的双创支撑平台，开展铸造产业链相关的创新创业活动，带动铸造产业、区域制造业转型升级。

一、成立双创基地管理机构

为贯彻落实《国务院办公厅关于建设大众创业万众创新示范基地的实施意见》，成立了以董事长为组长，副总裁、总经理等9名核心领导为成员的双创示范基地领导小组，成立双创中心，配备专职人员，作为共享装备双创示范基地专职管理部门，双创中心通过制定双创工作月报、双创月工作计划、双创工作例会制等措施推进双创示范基地建设。每月编制双创工作月报，上报政府主管单位，目前已完成

8期;同时,制定了双创工作例会制,每周组织专题汇报、推进,并将工作推进情况在公司报纸、网站、杂志、公众号等传达;按月制订工作计划,累计制订170项工作计划,完成率大于98%,月度完成率与专职人员绩效挂钩;通过以上措施的有效实施,推进双创示范基地相关项目按计划开展。

二、构建创新创业管理体系

立足行业特色,结合企业现有优势,逐步建立和完善富有特色的创新模式——“五有”创新模式,即“有思想、有计划、有制度、有工作方式、有人才”。通过“五有”创新模式的有效运行,先后组建了国家级企业技术中心、博士后科研工作站、国家地方联合工程实验室、重点实验室、工程技术研发中心等10大创新平台,目前正在组建国家智能铸造产业创新中心。贯彻落实《国务院办公厅关于建设大众创业万众创新示范基地的实施意见》要求,参考ISO9000质量管理体系标准管理职责、资源管理、过程管理、分析改进四大要素,主要在平台管理、业务管理(创新项目管理等)、基金/专项研发经费管理、质量管理、运行管理、标准化管理、激励机制等方面,建立双创基地管理体系。

三、搭建创新创业支持平台

创新方面,搭建了项目众包、知识产权、全流程虚拟制造平台、标准库、专家库等线上创新平台,支持员工创新。员工可以通过创意/提案平台提出改进建议、发布创意等,每年提案/创意大于500项,针对好的建议或创意,以创新项目的工作形式组织实施,每年筛选出优秀的提案在科技创新大会进行表彰奖励。

创业方面,通过使企业组织小微化,形成了全员参与的“共享经营体”管理模式,将公司内部划分成380个市场化运作的“小微企业”，搭建员工岗位创业的新机制，体现了市场利益机制、责权利相统一、公司经营目标和经营体（员工）目标相统一的原则。小微企业采取“一制、一表、两卡”规范运行，通过独立核算、市场化运作，有效调动全员积极性，为全员提供创新、创业的机会和平台。

公司正在建设的双创云服务平台，主要包括创客空间、共享研究、虚拟制造、共享铸造、共享检测、铸造3D打印、智能化服务、共享商城等模块。目前该项目已形成开发总框架，正在建设中，预计二季度实现一期内容上线运行。

四、培育和营造创客文化氛围

制定创新创业文化建设计划，按月推进，营造双创氛围，利用共享之家微信公众号，在云服务平台上开设专栏，对双创典型人物、典型案例、典型成果定期宣传。定期开展创新工作方法等学术交流、沙龙、成果展示等活动。通过修订《科技创新奖励制度》，引导员工创新创业，营造创客文化氛围。

目前正在搭建双创云服务平台，设立创意专区、开展众包业务（设计众包、检测众包等）、提供创客服务，为创客提供软件平台；线下建立众创空间、培训基地，为创客提供众创环境、培训指导等。

五、拓展创新创业投融资渠道

在拓宽企业内部创新融资渠道上，一方面，持续加大专项研发经费的支持力度，近5年研发费占销售收入5%以上，平均每年开展200个以上内部创新项目，支持项目研发和成果转化。另一方面，已经完成股份制改造，正在加快推进企业上市进程。在支持孵化项目方面，主要采取资本金入股方式支撑孵化项目。此外，拟设立创投基金，进一步推进创新创业发展。

六、开放企业创新创业资源

1. 打造众创空间,加速孵化企业

共享装备围绕铸造产业链,从内外结合、线上线下结合的两个方向打造众创空间。一方面依托自身在行业的竞争优势,在单一铸造产品生产的基础上,围绕产业链上下游,孵化了铸造配套的化工产品、模具、加工等5家企业,实现内部产业的延伸;另一方面,围绕铸造产业链的前端、后端产业链上的小微企业,提供场地、技术、数据、人才支撑,孵化企业,创造创新创业机会,比如在前端废钢等原材料供给方面,公司成立了专门团队,提供供应链服务平台,为个体小微企业提供原料场地、采购标准、检验标准、加工标准、人员培训、业务指导等一条龙服务,已经先后孵化成功5家小微企业。

围绕引领行业转型升级的方向,搭建线下众创空间,成立了智能制造研究院和3D打印产业化应用中心,作为3D打印产业化成果孵化基地。目前在智能单元,智能工厂,3D打印相关材料、工艺、软件、设备等方面开展成果孵化和服务。已攻克了铸造3D打印材料、工艺、软件、设备等技术难题,铸造3D打印已受理相关专利182件,授权专利38件,实现了铸造3D打印产业化应用的国内首创,公司已应用3D打印累计生产5大类、几百种、近3000吨铸件,铸件生产周期缩短50%,成品率提高20%—30%,《大尺寸铸造砂型高效增材制造装备与工艺研究》项目被国家科技部列为重点研发计划项目。公司提出了“铸造转型升级之路=铸造3D打印等创新技术+铸造智能工厂”,目前已攻克一批铸造3D打印等创新技术,铸造智能工厂建设取得阶段成果,建成了共享装备数字化铸造工厂和四川共享铸造有限公司数字化铸造工厂示范工程两个数字化铸造工厂,正在建设第三个铸造智能成形(3D打印)工厂,《轨道交通关键零部件数字化铸造车间》项目被列为工信部智能制造新模式应用项目。

2. 提供创新创业服务，推动资源共享

与宁夏回族自治区工商联共同发起成立宁夏民营企业科技创新联盟并担任理事长单位，吸收成员 142 家，借助双创云服务平台，集聚、开放、共享联盟单位创新资源，为联盟成员提供法律、知识产权、创新创业等专业化服务，组织开展创新论坛、研讨会、报告会、培训班、案例推介会等，带动宁夏工业企业转型升级。

为推动行业转型升级，由工信部、宁夏回族自治区人民政府主办，共享装备协办，工信部装备工业司、宁夏自治区经信委、中国铸造协会承办的全国铸造行业创新发展暨转型升级经验交流会。大会共组织 10 场、700 余人专题报告（围绕数字化、智能化、3D 打印等方面），并现场参观共享装备公司（传统铸造工厂智能化改造、3D 打印设备、数字化工厂等）。参加 2016 全国大众创业、万众创新活动周深圳主会场、宁夏分会场活动，推广共享《铸造 3D 打印技术产业化应用项目》。

阿里巴巴集团：

科技与商业双生态驱动打造多模式协同共生的创新创业大平台

阿里巴巴集团秉承创业初期确定的使命："让天下没有难做的生意"，18 年以来，在支持创新创业方面逐步积累形成了独特的运行模式。2016 年，集团旗下各业务平台支持超过 1000 万人创业，包括为数百万大学生和年轻人提供创业机会。为活跃的创业群体创造了巨大的就业机会，仅在阿里巴巴零售平台上，创造超过 1500 万就业机会。并且通过上下游联动，显著促进物流、营销、运营、信息技术、客户服务等电子商务服务业发展，带动超过 3000 万间接就业机会，为超过 4 亿消费者提供电子商务、互联网金融、云计算、大数据等多样服务。主要经验包括：

一、核心思路：打造一个科技与商业双生态驱动的多模式创新体系

阿里巴巴建设双创示范基地的总体思路是实施"科技与商业双生态驱动"发展。一方面，通过打造一个开放、透明、协同的商业基础设施平台，为创新创业者赋能；另一方面，依靠云计算大数据Yun OS等技术平台打造一个以"科技企业孵化"为主的科创服务平台。同时，通过将电子商务与物流、互联网金融、大数据云计算、跨境贸易、数字娱乐、健康等业务平台打通，共同组成一个多模式的创新创业服务生态体系。

目前，除了电子商务，阿里巴巴正不断开拓和建设物流、互联网金融、大数据云计算、跨境贸易、数字娱乐、健康等业务平台。同时，阿里巴巴持续在双创保障制度上开展研究，不断探索、总结出一套线上线下相结合、符合双创发展规律的保障制度。这些，将共同组成一个多模式的创新创业服务体系。

二、典型特点：大平台+多模式+富生态

阿里巴巴支持创新创业的独特模式是：大平台+多模式+富生态。大平台，即阿里巴巴在电子商务、互联网金融、智能物流、跨境贸易、云计算与大数据等方面建立的平台。多模式，即基于阿里巴巴平台形成了云栖小镇、创业+、钉钉等各具特色的创新创业模式。富生态，即阿里巴巴与客户、伙伴紧密合作、共建共享形成的利益共同体。

1. 大平台

大平台，即阿里巴巴在电子商务、互联网金融、智能物流、跨境贸易、云计算与大数据等方面建立的平台，初步形成独具特色的商业生态系统。可全面、系统地服务创新创业者，涵盖营销、物流、金融、培

训、IT、数据等多个领域，提供多维度赋能。未来，在支撑大规模的创新创业方面有希望成为可扩展、可持续的平台。

2. 多模式

多模式，即基于阿里巴巴平台形成了云栖小镇、创业+、钉钉等各具特色的创新创业模式。从 2009 年开始，阿里巴巴经过 6 年持续、大力投入，建立中国最大、全球领先的云计算服务平台。2015 年 7 月，阿里巴巴决定再增加 60 亿元投入，并把大数据、云计算作为未来 10 年核心战略之一。

今天的阿里云，服务着一半的中国科技独角兽，80%的科技创业者，在科技创新的孵化模式上，以云栖小镇为基地，打造了一个适合未来 10 年的创新创业模式。在自身技术创新方面，阿里巴巴在云计算、分布式数据库、移动操作系统、网络安全等方面掌握自主技术，并且持续创新，创造多项“世界第一”。

过去 3 年，阿里巴巴的创新创业已经从电商领域的创新扩展到基于云计算和大数据的创新，其中，以云栖小镇为代表的“云端一体化”创新模式引领了云计算时代的创业模式，开启了商业和科技双生态的驱动模式。

3. 富生态

富生态，即阿里巴巴与客户、合作伙伴共建共享形成的利益共同体。阿里巴巴集聚了千万家网店、上亿消费者以及数以万计的服务商，彼此之间的联系互动规模巨大、关系复杂。通过大规模协作，各方资源不断汇集、持续交互，每天支撑买卖双方达成数千万甚至上亿笔交易。

同时，阿里巴巴持续在双创保障制度上开展研究，不断探索、总结出一套线上线下相结合、符合双创发展规律的保障制度。这些，将共同组成一个大平台、多模式、富生态的创新创业服务体系。

三、主要做法：推动实施五大工程，打造双创生态平台

1. 云科技创新培育工程：建设100个阿里巴巴创新中心

未来3年时间，阿里巴巴计划在全国20余个热点城市通过建设和合作模式，推进100个“阿里巴巴创新中心”的落地与运营。汇聚阿里巴巴的科技、商业、人才、生态资源，以100个创新中心作为载体，通过线上集成的网络平台模式覆盖中国主要的科技与创业活跃区域的科技创业企业。并与国内知名企业、区域政府、投资机构完成一个科技创业的完整生态，帮助地方产业园区打造区域科技创新中心，建设创新与科技人才的常态化培养机制，形成多个面向移动互联网、工业互联网、智能制造、虚拟现实、智能硬件、文化创意、企业SaaS、数字娱乐等主题方向的创业示范区。

阿里巴巴已在中国部署22个创新中心，2015年创新中心扶持了864家中小企业，带动了近万名创业者。主办了“诸神之战”创业大赛，发现了一批潜力巨大的创业精英（如OK记、iCAN、沃农资等），丰富了整个国家的创业氛围。

2. 农村淘宝千县万村百万英才培育工程：培养100万个农村电商创业人

“千县万村百万英才”项目计划在2016年至2018年的3年时间内，培养10万农村淘宝合伙人、10万个农村电商带头人、100万个农村电商从业人（培训服务商从业人、物流服务商从业人、供应商从业人），在1000个县建设县域青年电商创业孵化中心，将10万个村点发展成为生态服务中心、公益中心和创业中心；在全国选拔150家优质培训服务商、2000名优秀农村电商创业导师。最终，致力于实现以20万农村淘宝合伙人和农村电商带头人为核心、100万农村电商从业人为主体的“千县万村百万英才计划”。

截至2016年底，阿里巴巴农村淘宝已在全国29个省落地、开业

500 余个县级服务中心，超过 2 万个村点，培养农村淘宝村小二和淘帮手 3 万余名。

3. 创业金融扶持工程：金融扶持数百万小微创新创业者

基于蚂蚁金融服务集团的大数据能力和平台资源，在 3 到 5 年时间里，以互联网的思维和技术，为数百万计的小微创新创业企业、农民创业者提供股权融资等互联网金融服务；在全国 1000 个县助推和完善“互联网+”商业、公共服务和创业金融的平台，助推县域创业金融扶持，撬动亿万信贷资源扶持千县双创；帮扶 1000 家金融机构转型升级，提升金融机构双创能力。

目前，蚂蚁金融服务集团已经为 400 多万家小微创新创业企业提供超过 7000 亿的贷款，为约 2000 万农村用户提供互联网化的信贷服务，为超过 15000 名农村淘宝电商创业者提供了专项资金支持近 5 亿；推出互联网推进器计划，已与 400 多家金融机构达成合作，帮助他们向新金融升级。

4. 智慧校园建设工程：建设校园驿站，扶持 1 万学生创业团队

未来 3 年，“菜鸟网络”计划在全国高校建成 3000 个菜鸟校园驿站，搭建校园智慧物流和创业孵化平台。以云计算大数据为驱动，助推 1000 所高校实现互联网+智慧校园升级。依托校园驿站实体平台，整合阿里巴巴生态资源，3 年内培养和扶持 1 万个学生创业团队发展，为 100 万大学生提供勤工助学、兼职和实习机会。

截至 2016 年底，菜鸟校园驿站已覆盖全国 1300 余所高校，和校方、学生团队、第三方公共快递服务方等共建 1700 多个站点，全年服务 1500 多万师生用户；同时，联合高校和品牌企业共同搭建企业创新孵化基地，已帮助 800 多个高校大学生创业团队发展，提供了 10 万余个勤工助学机会。

5. 钉钉移动办公协同开放平台工程：为双创企业免费打造办公沟通协同平台

钉钉（DingTalk）作为一款移动办公沟通协同多端平台，上线一年半以来，已免费服务超过 150 万家企业组织。这些服务对象中包括大量创业企业，它们面临成本压力，没有多余的资金去置办价值数万元甚至上百万元的 OA（办公自动化）产品。阿里巴巴作为一家拥有先进互联网技术的公司，通过钉钉将这种能力免费分享给创业企业，让它们跨入高效的移动办公时代，节约大量成本，助力创新创业。

第七章　发展展望

2016年是“十三五”的开局之年和全面深化改革推向纵深的一年，是创新驱动发展战略深入实施的一年，也是大众创业、万众创新广泛开展的一年。各地方、各部门坚持创新、协调、绿色、开放、共享的发展理念，按照中央经济工作会议和政府工作报告要求，围绕推进供给侧结构性改革的主线，落实创新驱动发展战略，持续推动大众创业、万众创新的决策部署，在创新创业工作的各个方面、各个领域，不断发力、主动作为，开展了一系列卓有成效的改革探索和政策创新。

2017年是落实“十三五”规划的重要一年，是推进供给侧结构性改革的深化之年，是实施创新驱动发展战略的攻坚之年，是大众创业、万众创新向纵深发展的关键之年。各地方、各部门将按照中央经济工作会议“稳中求进”的工作总基调，将创新创业作为推进供给侧结构性改革、实施创新驱动发展战略的重要抓手，推动创新创业制度更完善、理念更深入、资源更丰富、生态更优化、主体更多元、成效更显著，将创新创业工作全面有效推向纵深。

一是围绕打造良性生态，优化创新创业制度供给。制定出台进一步推动创新创业纵深发展的指导性文件，针对创新创业发展中出现的新困难和新问题，疏通阻碍创新创业的难点和堵点，促进创新创业健康快速发展。进一步完善公平竞争市场环境，全面实施公平竞争审查制度，完成市场准入负面清单制度试点，清理并废除妨碍创新创业发展的制度措施。进一步优化营商环境，削减审批事项，大幅压缩企业开办、施工许可、商标注册等审批事项办理时间，建立地区、行业营商环境动态评价机制。继续深入推进商事制度改革，深化“先照后证”改革，积极探索推进企业、个体工商户“多证合一”改革，完善企业、个体工商户市场退出制度，在县级建立返乡下乡人员创新创业绿色通道。加强事中事后监管，健全完善国家企业信用信息公示系统，加强公共信用信息轨迹工作，全面实施“双随机一公开”，加强反垄断和反不正当竞争执法，打通国家公共资源交易平台监管通道。加强知识产权运用和保护，深入研究新商业模式知识产权保护制度，加快全国知识产权运营公共服务平台建设，开展专利权质押融资和专利保险，围绕重点领域、关键环节开展知识产权执法专项行动，加大对侵权假冒行为的惩治力度。加速推动科技成果转移转化，打造科技成果转移转化制度体系。

二是围绕发挥示范作用，加快双创基地建设。加快推进首批 28 家全国双创示范基地建设，总结示范基地工作经验，推广复制成功做法和典型经验。适时启动第二批示范基地建设，扩大双创示范基地范围，提升引领示范效应，扩大双创示范基地影响。继续推动众创空间向专业化方向发展，鼓励和引导龙头骨干企业、高校院所围绕优势细分领域建设专业化众创空间，对条件成熟的专业化众创空间进行备案，给予精准扶持，营造有利于科技型小微企业健康发展的创新创业生态。充分发挥典型示范带动作用，培育和打造一批创新创业先进典型，梳理一批企业、高校和科研院所、科技社团等领域推进创新创业工作的典型案例，推动出台一批含金量高、具备可复制可推广条件的政策措施，扩大试点范围并在全国进行复制推广。加快京津冀、上海等 8 个全面创新改革试验区建设，推动全面创新改革试验取得决定性进展，在创新激励、知识产权等方面形成一批改革试验经验并加快向全国推广，形成依靠试验区域牵引创新驱动转型的有利局面。推动小微企业创业创新基地城市示范建设，推动第二批城市示范相关工作，及时开展政策督导，及时总结经验，不断扩大示范政策影响。开展第三批国家小型微型企业创业创新示范基地公告工作，形成一批特色鲜明、成果显著的小微企业创业创新基地；继续开展国家级工业设计中心认定工作。建立农村创业创新园区（基地）目录。

三是围绕释放资本力量，做大做强金融支撑。发展壮大创业投资，落实促进创业投资政策，充分发挥国家新兴产业创业投资引导基金作用，积极鼓励各地方设立和规范运作创业投资引导基金，健康有序运作新兴产业创业投资引导基金和中小企业发展基金，建立以成果转化项目为基本投资对象的多元化创业孵化引导基金，为创新创业注入金融活血。推动区域性股权市场规则落地，引导境外资本投向创新创业领域。创新金融服务方式，推动落实创业担保贷款政策，积极稳妥推动投贷联动试点。推动《非存款类放贷组织条例》出台，规范银行收费和网贷，有效缓解创业企业融资难问题。扎实推进互联网金融风险专项整治工作，规范有序发展互联网金融。构建多层次资本市场，支持保险资金参与创新创业，进一步降低商业保险资金进入创业投资门槛，推动相互保险落地运作，打造相互保险监管体系。支持创业投资基金在内的私募基金规范发展，支持符合条件的中小企业上市公司并购重组。扩大创新创业债试点范围，尽快出台相关配套规则，完善适应创新创业企业特征的债券市场机制。发挥财税资金引导作用，统筹中央预算内投资、专项建设基金、双创孵化债券等，支持创新创业重点平台建设。研究鼓励创业投资企业发展和天使投资人投资种子期、初创期等科技型企业的税收支持政策。鼓励支持上市公司依法依规实施股权激励。

四是打造系列品牌活动，营造创新创业良好氛围。打造品牌活动，创新组织形式、丰富活动内容，拓展和扩大“创响中国”活动的内涵和影响力。办好 2017 年全国“双创活动周”，实现更大规模人群参与，更高水平技术含量，广泛的社会影响和更显著的实效。继续举办各类创新创业大赛，推动创新创业理念更加深入人心。举办农村创业创新项目创意大赛。加快国家科技传播中心建设，推动中国双创在线平台建设。宣传推介一批农村创新创业优秀带头人典型案例。

五是围绕壮大创新创业主体，开展三大创新创业行动。实施院所创新创业共享行动，支持打造一批创新创业型科研院所，进一步开放现有科研设施和资源，推动科技成果在全社会范围实现共享和转化。实施企业创新创业协同行动，充分发挥龙头企业推动创新创业的示范带动效应，推动大企业开展内部创新创业，打造大企业与中小微企业创新创业协同发展的态势。实施社团创新创业融合行动，搭建创新创业资源对接平台，推介一批创新创业典型人物和案例，进一步引导和推动各类科技人员投身创新创业大潮，推动创新精神、企业家精神和工匠精神融合，服务创新创业与行业发展的融合。支持返乡下乡人员创新创业。

六是围绕释放创新创业活力，推动分类精准施策。加快创新创业人才培养，加强创业培训资源开发，落实简化优化流动人员人事档案管理服务各项举措，完善公共就业服务体系中的创业服务功能；进一步深入推进高校创新创业教育改革，加大大学生创新创业资金扶持力度；扩大农民工返乡创业试点范围，培育农村创新创业带头人，树立农村创新创业典型，建设返乡下乡创新创业平台，建立农村创新创业园区（基地）目录制度，为返乡下乡人员和本乡人员创新创业提供平台和载体；组织实施文化产业创业创意人才扶持计划，推动数字文化产业创新发展。激发事业单位专业技术人员创新活力，鼓励和支持在职创业、离岗创业。引进用好创新创业人才，扎实推进落实《关于加强新形势下引进外国人才工作的意见》，探索吸引外国人才来华创新创业政策，优化外国人才创新创业环境。深入实施国家“千人计划”外专项目、高端外国专家项目、首席外国专家项目等重点引智计划，继续做好“海智计划”工作，加强国际创业人才交流合作，积极引进外籍高端人才来华创业。推动《青年创业促进条例》的制定。

七是围绕夯实创新创业基础，加强创新创业平台建设。加强创新能力建设，加速上海、北京两个科技创新中心建设，布局三个综合性国家创新中心，新建若干战略性领域产业创新中心，形成国家人才、技术、知识、投资的集聚效应，成为创新发展新支撑。推进各类国家工程中心、国家工程实验室等基础设施建设，加快国家新一代信息基础设施和创新能力基础设施建设，推进数据资源共享和电子政务重大工程建设。加强创新平台开放共享，建设一批以科技基础设施（条件平台）为依托的创新创业支撑平台，打造以技术转移中心、孵化器和众创空间为节点的科技孵化网络体系，推动开放仪器设备共享平台。加强创业服务平台建设，完善中小企业公共服务平台网络建设，增强中小企业服务体系。继续加强对专业化众创空间的政策精准扶持。深入推进电子商务示范基地建设，指导跨境电商综合试验区建设，支持中小商贸流通企业服务体系建设，发挥服务外包创业就业功能。完善国家军民融合公共服务平台，推进制造企业发展创新创业平台建设。完善青年创业平台，培育青年创业组织。继续做好海外人才离岸创新创业基地。

八是围绕拓宽创新创业空间，培育壮大新兴产业。加强战略性领域和基础设施建设布局，出台信息基础设施重大工程建设三年行动方案，强化政府数据资源开发共享，加快民用空间基础设施建设。集中力量推动实施集成电路“910 工程”、“智慧海洋”、北斗导航等战略性工程。推动石墨烯、区块链、人工智能等颠覆性领域研发和应用布局。加快基因库、细胞库等基础能力建设。引导新兴产业加快发展。加快实施《“十三五”国家战略性新兴产业发展规划》，设立国家战略性产业发展基金。引导设立一批战略性新兴产业股权投资基金。统筹地方政府、金融机构和央企资源,成立战略性新兴产业股权基金联盟,与战略性新兴产业集聚区加强对接。出台互联网市场准入负面清单和共享经济发展指南,推进“互联网+双创”,加快大数据、可再生能源、通用航空产业等综合示范区建设。营造有利于“四新”发展的制度和市场环境,本着降低创业门槛的原则,不急于将“四新”纳入负面清单管理。

后　　记

《2016年中国大众创业万众创新发展报告》是国家发展改革委组织编写的反映我国创新创业情况的第二份年度报告，由总论和七个章节构成。总论部分概要介绍了2016年全国大众创业、万众创新发展现状，第一章至第七章分别就创业环境、创业服务、创业融资、创业主体、创业成效、双创示范基地等发展情况进行了描述。

国家发展改革委高技术司和中国宏观经济研究院负责具体组织编写工作，中国科协创新战略研究院、科技部火炬中心、中国信息通信研究院、人事科学院、清科集团、36氪、腾讯研究院、阿里研究院等单位研究人员参与了部分章节的撰写工作。全书由王昌林、刘国艳、姜江、曾红颖、欧阳慧、邱灵、张铭慎、刘方、成卓、李清彬、韩祺、徐文舸、魏国学修改定稿。

在本书编写过程中，国务院有关部门为本报告的编写提供了许多宝贵资料和数据，首批28个双创示范基地提供了丰富的素材。同时，本报告也摘选引用了相关研究机构的研究报告内容。我们在此表示衷心感谢。

由于目前关于大众创业、万众创新的统计尚待完善，加之我们对该问题的认识和研究还有限，书中难免有疏漏和不当之处，敬请读者批评指正。

编写组

2017年3月

责任编辑:郑　治　安新文
封面设计:林芝玉

图书在版编目(CIP)数据

2016 年中国大众创业万众创新发展报告/国家发展和改革委员会 著. —
北京:人民出版社,2017.8
ISBN 978 - 7 - 01 - 017639 - 0

Ⅰ.①2…　Ⅱ.①国…　Ⅲ.①劳动就业-研究报告-中国-2016　Ⅳ.①D669.2

中国版本图书馆 CIP 数据核字(2017)第 095510 号

2016 年中国大众创业万众创新发展报告
2016NIAN ZHONGGUO DAZHONG CHUANGYE WANZHONG CHUANGXIN FAZHAN BAOGAO

国家发展和改革委员会

人民出版社 出版发行
(100706　北京市东城区隆福寺街 99 号)

北京新华印刷有限公司印刷　新华书店经销

2017 年 8 月第 1 版　2017 年 8 月北京第 1 次印刷
开本:710 毫米×1000 毫米 1/16　印张:18.25
字数:229 千字

ISBN 978 - 7 - 01 - 017639 - 0　定价:38.00 元

邮购地址 100706　北京市东城区隆福寺街 99 号
人民东方图书销售中心　电话 (010)65250042　65289539